Die Buy-and-Hold-Bibel

■ *Gerd Kommer* studierte Politikwissenschaft sowie Volks- und Betriebswirtschaftslehre in Deutschland und den USA. Er ist im Firmenkundengeschäft einer deutschen Bankengruppe in London tätig. Er veröffentlichte bereits zahlreiche Investmentratgeber, zuletzt *Souverän investieren mit Indexfonds, Indexzertifikaten und ETFs* (2007).

Anregungen und Kritik zu diesem Buch nimmt der Autor gerne entgegen. Bitte wenden Sie sich dazu an den Campus Verlag oder senden Sie eine E-Mail an gerd_kommer@hotmail.com.

Gerd Kommer

Die Buy-and-Hold-Bibel

Was Anleger für langfristigen Erfolg wissen müssen

Campus Verlag
Frankfurt/New York

Meinen Eltern Erika und Reinhold Kommer gewidmet

MIX
Papier aus verantwortungsvollen Quellen
FSC® C089473
FSC www.fsc.org

Klimaneutral
Papier
ClimatePartner.com/13732-1910-1001

Haftungsausschluss:
Investieren heißt immer auch Risiken übernehmen. Wertpapieranlagen sind mit Verlustgefahren verbunden. Wir können daher keine Haftung für Schäden übernehmen, die aus der Interpretation oder Umsetzung der in diesem Buch getroffenen Aussagen resultieren. Ferner übernehmen wir keine Gewähr für die Richtigkeit der Daten und Berechnungen in diesem Buch. Die Aussagen in diesem Buch sind persönliche Meinungsäußerungen des Autors und nicht als Anlageempfehlungen im Sinne des Wertpapierhandelsgesetzes zu verstehen.

Bibliografische Information der Deutschen Nationalbibliothek:
Die Deutsche Nationalbibliothek verzeichnet diese Publikation in der Deutschen Nationalbibliografie. Detaillierte bibliografische Daten sind im Internet über http://dnb.d-nb.de abrufbar.
ISBN 978-3-59 38971-4

Umschlaggestaltung: R.M.E, Roland Eschlbeck und Ruth Botzenhardt
Umschlagmotiv: © corbis und plainpicture
Satz: Fotosatz L. Huhn, Linsengericht
Druck und Bindung: Beltz Bad Langensalza GmbH, Bad Langensalza
Gedruckt auf Papier aus zertifizierten Rohstoffen (FSC/PEFC).
Printed in Germany

Besuchen Sie uns im Internet: www.campus.de

Inhalt

Einleitung

»Das Problem der Armut liegt darin, dass sie dich all deine Zeit kostet.«

Willem de Kooning, US-amerikanischer Maler

Der Verlauf der neun Jahre seit dem Platzen der Dotcom-Blase im Frühjahr 2000 hat wohl dem letzten Zweifler vor Augen geführt: Es ist etwas faul im Staate Dänemark. Die Finanzbranche kann ihre großspurigen Versprechen nicht einlösen. Sie verheißt zweistellige Renditen, verspricht, »den Markt zu schlagen«, bietet angeblich sichere Produkte oder sogenannte »Absolute-Return«-Fonds und -Zertifikate, die ihre hohen Kauf- und Nebenkosten schnell wieder erwirtschaften. Ein Blick in die Depots privater Kunden zeigt in den meisten Fällen ein ganz anderes Bild: horrende Jahresverluste zu Beginn dieses Jahrtausends wie auch 2008/2009 und langfristige Nettorenditen, die nicht einmal die Inflation ausgleichen. Angesichts solch desaströser Ergebnisse haben viele Anleger inzwischen frustriert aufgegeben und ihre überteuerten Fonds oder wackeligen Zertifikate verkauft, dabei aber bittere Verluste realisiert.

Bei der Niederschrift dieses Buches im Frühjahr 2009 befand sich die ganze deutsche Bankbranche nicht nur in einem tiefen Branchenabschwung, sondern – schlimmer noch – inmitten einer im Nachkriegsdeutschland einmaligen Vertrauenskrise, in die sie sich selbst hineinmanövriert hatte: mit überkomplexen Produkten, überhöhten und vielfach versteckten Nebenkosten, die oft mehr als die Hälfte der Bruttorendite auffressen, mit Renditeversprechen, die nicht nur verfehlt werden, sondern in oftmals dramatischen Verlusten münden, und mit einem kurzfristig orientierten Vertrieb, der aus Provisionsgründen mit Methoden operiert, die oft genug denen einer Drückerkolonne nahekommen.

Anlegern, die nach neuen Wegen suchen, eröffnen sich zwei Alternativen. Die erste besteht darin, fortan nur noch in Sparbücher und Festgelder zu investieren. Auf diese Weise kann man allerdings kein Vermögen bilden, sondern lediglich das bestehende Kapital konservieren. Nach Kosten und Steuern liegt die inflationsbereinigte Rendite dieser Anlageformen ziemlich genau bei null – ist aber immerhin nicht negativ, wie es bei vielen angeblich sicheren Bankprodukten in der Vergangenheit der Fall war.

Die zweite Alternative richtet sich an jene Anleger, die sich vorgenommen haben, mit ihrem Sparkapital langfristig und realistisch Vermögen zu erwirtschaften, anstatt nur den vorhandenen Grundstock zu bewahren. An diese Anleger richtet sich *Die Buy-and-Hold-Bibel*. Sie bietet dem Leser einen doppelten Nutzen:

- Sie präsentiert detailliert die langfristigen Renditen aller wichtigen Anlageklassen (in der Fachsprache »Asset-Klassen« genannt). Kein anderes deutschsprachiges Investmentbuch für Privatanleger bietet eine derart umfassende, globale und bis zu 200 Jahre zurückreichende Zusammenstellung der historischen Ertragskraft sämtlicher Asset-Klassen: vom DAX über weltweite Nebenwerte und Schwellenländeraktien sowie Unternehmensanleihen, Staatsanleihen, Gold und Rohstoffe bis hin zu deutschen Immobilienpreisen und Sparbuchanlagen, um nur einige zu nennen. Nichts, was für Anleger im deutschsprachigen Raum von Bedeutung sein könnte, wird ausgelassen.
- Sie stellt einen simplen, sehr langfristig orientierten und leicht umzusetzenden Investmentansatz vor, der als »Indexing« oder »passiv Investieren« bezeichnet wird – einen Ansatz, der auf Indexinvestmentfonds und Exchange Traded Funds (ETFs) beruht, den mit Ausnahme des Sparkontos einfachsten und transparentesten Anlageprodukten überhaupt. Buy-and-Hold-Indexing gründet auf der Modernen Portfoliotheorie, einem Wissensgebäude, für dessen Erforschung bislang fünf Wirtschaftsnobelpreise vergeben wurden. Diese Theorie ist zwar mathematisch komplex begründet, aber in ihren Schlussfolgerungen verblüffend leicht zu verstehen und umzusetzen.

Einfachheit und wissenschaftlicher Hintergrund sind die entscheidenden Bausteine einer umsetzbaren, seriösen Alternative zu dem Schlamassel, in das uns die Finanzbranche und die Finanzmedien hineingeführt haben: Erstere, weil sie von kurzfristigem Denken beherrscht wird und uns möglichst oft neue, überteuerte Produkte verkaufen will, und Letztere, weil sie mit populistischen Schlagzeilen ihre Auflagen oder Klickraten und ihre Werbeeinkommen steigern wollen, statt ihre Leser objektiv zu informieren. Beide, indem sie mangelndes Wissen und die Neigung der Anleger zu unüberlegten Spontanentscheidungen schamlos ausbeuten.

Die Vorteile des in diesem Buch dargestellten Buy-and-Hold-Ansatzes gegenüber den Dutzenden alter und neuer »aktiver« Anlagestrategien sind gewaltig: Buy-and-Hold-Indexing

- führt Sie mit größerer Wahrscheinlichkeit in die Gruppe der erfolgreichsten 10 Prozent aller Anleger als jeder andere Investmentansatz;
- ermöglicht die Senkung des Anlagerisikos auf die Höhe, die Ihrer spezifischen Kombination aus persönlicher Risikotragekapazität und gewünschter Zielrendite entspricht;
- ist leichter umzusetzen, einfacher zu überwachen und erfordert weniger Betreuungsaufwand als andere Anlagestrategien;
- verursacht einmalige und laufende Kosten, die nur etwa ein Viertel derjenigen eines aktiv gemanagten Vergleichsportfolios betragen;
- erfordert weniger Startkapital, obwohl Indexing auch von den größten Wirtschaftsunternehmen der Welt angewandt wird;
- verhilft Ihnen aufgrund seiner wissenschaftlichen Begründung zu mehr Seelenfrieden als jeder andere Investmentansatz.

Dieser einfache, ehrliche und wissenschaftsbasierte Anlageansatz steht in direktem Gegensatz zur »Kaufe-dieses-einzigartige-Produkt-jetzt«-Philosophie der Finanzbranche und der Finanzmedien – einer Philosophie, die in den meisten Fällen in einem wilden und intransparenten Durcheinander aus verschiedenen Strategien und Produkten resultiert – mit überwiegend schlimmen Folgen für den Anleger.

Was dieses Buch für Sie tun wird

Nach der Lektüre dieses Buches werden Sie mehr über nachhaltige Asset-Klassen-Renditen und über rationale Vermögensanlage wissen als drei Viertel aller Bankkundenbetreuer und Wirtschaftsjournalisten. Sie werden in der Lage sein, ein Asset-Klassen-Portfolio für sich zusammenzustellen, das Ihre spezifische Kombination aus Ertragsziel und Risikotoleranz repräsentiert und das Bestand haben kann, bis Sie Ihr Vermögen im Ruhestand verbrauchen oder es vererben. Dieses Portfolio wird Einstands- und laufende Kosten haben, die nicht mehr zu unterbieten sind. Und dazu verspreche ich Ihnen bei der Lektüre dieses Buches eine Vielzahl von Aha-Erlebnissen und überdies noch eine gehörige Portion Unterhaltung.

Dieses Buch setzt nur Grundkenntnisse über Wertpapieranlagen voraus. Lediglich in einzelnen Abschnitten behandelt es einige Sachverhalte auf anspruchsvollerem Niveau. Aber auch diese Abschnitte dürften für Leser, die die Bereitschaft mitbringen, einen Abschnitt in wenigen Ausnahmefällen zweimal zu lesen, keine unüberwindbare Hürde darstellen. Mathematisches Fachwissen jenseits der Grundrechenarten und einfacher Zinsrechnung ist nicht erforderlich. Alle in diesem Buch verwendeten Fachbegriffe, die das Wissen eines Anlegers mit Grundkenntnissen übersteigen, werden im Glossar erläutert und sind bei ihrer ersten Nennung sowie an späteren Textstellen, deren Verständnis sie erleichtern, mit einem Pfeil gekennzeichnet.

1

Buy and Hold: Eine Strategie für Gewinner

1.1 Warum ist Buy and Hold überlegen?

»Die meisten Anleger wären besser dran, wenn sie einer strikten Regel unterlägen, derzufolge sie erst nach Ablauf von 30 Jahren wieder verkaufen dürften. Und noch sicherer würden sie davon profitieren, wenn diese Regel überhaupt nur Verkäufe zuließe, sofern die Asset-Klasse klar oberhalb ihres langfristigen Trends bewertet ist.«

Jeremy Grantham, legendärer Gründer und Chef der US-amerikanischen Vermögensverwaltung GMO

Es mag manchen Leser überraschen: Was Banken, Fondsgesellschaften, Vermögensberater und Medien als Anlagestrategien propagieren, funktioniert nicht. Es kann schlicht nicht funktionieren, weil es auf einem fundamentalen Irrtum aufbaut: der Annahme nämlich, es könne den »Experten« der Finanzbranche gelingen, den Markt (also eine bestimmte →Asset-Klasse) bei Berücksichtigung von Kosten, Steuern und Risiko zuverlässig und dauerhaft zu schlagen. Dem ist nicht so. In meinem Buch *Souverän Investieren mit Indexfonds, Indexzertifikaten und ETFs* (Campus 2007) habe ich Dutzende Belege und Argumente für die Unterlegenheit →aktiven Investierens aufgeführt, viele davon aus den Federn der weltweit führenden Finanzökonomen. Im Folgenden werde ich diese Argumente daher nur kurz zusammenfassen:[1]

1 Die nachfolgenden Aussagen sind sämtlich in *Souverän Investieren* … näher erläutert und/oder mit Zahlen belegt. Auch die im Literaturverzeichnis dieses Buches aufgeführten wissenschaftlichen Aufsätze und Investmentbücher unterstützen die Aussagen dieses Kapitels. Im Interesse der Lesbarkeit des Textes habe ich jedoch auf spezifische Literaturverweise verzichtet.

Aktives Investieren ist ein »Verliererspiel«. Langfristig, also für Perioden ab ungefähr fünf Jahren, liegen bis zu 90 Prozent aller von Profis und Privatanlegern aktiv gemanagten Aktienportfolios unter ihrem korrekt gewählten Vergleichsindex (→ Benchmark). Bei Anleihen liegt dieser Wert typischerweise bei 95 Prozent oder noch höher.

Aktive Fonds und Anleger beweisen keine Performance-Konstanz. Die kleine Gruppe der → »Outperformer«-Fonds und -Anleger wechselt in ihrer Zusammensetzung von Betrachtungsperiode zu Betrachtungsperiode. Es gibt praktisch keine → Performance-Konstanz, und es ist unmöglich, jene Fonds oder Anleger, die ihren Vergleichsindex schlagen werden, im Voraus mit einer Treffsicherheit zu identifizieren, die nennenswert über dem statistischen Zufall liegt. Anders formuliert: Die Wahrscheinlichkeit, dass die Outperformer der Periode 1 auch in Periode 2 zu dieser Gruppe gehören, liegt nicht signifikant höher als die Chance der Underperformer der Periode 1, diesen Status zu erreichen.

Die Existenz einiger »Gurus« beweist nichts. Entgegen den gebetsmühlenartigen Behauptungen der Finanzbranche und der Finanzmedien ist die Existenz eines Warren Buffett kein überzeugender Beleg für den Erfolg aktiven Investierens. Warum nicht? Die Anzahl der Warren Buffetts auf dieser Welt, also der aktiven Investoren, die langfristig ihre → Benchmark schlagen, ist sogar kleiner als jene Zahl, die allein der statistische Zufall produzieren würde. Und es gibt keine verlässliche Methode, diese Gurus im Vorhinein (und nur das würde einem Investor helfen) zu identifizieren.

Die »Arithmetik des aktiven Investierens« begünstigt passive Anleger. Es ist ein mathematisches Gesetz, dass die Hälfte aller Anleger (vor Kosten) hinsichtlich ihrer Rendite über dem Markt (→ Index) liegt und die Hälfte aller Anleger unter dem Markt, denn die Anleger sind ja der Markt. Das gilt in jedem Markt, ganz gleich wie »effizient« oder »ineffizient« er sein mag (→ effizienter Markt). Nach Berücksichtigung von Kosten *muss* sogar *mehr* als die Hälfte aller

Anleger in puncto Rendite unter dem Markt liegen und weniger als die Hälfte darüber, da der Markt keine Anlagekosten enthält. Aus dieser mathematischen Notwendigkeit folgt auch, dass der durchschnittliche passive Anleger mit mathematischer Gewissheit über dem durchschnittlichen aktiven Anleger liegt.

Alle öffentlich verfügbaren Informationen sind bereits in den Wertpapierkursen enthalten. Auf der Basis dessen, was Privatanleger in der Zeitung, in Wirtschaftssendungen, im Internet oder in der Betriebskantine lesen oder hören, können sie den Markt nur durch Glück (also Zufall) »outperformen«. Überdies verursacht jeder solche Versuch gegenüber einer passiven Buy-and-Hold-Strategie zusätzliche Transaktionskosten, Steuern und Risiko. Letzteres entsteht, weil eine aktive Strategie notwendigerweise weniger diversifiziert ist als eine passive Buy-and-Hold-Strategie, die das gesamte »Marktportfolio« repräsentiert.

Systematisch richtige Kursprognosen sind unmöglich. Kursprognosen, mit denen man den Markt nach Kosten, Steuern und Risiko zuverlässig schlagen kann, sind für Aktien, aber auch für Devisen und Zinsen nicht möglich. Dieser Sachverhalt wurde in den letzten 30 Jahren hundertfach von Wissenschaftlern belegt. Das vollständige Versagen der Prognostiker von Aufsichtsbehörden, Regierungen, Wirtschaftsinstituten, Verbänden und Banken in der Finanzkrise 2008/2009 bestätigt diese Studien einmal mehr. Dass eine verschwindend kleine und laufend wechselnde Minderheit von Prognostikern ab und zu Recht behält, hilft nicht, denn es gibt keine zuverlässige Methode, um sie im Voraus zu identifizieren.

Historische Produktrenditen haben keinen Prognosewert für zukünftige Renditen. Entgegen dem, was die Werbung der Finanzbranche und traditioneller Vermögensberater uns vorspiegelt, sind historische Produktrenditen bedeutungslos für zukünftige Renditen. Für Zeiträume von einem Tag bis zu etwa fünf Jahren folgen Aktien- und Anleiherenditen einem »Random Walk« (Zufallslauf). Wer Fonds oder Aktien kauft, weil sie in den letzten zwei, drei oder fünf Jahren gut rentierten, legt sich in der Mehrzahl der Fälle ein Kuckucksei ins Nest.

Medienberichterstattung macht Sie zu einem schlechteren Anleger. Wissenschaftliche Untersuchungen zeigen, dass auf Medienberichte, die Unternehmen für deren jüngsten wirtschaftlichen Erfolg loben oder für ihren Misserfolg kritisieren, tendenziell entgegengesetzte Aktienrenditen folgen: überdurchschnittliche Renditen nach negativen Berichten, unterdurchschnittliche Renditen nach wohlwollenden Berichten. Der Grund: Diese Nachrichten sind, wenn sie schließlich in den Medien erscheinen, längst in den Wertpapierkurs eingepreist – *bevor* ein Privatanleger reagieren kann. Wenn man → Market Impact Costs und Transaktionskosten berücksichtigt, erzielen jene, die auf diese »Nachrichten von gestern« reagieren, überwiegend eine Unterrendite.

Regression zum Mittelwert begünstigt Buy-and-Hold-Anleger. Langfristig gesehen pendeln Aktienfondsrenditen um ihren Asset-Klassen-Renditemittelwert herum (→ Regression zum Mittelwert). Auf unterdurchschnittliche Renditen folgen – sofern man Intervalle von fünf Jahren oder mehr untersucht – tendenziell überdurchschnittliche Renditen und umgekehrt. Dieses Phänomen begünstigt Buy-and-Hold-Anleger, denn wer »nichts tut«, wird langfristig die durchschnittliche Asset-Klassen-Rendite realisieren, abzüglich geringer Kosten und Steuern. Wer »viel tut« (also oft kauft und verkauft), wird wahrscheinlich ebenfalls die durchschnittliche Asset-Klassen-Rendite erzielen, jedoch abzüglich höherer Kosten und Steuern.

Overconfidence Bias (Selbstüberschätzung) ist unter Privatanlegern allgegenwärtig. Die Wissenschaft hat bei den meisten Privatanlegern ein beträchtliches Maß an Selbstüberschätzung (Overconfidence) bezüglich ihres Wissens über den → Kapitalmarkt und ihres tatsächlichen historischen Anlageerfolges festgestellt. Bei Männern ist der

Overconficence Bias stärker ausgeprägt als bei Frauen. Anleger mit Overconfidence Bias traden (handeln) zu viel und verursachen damit hohe renditeschädliche Kosten, die nicht durch höhere Bruttorenditen (Renditen vor Kosten) ausgeglichen werden. Diese Anleger glauben, sie seien in mehr als der Hälfte der Fälle schlauer oder besser informiert als ihr Gegenüber auf der anderen Seite des Geschäfts. Dabei kennen Sie diese Person nicht. In etwa 80 Prozent der Fälle wird es ein institutioneller Profiinvestor sein, denn auf → institutionelle Investoren entfallen 80 Prozent des weltweiten Aktienhandels. Bei den meisten anderen Kapitalmarktprodukten liegt dieser Prozentsatz sogar noch höher.

Anleger konzentrieren sich auf die falschen Stellhebel. Die verschiedenen Techniken des aktiven Investierens (→ Stock-Picking und → Market-Timing)[2] haben langfristig einen erstaunlich geringen Einfluss auf die Bruttorendite und das Risiko eines Portfolios. Wirklich entscheidend für die langfristige Rendite und das Risiko eines Portfolios ist dagegen → Asset-Allokation, also die Aufteilung eines Portfolios auf breite Asset-Klassen wie Aktien oder Anleihen. Sie bestimmt über 90 Prozent der langfristigen Bruttorendite und des Risikos. Die Finanzbranche und die Medien machen Anlegern genau das Gegenteil weis.

Kosten sind entscheidend für den Anlageerfolg. Kosten, insbesondere die laufenden Kosten, haben eine dramatisch stärkere Auswirkung auf die Nettorendite eines Investments, als Anleger glauben. Dies erklärt sich aus dem »negativen Zinseszinseffekt«. Ein Beispiel: Nach 30 Jahren ist ein einmaliges Investment in einen Aktien- oder Rentenfonds mit niedrigen laufenden Kosten (beispielsweise ein → Indexfonds oder ein → ETF) um rund 70 Prozent mehr wert als

---

2 Alle Formen des aktiven Anlegens, unabhängig von ihren oft hochtrabenden Namen wie zum Beispiel »Merger Arbitrage«, sind letztlich eine Variante des Stock-Pickings, des Market-Timings oder eine Mischform dieser beiden Ansätze.

ein entsprechendes Investment in einen aktiven Aktien- oder Rentenfonds. Der Grund sind in erster Linie die weitaus höheren Kosten der aktiven Produkte.

Asset-Klassen-Rotation bedeutet, dass die siegreichen Pferde laufend wechseln. Jede Asset-Klasse (seien es deutsche Standardwerte, japanische Nebenwerte, amerikanische Substanzwertaktien, Schwellenländeraktien, Immobilienaktien, kurzfristige Staatsanleihen, langfristige Staatsanleihen, Unternehmensanleihen, Junk-Bonds, Gold oder was auch immer) erlebt irgendwann in puncto Rendite ihren Gipfelsturm, aber auch ihr Tal der Tränen. Keine Asset-Klasse landet im Wettbewerb aller Asset-Klassen immer ganz vorne (ähnliches Risiko vorausgesetzt) und keine immer ganz hinten. Von Jahr zu Jahr wechseln Spitzenposition und rote Laterne in praktisch nicht prognostizierbarer Weise. In alle Asset-Klassen zu investieren ist daher die klügste und zugleich einfachste Strategie.

Die Renditen von Anlegern in Aktienfonds sind niedriger als die veröffentlichten Fondsrenditen. Da die veröffentlichten Aktienfondsrenditen nicht berücksichtigen, wann und in welchem Umfang die Anleger einem Fonds Geld zugeführt und es aus diesem wieder abgezogen haben (also die Cashflows des Fonds), sind die veröffentlichten Fondsrenditen nicht identisch mit der tatsächlichen Durchschnittsrendite der Fondsanleger in diesen Fonds. Wissenschaftliche Untersuchungen zeigen, dass die tatsächlichen Anlegerrenditen etwa 1,5 Prozentpunkte unter den veröffentlichten Fondsrenditen liegen (und diese wiederum langfristig im Durchschnitt etwa 1 bis 2 Prozentpunkte unter den Marktrenditen). Der Grund: Anleger führen tendenziell denjenigen Fonds Geld zu, die in der jüngeren Vergangenheit besonders gut gelaufen sind. Das sind jedoch genau diejenigen Fonds, die danach besonders oft unterdurchschnittliche Fondsrenditen aufweisen (→ Performance-Chasing).

Irreführendes Benchmarking ist gang und gäbe. Die Mehrzahl der Renditevergleiche zu Fonds und ihren Vergleichsindizes (Benchmarks), die die Medien oder die Fondsindustrie anstellen, sind aus wissenschaftlicher Sicht unbrauchbar oder sogar irreführend. Eine ganze Batterie bewusster und unbewusster Tricks und Fehler ist dafür verantwortlich. Eine Kostprobe: Fonds werden mit einer falschen Benchmark verglichen,[3] Kaufkosten und andere Kosten des Fonds fallen unter den Tisch, der →Survivorship-Bias bleibt unberücksichtigt, das Cashflow-Timing der Anleger in den Fonds wird ignoriert (siehe vorheriger Punkt), lächerlich kurze oder eindeutig willkürlich ausgewählte Zeiträume werden verwendet, Vergleiche in unterschiedlichen Währungen finden statt und anderes mehr. Der normale Privatanleger hat nur eine geringe Chance, diese Tricks zu durchschauen.

Der zerstörerische Interessenkonflikt bei Banken und Finanzberatern. Die durchschnittliche Qualität der Finanzberatung von Banken und traditionellen Anlageberatern bewegt sich den zahllosen Untersuchungen der Stiftung Warentest und von Anlegermagazinen zufolge seit Jahren auf fast konstant niederschmetterndem Niveau. Ursache dafür ist der strukturelle Interessenkonflikt in diesen Institutionen: Sie verkaufen diejenigen Produkte, an denen sie am meisten verdienen. Das sind aber selten diejenigen, die für den Kunden langfristig am besten geeignet sind (siehe →Honorarberater).

Passives Buy and Hold ist in allen Märkten und Marktsituationen überlegen. Viele Anleger glauben irrtümlich, es gebe Märkte und Situationen, in denen es ohne einen »professionellen« Manager nicht gehe, so etwa in Börsenabschwungphasen oder in angeblich ineffi-

3 Zwei konkrete Beispiele für Äpfel-Birnen-Vergleiche: Das bekannte deutsche Dachfonds-Unternehmen Sauren vergleicht auf seiner Website seine →Dachfonds mit reinen Preisindizes (→Index), die keine Dividendenerträge enthalten. Selbst der von mir hoch geschätzte Warren Buffett schreckt nicht vor solchen halbseidenen Tricks zurück: Er vergleicht im Informationsmaterial (dem jährlichen »Letter to the Shareholders«) zu seinem geschlossenem Fonds Berkshire Hathaway dessen Bucheigenkapitalrendite (!) mit der Rendite des amerikanischen S&P 500-Aktienindex. Das ist unsinnig.

zienten Aktienmärkten, wie sie etwa Schwellenländer und Nebenwerte darstellten. In *Souverän Investieren* gehe ich ausführlich auf dieses von der Finanzbranche gerne verbreitete Ammenmärchen ein. Hier nur ein konkretes Beispiel: Im katastrophalen Börsenjahr 2008 wies der durchschnittliche aktiv gemanagte US-amerikanische Aktienfonds einen Verlust von –40,5 Prozent auf gegenüber einer Rendite des S&P 500-Aktienindex von –38,5 Prozent. Fazit: Aktive Fonds (und letztlich auch aktive Anleger im Allgemeinen) liegen im Durchschnitt und langfristig in allen Märkten und allen Marktphasen schlechter als Indexfonds (siehe →Indexing in ineffizienten Märkten).

Die Asset-Meltdown-These stimmt nicht. Die sogenannte Asset-Meltdown-These (engl. für Abschmelzung von Vermögenswerten) besagt, dass durch die Überalterung der westlichen Gesellschaften, darunter auch Deutschland, in Zukunft ein neuartiger Verkaufsdruck auf die Kurse von Aktien entstehe. Dieser Druck führe dazu, dass die Renditen von Aktien und anderen Wertpapieren langfristig unter ihr historisches Mittel fielen. Die Ursache sei, dass der Anteil nicht erwerbstätiger Menschen (insbesondere Rentner) an der Gesamtbevölkerung durch zunehmende Lebenserwartung und Geburtenrückgang deutlich über das heutige Niveau steigen werde. Diese These ist im Wesentlichen falsch. Die relativen Vorteile (Rendite) und Nachteile (Risiko) von Aktien gegenüber anderen Asset-Klassen werden durch den demografischen Wandel in den Industrieländern aus heutiger Sicht nicht berührt.

Das simple Fazit aus all diesen Punkten lautet: Eine Buy-and-Hold-Anlage auf der Basis eines kostengünstigen, über globale Asset-Klassen hinweg diversifizierten Portfolios aus Indexanlagen ist die einfachste und beste Anlagestrategie für Privatanleger. Tabelle 1 zeigt im Überblick, wie sich ein solcher Ansatz von herkömmlichen Strategien, nämlich aktivem Investieren, unterscheidet.

Tabelle 1: Aktives Investieren und Buy-and-Hold-Investieren im Vergleich

	Aktives Investieren	**Buy-and-Hold-Ansatz (passives Investieren)**
Ziel	Den Markt schlagen	Die Marktrendite bei möglichst geringen Kostenabzügen erreichen
Anlagehorizont	Typischerweise nicht festgelegt, generell eher kurz	Sehr langfristig/Buy and Hold/oft bis zum Eintritt in den Ruhestand und darüber hinaus
Ansatz/Strategie	Spekulativ: Fondsmanager/Anleger praktiziert Market-Timing oder Stock-Picking (geht Wetten gegen den Markt ein); häufiges Kaufen und Verkaufen; durchschnittliche Rendite liegt mit mathematischer Notwendigkeit unter der Marktrendite	Investierend: Fondsmanager/Anleger kauft den gesamten Markt; sehr seltenes Kaufen und Verkaufen; Anleger erzielt Marktrendite abzüglich geringer Kosten
Verwendete Produkte	Konventionelle, »aktiv gemanagte« Aktien- und Rentenfonds, Einzelaktien, Zertifikate, geschlossene Fonds – jedes Produkt ist firmenspezifisch und einzigartig	Ausschließlich börsengehandelte Indexfonds und ETFs – das sind die einfachsten Anlageprodukte zur Abbildung einer Asset-Klasse
Diversifikationsgrad	Niedrig/Schwerpunkt oft in deutschen oder westeuropäischen Anlageklassen und -produkten	Globale, systematische Diversifikation über mehre breite Asset-Klassen hinweg
Transaktionskosten	hoch	niedrig
Arbeitsaufwand, Zeitaufwand und nervliche Belastung für Anleger	hoch	niedrig
Potenzial für unangenehme Überraschungen	hoch	keines, wenn korrekt umgesetzt

	Aktives Investieren	Buy-and-Hold-Ansatz (passives Investieren)
Bekanntheitsgrad	hoch	niedrig
Verbreitungsgrad unter deutschen Privatanlegern	über 90 %	weniger als 10 %
Anhänger/Unterstützer	Banken, Fondsgesellschaften, fast alle Vermögensberater, Finanzmedien	Wissenschaft, darunter mehrere Nobelpreisträger, Warren Buffett, einige wenige spezialisierte Fondsgesellschaften
Realisierte, langfristige Nettorendite des durchschnittlichen Anlegers (vor Steuern)	2 bis 5 Prozentpunkte unter der Marktrendite	Marktrendite abzüglich etwa 0,5 Prozentpunkte

In Abschnitt 3.7 (Seite 148) wird detailliert gezeigt, wie man die überraschend einfache passive Anlagestrategie des Buy and Hold umsetzt.

1.2 Anleger unterschätzen die Länge ihres Anlagehorizontes

»Mein Lieblingszeithorizont ist ›für immer‹.«

Warren Buffett, erfolgreichster Finanzinvestor der Welt

Eine wichtige Frage im Rahmen der Anlageentscheidung ist der sogenannte Anlagehorizont, also die Länge des Zeitraums, bis ein Haushalt sein investiertes Kapital für Konsumzwecke verbrauchen oder in eine andere Asset-Klasse (zum Beispiel eine Wohnimmobilie) »tauschen« möchte. In Abhängigkeit von diesem Anlagehorizont wird der Anleger eine bestimmte →Asset-Allokation wählen (Näheres hierzu in Abschnitt 3.7, Seite 148). Ein hoher Aktienanteil ist beispielsweise aus Sicht eines jungen Anlegers gerechtfertigt, während ein älterer Anleger, der kurz vor dem Renteneintritt steht, einen niedrigeren Aktienanteil wählen sollte, da er sich nicht mehr so viel Risiko[4] leisten kann.

Dieses Buch befasst sich an vielen Stellen (insbesondere in Abschnitt 3.3, Seite 129) direkt oder indirekt mit der Länge des Anlagehorizontes und den damit verbundenen Konsequenzen für die Langfristanlage. Hier soll daher lediglich gezeigt werden, dass die meisten Privatanleger ihren Anlagehorizont zu ihrem eigenen Nachteil gravierend unterschätzen.

Banken und Vermögensberater sprechen typischerweise ab zehn Jahren von einem »langfristigen« Anlagehorizont. Da sie eher daran interessiert sind, möglichst häufig möglichst hohe Produktprovisionen zu vereinnahmen, denken sie – mit der möglichen Ausnahme von Immobilienfinanzierungen und Kapitallebensversicherungen – selten über diesen Zeitraum hinaus.[5] Macht man sich jedoch bewusst,

- dass die meisten Bundesbürger ab einem Lebensalter von etwa 25 bis 30 Jahren in der Lage wären zu sparen,
- dass die Lebenserwartung eines neugeborenen männlichen Bundesbürgers mittlerweile 77 Jahre und eines weiblichen 82 Jahre beträgt und mit zunehmendem Alter weiter ansteigt,[6]

---

4 Zu Risikomesszahlen und Risikokonzepten vgl. Abschnitt »Verschiedene Rendite- und Risikomesszahlen«, Seite 179.

5 Die Langfristorientierung bei Kapitallebensversicherungen ist andererseits nicht überraschend, da so das Prämienvolumen und damit der Ertrag des Finanzdienstleisters maximiert werden. Bei diesen Produkten sind die Laufzeiten oft viel zu lang und nehmen keine Rücksicht auf die zu erwartenden Änderungen der familiären Verhältnisse. So ist zum Beispiel für Erwachsene, deren Kinder wirtschaftlich selbstständig sind und deren Immobilienfinanzierung zurückgeführt ist, normalerweise kein Todesfallschutz mehr notwendig. Dennoch befinden sich Millionen Deutsche in dieser Situation und bezahlen für diese unnötige Absicherung.

6 Die Lebenserwartung eines deutschen Mannes im Alter von 70 Jahren liegt bei 83 Jahren, die einer Frau bei 86 Jahren. Die Wahrscheinlichkeit, im Alter von 80 Jahren noch mehr als zehn Jahre weiterzuleben, beträgt für Männer

- dass wir immer gesünder älter werden,
- dass das Renteneintrittsalter langfristig weiter steigen wird,[7]
- dass die gesetzliche Rentenversicherung als alleinige Vorsorgequelle für Bürger, die nach 1950 geboren sind und ihren Lebensstandard im Alter nicht absenken wollen, nicht mehr ausreichen wird und
- dass längst nicht alle Bürger bei Eintritt in den Ruhestand sofort Mittel aus ihrem Finanzportfolio verbrauchen,

dann wird deutlich, dass ein angenommener Anlagehorizont von zehn oder 15 Jahren in den meisten Fällen zu kurz und damit zumeist ertragsschädlich ist. So gut wie jeder von uns, selbst derjenige, der erst im Alter von 40 Jahren mit der Vorsorge beginnen kann, hat einen Anlagehorizont von weit über 20 Jahren, und auch 40 Jahre dürften keine Seltenheit sein. Vor diesem Hintergrund bestimmen letztlich fünf Überlegungen den wirklichen Anlagehorizont eines Haushaltes im Hinblick auf den »langfristigen« Teil seiner Investments:

---

und Frauen im Durchschnitt etwa 40 Prozent. Sofern der Haushalt aus einem Ehepaar besteht, ist die Wahrscheinlichkeit, dass zumindest einer der beiden Partner weitere zehn Jahre leben wird, noch höher. (Quelle: Statistisches Bundesamt) – Die in den Medien oft zitierte »Lebenserwartung« ist praktisch immer die Lebenserwartung bei Geburt, im Gegensatz zur Lebenserwartung einer bestimmten Alterskohorte, die für Erwachsene viel relevanter ist. Ein 40-Jähriger hat eine höhere statistische Lebenserwartung als ein Neugeborener und bei einem 60-Jährigem liegt diese nochmals höher. Mathematisch nimmt unsere Lebenserwartung mit jedem Tag, den wir überleben, zu. Die Lebenserwartung bei Geburt ist in den letzten 50 Jahren um ungefähr sechs Wochen pro Jahr gestiegen und wird dank des medizinischen Fortschritts und einer insgesamt gesünderen Lebensweise der Bevölkerung auch in Zukunft weiter ansteigen. In der Finanzberatungsbranche ist der etwas missglückte Begriff des »Langlebigkeitsrisikos« gebräuchlich; er bezeichnet das Risiko, länger zu leben, als die finanziellen Mittel reichen (»Finanzreservenrisiko« wäre treffender).

7 Dies ergibt sich aus den prekären Finanzverhältnissen der gesetzlichen Rentenversicherung. Außerdem ist es volkswirtschaftlich und wohl auch ethisch fraglich, dass Bürgern von 65 Jahren und mehr de facto verboten wird, ihre Erfahrung und ihr Know-how weiter im Berufsleben einzusetzen.

1. Ist der Haushalt bereit, eine gewisse Absenkung seines Lebensstandards im Ruhestand zu akzeptieren, oder ist er es nicht?[8]
2. Zu welchem künftigen Zeitpunkt wird der Haushalt in die Verbrauchsphase seines Portfolios eintreten? Hierbei ist zwischen dem Verbrauch der laufenden Erträge und dem Verbrauch auch des Kapitals zu unterscheiden. Bei vielen Haushalten beginnt die Verbrauchsphase erst einige Jahre nach Eintritt ins Rentenalter.
3. Wie hoch ist die Wahrscheinlichkeit, mit der die oben genannte Zeitpunktschätzung falsch (vor allem zu lange/zu optimistisch) ist?
4. Wie viel Liquidität (Bargeld) wird der Haushalt in den nächsten fünf Jahren für Konsum- und andere Zwecke benötigen, die er nicht aus laufendem Einkommen speisen kann?
5. Ist der Umstand berücksichtigt, dass der Haushalt stets drei Nettomonatsgehälter als Notgroschen in Form von Bargeld (verzinstes Guthabenkonto, Sparbuch, Termingeld, → Geldmarktfonds; siehe auch → Geldmarkt) vorhalten sollte?

Merkbox

- Machen Sie nicht den Fehler, der »herrschenden Meinung« zu folgen und Ihren Anlagehorizont zu kurz anzusetzen.
- Ermitteln Sie mithilfe der oben genannten fünf Anhaltspunkte ihren tatsächlichen ungefähren Anlagehorizont. Ein Anleger im Alter von 30 Jahren kann durchaus einen Anlagehorizont von weiteren 40 Jahren haben. Diese Schätzung wird Ihnen dabei helfen, die für Ihren Haushalt richtige Asset-Allokation und Sparquote festzulegen (mehr dazu in Kapitel 3, Seite 120) ■

8 Einer sehr groben Faustregel zufolge, über deren Nutzen die Meinungen allerdings auseinandergehen, fallen die Lebenshaltungskosten eines Haushaltes (unter Ausklammerung der Wohnkosten) beim Eintritt ins Rentenalter um etwa 20 bis 30 Prozent, da damit eine Reihe von berufsbezogenen Kosten sinken, vorausgesetzt es liegt keine Pflegebedürftigkeit vor.

1.3 Wie Inflation uns austrickst, und warum nur reale Renditen zählen

»Anleger sorgen sich zu viel um die Volatilität [Kursschwankungen] von Aktien und zu wenig um den schädlichen Effekt der Inflation.«

Roger Gibson, Geschäftsführer von Gibson Capital Management und Bestsellerautor

Im Ausland heißt es oft, die Deutschen seien ganz besonders »inflationsempfindlich«. Das mag vielleicht für die deutsche Bundesbank zutreffen, für deutsche Privatanleger hingegen gilt es wohl kaum. Sie neigen eher dazu, das Risiko der Inflation für ihren langfristigen Anlageerfolg zu unterschätzen. Dafür spricht die Popularität von Asset-Klassen, die zwar kurzfristig ein niedriges Risiko aufweisen, aber langfristig keinen wirklichen Schutz vor dem schleichenden und sehr gravierenden Risiko der Inflation bieten. Dazu gehören Sparbücher, Rentenfonds, kurzfristige Staatsanleihen, deutsche Wohnimmobilien und Direktanlagen in Rohstoffe – sie alle bieten keinen oder nur einen sehr schlechten Schutz vor der wertzerstörenden Wirkung der Inflation (vgl. Abbildung 1). Um dieses Risiko zu illustrieren, stellt Abbildung 1 einige wichtige Informationen über das Phänomen Inflation zusammen. Welche Einsichten können wir daraus ableiten?

- Erfahrungsgemäß fällt es Anlegern schwer, den Zerrspiegel Inflation zu durchschauen – sie verwechseln Inflationseffekte mit tatsächlicher Wertsteigerung. Ein Beispiel: Eine Immobilie wurde Anfang 1977 für 100 000 Geldeinheiten gekauft. Heute, nach 32 Jahren, ist sie 216 000 Geldeinheiten wert. Die deutsche Inflation betrug über diesen Zeitraum hinweg durchschnittlich 2,4 Prozent p. a. (per annum). Wie hoch war die *reale* Wertsteigerung der Immobilie (und nur diese zählt)? Antwort: genau 0,0 Prozent p. a. Diese Zahlen beziehen sich auf die tatsächlichen realen Wertsteigerungen deutscher Wohnimmobilien in diesem Zeitraum (Genaueres hierzu in Abschnitt 2.7, Seite 70). Wenn

Abbildung 1: Nominaler und realer (inflationsbereinigter) Wertzuwachs einer deutschen Geldmarktanlage (Sparbuch), 1960–2008 (indexiert)

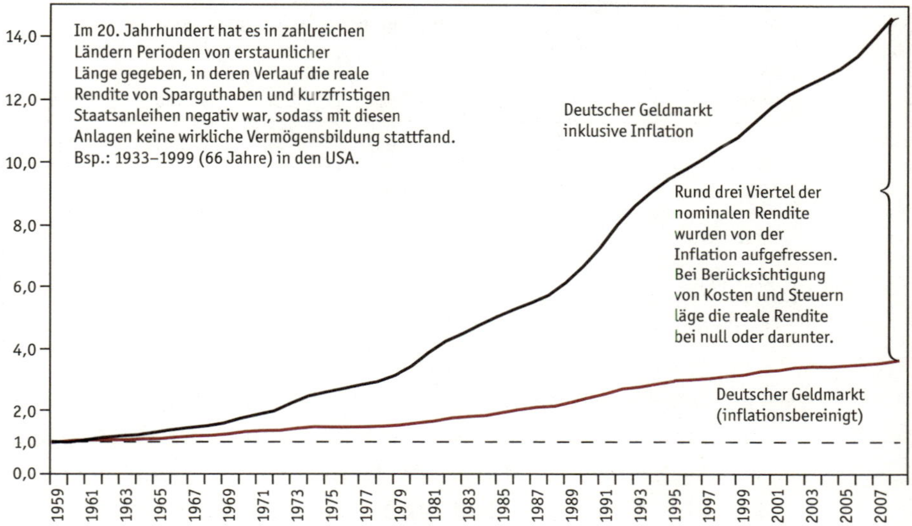

Datenbasis: Jahresrenditen (ohne Kosten und Steuern); Quelle: Deutsche Bundesbank

man Kauf- und Verkaufskosten von zusammengenommen etwa 10 Prozent berücksichtigt (die in den Immobilienindizes nicht enthalten sind), ist die Immobilie heute real weniger wert als vor über drei Jahrzehnten – trotz der scheinbaren Wertverdoppelung. Die beiden Hauptgründe, warum Anleger den Inflationseffekt und damit das Inflationsrisiko unterschätzen, sind der ihnen innewohnende Verschleierungseffekt und der Umstand, dass Inflation – im Unterschied zu den meisten anderen Risiken bei Vermögensanlagen – schleichend auftritt, was ihren schädlichen Einfluss jedoch nicht mindert. Tabelle 2 zeigt, wie kaufkraftzerstörend Inflation über längere Zeiträume hinweg wirkt.

Tabelle 2: So reduziert Inflation die Kaufkraft eines Euro im Zeitverlauf

	Durchschnittl. jährl. Inflationsrate				
Kaufkraft eines Euro nach ...	**0 %**	**1 %**	**2 %**	**3 %**	**5 %**
1 Jahr	1,00	0,99	0,98	0,97	0,95
10 Jahren	1,00	0,90	0,82	0,74	0,60
20 Jahren	1,00	0,82	0,67	0,54	0,36
30 Jahren	1,00	0,74	0,55	0,40	0,21
40 Jahren	1,00	0,67	0,45	0,30	0,13

- In einem Gemeinwesen, in dem der Staat frei über die Geldmenge bestimmen kann (wie es seit der Abschaffung der Goldbindung von Währungen in der ersten Hälfte des 20. Jahrhunderts in fast allen Ländern der Fall ist), besteht stets die Gefahr, dass der Staat seinen wachsenden Schuldendienst über die Inflationierung der Währung (real) reduziert. Dies ist die Hauptursache für die vielen historischen Inflationskrisen. Inflation ist ein Phänomen der jüngeren Vergangenheit. In den 300 Jahren bis zum Zweiten Weltkrieg gab es langfristig keine Inflation, weil bis dahin fast weltweit der Goldstandard galt. Es besteht die Gefahr, dass die Inflation in Deutschland in den nächsten Jahren über das relativ niedrige Niveau der letzten zehn Jahre steigt, da Bundesregierung und Bundesbank 2009 zur Bekämpfung der Finanzkrise eine weit überdurchschnittliche Nettokreditaufnahme des Staates hinnahmen. (Die erhöhten Inflationserwartungen sind jedoch schon in den Wertpapierkursen und Zinsen eingepreist.)
- Generell gilt, dass Schuldner (sofern ihre Zinsbindung langfristig fixiert ist) von unerwartet steigender Inflation begünstigt werden.
- Inflation schädigt tendenziell die Inhaber von Geldvermögen (Bankguthaben, Unternehmensanleihen, Staatsanleihen) mehr als die Inhaber von Sachvermögen (Aktien, Immobilien, Rohstoffe). Da »arme« Haushalte einen prozentual höheren Anteil an Geld-

vermögen halten, wirkt bei ihnen die schleichende Enteignung durch Inflation stärker als bei wohlhabenderen Haushalten.

- In der deutschen Hyperinflation von 1923 erlitten Sparer und Besitzer von Staatsanleihen einen Totalverlust; bei der Währungsumstellung 1948 betrug der Verlust mehr als 80 Prozent. Auch in vielen anderen Staaten mussten Sparer und Anleihebesitzer im 20. Jahrhundert starke Verluste aufgrund galoppierender Inflation auf sich nehmen, wie Abbildung 2 illustriert (vgl. hierzu auch Abschnitt »Der vergessene Anleihen-Crash«, Seite 94).
- Es ist möglich, dass konventionelle Inflationsmessgrößen wie der Verbraucherpreisindex (VPI) der Bundesbank (engl. consumer price index, CPI) eine gegenüber dem tatsächlichen Anstieg der Lebenshaltungskosten überhöhte Inflationsrate ausweisen, weil Qualitätsverbesserungen der im Warenkorb enthaltenen Güter nicht immer ausreichend berücksichtigt werden, weil Substitutionseffekte ignoriert werden und weil Preissenkungen aus

Abbildung 2: Jährliche Inflationsraten seit 1970 in Deutschland, Großbritannien und Japan

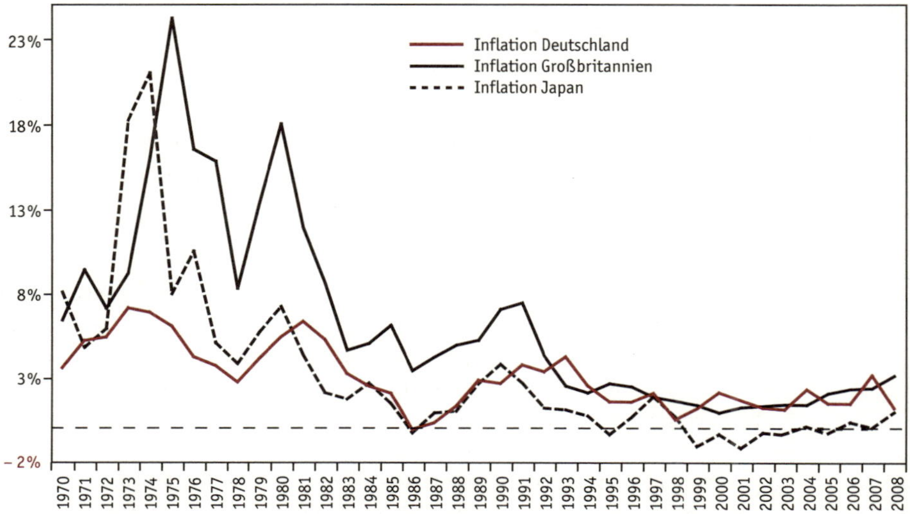

Datenquellen: Deutsche Bundesbank, Office for National Statistics UK, Statistics Bureau Japan

Verkaufskanaländerungen gar nicht oder nur mit Verzögerung berücksichtigt werden.[9] Andererseits dürfte die »persönliche Inflationsrate« von Bürgern, die in nennenswertem Umfang Medizin-, Krankenpflege oder Altenpflegedienstleistungen in Anspruch nehmen müssen und diese Kosten nicht aus bereits bestehenden Versicherungserstattungen decken können, höher sein als die im allgemeinen Verbraucherpreisindex ausgewiesene Rate. Grund: Die Preise dieser Dienstleistungen steigen traditionell schneller als der VPI. Messungen in den USA haben ergeben, dass diese Kosten zwischen einem halben und einem ganzen Prozentpunkt schneller steigen als die allgemeine Verbraucherpreisinflation.

- Den besten kurzfristigen Schutz vor *unerwarteten* Inflationsanstiegen bieten inflationsindexierte Staatsanleihen, die es seit einigen Jahren auch in Deutschland gibt. Die langfristige reale Rendite dieser Anleihen dürfte jedoch um circa einen halben Prozentpunkt unter derjenigen nicht inflationsindexierter (nominaler) Staatsanleihen liegen, denn hier trägt der Anleger kein Inflationsrisiko. Auch bei diesen Anleihen wird übrigens die nominale und nicht nur die reale Rendite besteuert; es besteht somit kein Steuervorteil gegenüber konventionellen Anleihen. Die erwartete Inflation – das ist vielen Anlegern nicht klar – ist bereits in den Preisen nominaler (normaler) Anleihen eingepreist. Diesbezüglich bieten inflationsindexierte Anleihen also keinen Vorteil. Auch inflationsindexierte Anleihen unterliegen einem →Zinsänderungsrisiko (Kursrückgänge im Falle eines Anstieges der realen Zinsen),

9 Ein Beispiel für Substitutionseffekte: Wenn die Rindfleischpreise stark steigen, dann werden die Konsumenten teilweise auf Schweinefleisch und Geflügel umsteigen (sofern deren Preise in geringerem Ausmaß steigen), das heißt, die Konsumenten werden weniger Rindfleisch nachfragen, sodass das Gewicht von Rindfleisch im persönlich relevanten (nicht jedoch im statistischen) Warenkorb abnimmt und dasjenige von Geflügel zunimmt. Der Verbraucherpreisindex berücksichtigt derartige kurzfristige Verschiebungen, die einen Teil des Kostenanstiegs eliminieren, jedoch nicht. – Ein Beispiel für Verkaufskanaländerungen: Direktbanken bieten manche Bankdienstleistungen günstiger an als traditionelle Filialbanken. Solche Kostenvorteile fließen nicht immer in die Inflationsmessung mit ein.

das mit der Länge der Restlaufzeit der Anleihe zunimmt. Wer die Anleihe bis zur Fälligkeit hält, erhält jedoch den Nominalbetrag zurück.

Merkbox

- Inflation ist ein weit unterschätztes Risiko für Anleger. Es trifft vor allem Anleger in sogenannten risikoarmen Anlageformen wie Sparbücher, Termingelder, Geldmarktfonds, Rentenfonds und Staatsanleihen.
- Wer sich vor dem Risiko unerwartet steigender Inflation schützen will, für den könnten inflationsgeschützte Anleihen eine interessante Asset-Klasse sein. In diesem Fall sollte die (Rest-)Laufzeit dieser Anleihen nach Möglichkeit drei Jahre nicht überschreiten, da ansonsten das Zinsänderungsrisiko recht hoch ist, es sei denn, der Anleger will die Anleihe bis zur Fälligkeit halten und stört sich nicht an möglichen zwischenzeitlichen Kursrückgängen.
- Inflation wird als Risiko deswegen unterschätzt, weil dieses besondere Risiko den Erfolg des Anlegers schleichend unterminiert und weil sie einen »eingebauten« Verschleierungseffekt beinhaltet

2

Historische Asset-Klassen-Renditen

2.1 Was verrät uns die Geschichte der Asset-Klassen-Renditen?

»Jeder, der eine Investment-Entscheidung auf der Basis historischer Daten von weniger als zehn Jahren trifft, sollte per Gesetz verpflichtet werden, ein Clownskostüm zu tragen.«

William Bernstein, Neurologe, Finanzökonom und Bestsellerautor

Wer die Geschichte der Asset-Klassen-Renditen nicht kennt, kann eigentlich nur durch Zufall ein erfolgreicher Anleger werden. Das hat mehrere Gründe.

In Schule, Berufsausbildung und Universität lernen wir nichts, was uns bei der späteren Vorsorge, Vermögensbildung und Förderung unserer finanziellen »Gesundheit« helfen könnte. Wenig hilfreich ist zudem die Finanzbranche – sie informiert uns nur produktbezogen und nur über die jüngste Vergangenheit. Der Grund: Banken, Fondsgesellschaften und kommissionsgetriebene Anlageberater sind mit einem zerstörerischen Interessenkonflikt behaftet: Die von ihnen präsentierten sogenannten Informationen sind letztlich unbrauchbar, weil sie nicht ausreichend weit zurückreichen, weil sie aus dem Kontext gerissen sind und weil sie primär der Verkaufsförderung dienen. Auch die Medien helfen nicht weiter – ihre Berichterstattung über Investmentthemen ist fast ausschließlich anlassgetrieben und verfolgt primär das Ziel, die Auflage zu steigern: Je größer die Sensation, desto eher wird berichtet. Investmentmoden werden nicht kritisch hinterfragt, sondern hochgejubelt. Statt nüchterner Fakten und Grundprinzipien stehen Gerüchte, Stimmungen, subjektive Ansichten und Anekdoten – kurz: irrelevanter »Datenlärm« – im Vordergrund. Diese Art von Berichterstattung hat wenig mit solidem, wissenschaftlich abgesichertem »Investment-Coaching« zu tun, wie wir es uns von den Medien wünschen würden. Kurzum: Ohne Wissen über langfristige Asset-Klassen-Renditen können wir nicht beurteilen, welche der von der Finanzbranche und den Medien präsentierten Investments realistisch sind und welche nur gefährliche Versprechungen; wann eine attraktive Rendite-Risiko-Kombination vorliegt und wann wir über den Tisch gezogen werden sollen.[10]

Als Sparer und Anleger werden wir also von Schule, Finanzbranche und Medien alleingelassen, und es besteht wenig Aussicht, dass sich daran in Zukunft etwas ändert. Das Ziel des vorliegenden Kapitels ist es daher, einen entscheidenden Teil dieses Wissensdefizits – die mangelnde Kenntnis historischer Asset-Klassen-Renditen – zu beseitigen.

Vermögensanlage ist kein 100-Meter-Sprint, wie uns die Finanzbranche und die Medien glauben machen wollen, sondern ein Marathonlauf. Bei einem solchen ist es unwichtig, wer auf den ersten 100 Metern vorne liegt oder zwischen Kilometer 22 und 23. Was zählt ist, wer nach 42 Kilometern in der Spitzengruppe ins Ziel einläuft. Dazu braucht man Durchhaltevermögen sowie die Erfahrung und das Wissen, was alles auf diesen 42 langen Kilometern geschehen kann. Man kann 42 Laufkilometer durchaus mit einem Anlagehorizont von 42 Jahren gleichsetzen – das ist ungefähr der Zeitraum, innerhalb dessen die meisten von uns sparen und investieren werden oder müssen. Über 42 Jahre hinweg erlebt ein Anleger – genauso wie

---

10 Dies belegt vielleicht eine kleine Testfrage zu drei beispielhaft ausgewählten Asset-Klassen: Wie hoch lag in den letzten 109 Jahren (Anfang 1900 bis Ende 2008) die durchschnittliche reale jährliche Wertsteigerung amerikanischer Wohnimmobilien, diejenige von Gold sowie die Rendite globaler Industrieländeraktien, ausgedrückt in Prozent per annum? Antwort: USA-Hauspreiswertsteigerung: 0,4 Prozent p.a.; Goldpreis: 0,4 Prozent p.a., Industrieländeraktien: 5,2 Prozent p.a. (alle Angaben in US-Dollar, ohne Kosten und Steuern).

ein Marathonläufer in einem harten Rennen – eine Vielzahl vorübergehender Hochgefühle und Erfolge, aber auch Enttäuschungen, Erschöpfungszustände und emotionale Tiefpunkte. Weder in den Hochphasen noch an den Tiefpunkten helfen Bauchentscheidungen und Intuition, naiver Optimismus oder dumpfe Angst; entscheidend sind vielmehr abgeklärtes Wissen, Erfahrung und Beharrungsvermögen.

Dieses Kapitel macht Sie mit den historischen Asset-Klassen-Renditen vertraut, deren Kenntnis auf dem Gebiet der Vermögensbildung der bestmögliche Ersatz für eigene Erfahrung ist. Mit diesem Know-how bewaffnet, wird es Ihnen gelingen, eine realistische Asset-Allokation für sich zu entwickeln, rationale und langfristig richtige Investmententscheidungen zu treffen und das nächste »Tal der Tränen« an den Börsen zu überstehen.

Merkbox

- Ohne Grundwissen um langfristige Asset-Klassen-Renditen können wir – wenn überhaupt – nur durch Zufall erfolgreiche Sparer und Anleger werden. In der Schule lernen wir hierzu nichts. Medien, Banken und traditionelle Finanzberater vermitteln fast ausschließlich kurzfristig orientierten, irreführenden »Datenlärm«, weil sie einem unauflösbaren Interessenkonflikt unterliegen ■

2.2 Amerikanische Wertpapierrenditen seit 1801

»Aktien schlagen Anleihen nicht nur auf der Basis von Rendite, sie zeigen auch eine weit größere Stabilität hinsichtlich der Bewahrung von Kaufkraft.«

Prof. Jeremy Siegel, University of Pennsylvania/Wharton Business School

Will man Asset-Klassen-Renditen darstellen, die über 50 Jahre zurückreichen, so stößt man für Deutschland und die meisten anderen Länder (mit Ausnahme der Vereinigten Staaten und von

Großbritannien) schnell auf das Problem der Datenverfügbarkeit, jedenfalls wenn man sich auf öffentlich zugängliche Daten beschränken muss. Dies überrascht zunächst, denn die 1685 gegründete Frankfurter Börse ist eine der ältesten der Welt und entstand noch vor den Börsen in London und New York. Die Ursachen für den Datenmangel in Deutschland liegen insbesondere in der Hyperinflation von 1923 und der Währungsumstellung von 1948. Beide Ereignisse führten zu einem radikalen Bruch in der Datenhistorie für praktische alle Asset-Klassen des Kapitalmarkts. Außerdem blieben alle deutschen Börsen während des Zweiten Weltkriegs geschlossen, denn die Nationalsozialisten sahen im freien Kapitalmarkt einen für ihren Machtanspruch gefährlichen Störfaktor, der unter vollständige staatlichen Kontrolle zu bringen war. Zu vermuten ist überdies, dass manche Daten im Zuge der beiden Weltkriege verloren gingen. Erst drei englische Professoren konnten das Problem des Datenmangels für Deutschland (und mehrere andere Länder) vor einigen Jahren teilweise beheben, wie wir im nächsten Abschnitt sehen werden. Dessen ungeachtet gilt für differenzierte Kapitalmarktrenditen, die weiter als bis Anfang des 20. Jahrhunderts zurückreichen, dass wir uns auf die USA beschränken müssen. Doch sind amerikanische Aktienrenditen für einen deutschen Anleger aussagekräftig? Die Antwort auf diese Frage lautet »Ja«. Warum ist dem so?

- Vergleicht man Kapitalmarktrenditen der westlichen Industrieländer über langfristige Zeiträume ab 20 Jahre während der letzten etwa 110 Jahre, stellt man in den meisten Fällen erstaunlich geringe Abweichungen fest (Ausnahme: der Zweite Weltkrieg und das folgende Jahrzehnt). Das ist einleuchtend, denn die fundamentalen ökonomischen Gesetze der Marktwirtschaft gelten international. Ferner würde ein → Arbitragemechanismus einsetzen, wenn man in einem Land beständig höhere Renditen bei gleichem Risiko erzielen könnte, das heißt, internationales Kapital würde aus den renditeschwachen Ländern in dieses Land fließen. Dieser Mechanismus gleicht die risikoadjustierten Renditen in verschiedenen Ländern einander an. Jeder Anleger kann heute (genauso wie es auch in der Vergangenheit überwiegend der Fall war) global investieren, ist also keineswegs auf die Asset-Klassen in seinem Heimatland beschränkt.

- Gelegentlich wird eingewendet, die Renditen in den USA seien nicht repräsentativ für den Rest der Welt, da die USA über die letzten 200 Jahre der erfolgreichste Kapitalmarkt der Welt gewesen seien, während viele andere nationale Kapitalmärkte irgendwann einmal über Jahrzehnte hinweg verstaatlicht waren (man denke an die ehemals kommunistischen Länder, aber auch an Staaten wie Ägypten und Argentinien). Die Investoren in Aktien und Anleihen dieser Länder mussten dabei bis zu 100-prozentige Verluste hinnehmen. Doch dieses Argument hinkt: Es wäre nur dann stichhaltig, wenn man für Deutschland in den nächsten 50 Jahren noch einmal eine Abschaffung der Marktwirtschaft, eine willkürliche Enteignung von Aktionären, eine Hyperinflation und/oder einen Weltkrieg annähme. Dieses Buch unterstellt dagegen eine andere, optimistischere Entwicklung, kein Untergangszenario. Ich glaube, dass sich die künftigen Asset-Klassen-Renditen und deren relative Unterschiede in den meisten westlichen wie auch in den Schwellenländern über Zeiträume von 20 Jahren und mehr nicht fundamental von diejenigen der Vergangenheit unterscheiden werden. Vermutlich werden sich auch die Mehrzahl der heute etwa 30 Schwellenländer – trotz der gegenwärtigen Finanzkrise – in den nächsten Jahrzehnten positiv entwickeln und langfristige Renditen abwerfen, die über denjenigen der entwickelten Länder liegen.

Tabelle 3: Reale (inflationsbereinigte) geometrische Durchschnittsrenditen amerikanischer Asset-Klassen auf US-Dollar-Basis, 1802–2008[11]

	Standardwerte Aktien	Langfristige Staatsanleihen	Kurzfristige Staatsanleihen	Goldpreis	Hauspreise (seit 1891)
Gesamtzeitraum					
1802–2008 (207 Jahre)	6,5 %	3,6 %	2,8 %	0,5 %	0,3 %**
Teilzeiträume					
1802–1870 (69 Jahre)	7,0 %	4,8 %	5,1 %	0,2 %	n. v.
1871–1925 (55 Jahre)	6,6 %	3,7 %	3,2 %	–0,8 %	–0,7 %**
1926–1945 (20 Jahre)	7,2 %	4,8 %	1,2 %	3,1 %	0,8 %
1946–1965 (20 Jahre)	10,0 %	–1,2 %	–0,8 %	–2,7 %	1,1 %
1966–1985 (20 Jahre)	2,2 %	–0,3 %	1,0 %	5,6 %	–0,1 %
1986–2008 (23 Jahre)	5,8 %	6,9 %	1,6 %	1,1 %	1,2 %
Vervielfachungsfaktor über 40 Jahre*	12,5x	4,1x	3,0x	1,2x	1,1x

* Auf der Basis der realen Rendite für den Gesamtzeitraum. Hier wird also einem hypothetischen 40-Jahres-Zeitraum die reale durchschnittliche Jahresrendite der letzten 207 Jahre zugrunde gelegt. Ähnlich gehe ich bei der Berechnung des → Vervielfachungsfaktors im Rest des Buches vor.
** Anfangsjahr 1891 (nicht 1802).
Datenquellen: Jeremy Siegel (2007): Daten bis 1965, danach Ken French (CRSP Datenbank Universität Chicago); Goldpreis: www.finfacts.ie; Hauspreise: Robert Shiller. – Alle Angaben ohne Kosten und Steuern.

Tabelle 3 fasst die Renditen der wichtigsten amerikanischen Asset-Klassen von 1802 bis heute (207 Jahre) zusammen. Was lässt sich hieraus ableiten?

- Aktien sind unter allen Asset-Klassen langfristig am rentabelsten. Über einen hypothetischen Anlagehorizont von 40 Jahren hinweg liefern sie einen gut dreimal höheren Endwert als die nächstbeste unter den aufgeführten Asset-Klassen. Unter Berücksichtigung von Steuern wäre der Vorsprung von Aktien noch größer, denn

11 Eine Erläuterung zum Begriff der geometrischen Durchschnittsrendite (im Unterschied zur arithmetischen Durchschnittsrendite) finden Sie im Abschnitt »Verschiedene Rendite- und Risikomesszahlen«, Seite 179.

Kursgewinne werden in praktisch allen Ländern niedriger besteuert als laufende Erträge (Zinsen, Dividenden, Mieten).[12]

- Nur in einem von fünf nicht überlappenden 20-Jahres-Zeiträumen, nämlich von 1986 bis 2008 (23 Jahre), wurden Aktien von einer anderen Asset-Klasse (langfristigen Staatsanleihen) geschlagen. Das ist eine sehr hohe »Siegerquote« für Aktien, aber dennoch muss man konzedieren, dass Aktien erst ab Zeiträumen von etwa 30 Jahren historisch immer das Rennen gemacht haben. Das heißt, auch bei sehr langem Anlagehorizont von 20 bis 25 Jahren gibt es noch keine vollständige Gewissheit, dass Aktien alle anderen Asset-Klassen schlagen werden.
- Kurzfristige und langfristige Staatsanleihen können über sehr lange Zeiträume hinweg reale Wertverluste aufweisen. Dieses »schleichende und versteckte« Risiko, das hauptsächlich auf langen Phasen beruht, in denen die jährlichen Nominalrenditen etwas unter der Inflation liegen (was sich dann aufsummiert), wird von den meisten Anlegern übersehen oder unterschätzt (siehe hierzu auch Abschnitt »Der vergessene Anleihen-Crash«, Seite 94).
- Bei kurzfristigen Staatsanleihen könnte die Rendite über den Gesamtzeitraum (2,8 Prozent p. a.) von den besonders hohen Werten in den ersten 100 Jahren nach oben hin verzerrt sein.
- Die Renditen von Gold und die Wertsteigerungen von Wohnimmobilien stellen sich gegenüber denjenigen von Aktien und langfristigen Staatsanleihen eher kümmerlich dar. Echte Vermögensbildung (statt Vermögenskonservierung) dürfte mit diesen Asset-Klassen, außer durch Glück beim Spekulieren, schwierig sein. Auf beide Asset-Klassen gehe ich in gesonderten Abschnitten noch genauer ein.

Tabelle 4 beleuchtet die amerikanischen Asset-Klassen-Renditen für den Zeitraum von 1927 bis heute in etwas differenzierterer Form. Was lässt sich aus dieser Tabelle ableiten?

---

12 Dies traf bis Ende 2008 in Deutschland für Privatanleger ebenfalls zu. Aber selbst die jetzige Abgeltungssteuerregelung stellt Aktienanleger, sofern sie Buy-and-Hold-Anleger sind, aufgrund des »eingebauten« Steuerstundungseffekts besser als Anleiheanleger (siehe Abschnitt 3.4, Seite 138).

Tabelle 4: Reale (inflationsbereinigte) geometrische Durchschnittsrenditen amerikanischer Asset-Klassen auf US-Dollar-Basis, 1927–2008

	Gesamter Aktien-markt	Groß-untern., Wachs-tumsak-tien*	Groß-untern., Substanz-wertak-tien*	Klein-unter-nehmen, Wachs-tumsak-tien	Klein-unter-nehmen, Value-Aktien	Langfr. Staatsanl. (20 Jahre)	Kurzfr. Staatsanl. (1 Mon.)	Mittelfr. Staatsanl. (5 Jahre)	Langfr. Unterneh-mensanl. hoher Bonität (20 Jahre)	Goldpreis
Gesamtzeitraum										
1927 bis 2008 (82 Jahre)	6,2%	5,2%	8,2%	5,7%	10,5%	2,6%	0,7%	2,3%	2,6%	1,6%
Vervielfachungsfaktor über 40 Jahre **	11,0x	7,6x	23,8x	9,1x	54,2x	2,8x	1,3x	2,4x	2,8x	1,9x
Teilzeiträume										
1927 bis 1967 (41 Jahre)	8,1%	8,0%	9,5%	9,5%	12,0%	1,2%	0,1%	1,5%	2,0%	- 0,2%
1968 bis 2008 (41 Jahre)	4,2%	2,5%	7,0%	2,0%	9,0%	4,0%	1,3%	3,1%	3,3%	3,4%
1927 bis 1937 (11 Jahre)	3,8%	5,6%	- 0,1%	4,1%	1,3%	6,8%	3,8%	6,7%	8,9%	7,2%
1938 bis 1947 (10 Jahre)	5,8%	4,2%	10,9%	10,2%	17,0%	- 0,9%	- 3,9%	- 1,8%	- 1,2%	- 2,1%
1948 bis 1957 (10 Jahre)	12,1%	12,4%	13,5%	8,2%	11,3%	- 0,7%	- 0,9%	- 0,6%	- 0,5%	- 4,4%
1958 bis 1967 (10 Jahre)	11,6%	10,4%	15,4%	16,6%	20,3%	- 0,6%	1,4%	1,1%	0,3%	- 1,7%
1968 bis 1977 (10 Jahre)	- 2,4%	- 3,9%	3,6%	- 6,2%	4,3%	- 0,7%	- 0,2%	0,6%	0,1%	11,0%
1978 bis 1987 (10 Jahre)	7,9%	6,3%	10,3%	5,8%	14,8%	2,7%	2,4%	3,8%	2,9%	4,4%
1988 bis 1997 (10 Jahre)	13,6%	14,2%	13,5%	9,0%	15,9%	7,5%	1,7%	4,4%	6,7%	- 9,1%
1998 bis 2008 (11 Jahre)	- 0,8%	- 4,8%	1,7%	0,2%	2,5%	6,3%	1,1%	3,4%	3,5%	8,1%
Risiko										
Maximaler Drawdown ***	- 69%	- 65%	- 79%	- 80%	- 84%	- 14%	- 0%	- 5%	- 11%	- 58%
Std-abw. der nom. Jahresrend.	21%	21%	27%	32%	32%	9%	3%	6%	8%	23%
Korrelation mit der Inflation										
1968 bis 2008 (41 Jahre)	+ 0,20	+ 0,15	+ 0,23	+ 0,30	+ 0,30	- 0,11	+ 0,72	+ 0,15	+ 0,00	+ 0,11

* Zur Unterscheidung von Wachstumsaktien (Growth-Aktien) und Substanzwertaktien (Value-Aktien) siehe Abschnitt 2.6, Seite 62.

** Auf Basis der realen Rendite für den Gesamtzeitraum.

*** Maximaler kumulativer Verlust während des Gesamtzeitraums (nominal).

Alle Angaben ohne Kosten und Steuern.

Datenquellen: Ken French (CRSP Datenbank der Universität Chicago), Dimensional Fund Advisors.

- Im Wesentlichen bestätigt diese Auswertung die Schlussfolgerungen, die wir bereits aus Tabelle 3 gezogen haben.
- Wieder zeigt sich, dass Aktien Anleihen auf lange Sicht klar outperformen. Der →Vervielfachungsfaktor über 40 Jahre liegt für den Gesamtaktienmarkt bei 11,0x, bei langfristigen Staatsanleihen (20 Jahre) hingegen nur bei 2,8x. Über ein Betrachtungsintervall von zehn Jahren (gegenüber 20 Jahren in der vorhergehenden Tabelle) gelingt es Staatsanleihen allerdings in drei von acht nicht überlappenden Intervallen, Aktien zu schlagen.
- Die mit großem Abstand rentabelste Asset-Klasse waren Small-Cap-Value-Aktien.[13] In dieser Asset-Klasse wirken der Small-Cap-Effekt und der Value-Effekt gleichzeitig. In zwei von acht Dekaden lagen Small-Cap-Value-Aktien allerdings unter dem Gesamtmarktindex (der von Large-Caps dominiert wird). In der Gesamtschau deutet die Tabelle jedoch an, dass der Small-Cap-Effekt und der Value-Effekt zwar nicht in jeder Dekade wirken, aber jedenfalls nicht periodenspezifisch sind. Das haben auch viele Forschungsarbeiten bestätigt, obwohl sich die Wissenschaft hierüber noch nicht völlig einig ist.[14] Auf dieses wichtige Thema gehen wir in Abschnitt 2.6 (Seite 62) noch näher ein.
- Wachstumsaktien (das sind tendenziell hoch bewertete, »populäre« Aktien, oft aus »Modebranchen«) liegen langfristig hinter ihren Value-Pendants; das gilt sowohl für Großunternehmen als auch für Kleinunternehmen. Dennoch können Growth-Aktien über einen Zeitraum von zehn Jahren und mehr Value-Aktien outperformen.
- Der Hauptnachteil von Unternehmensanleihen (hoher Bonität) kommt in dieser Tabelle nicht zum Ausdruck: ihre gegenüber Staatsanleihen gleicher Laufzeit weit höhere →Korrelation mit Aktien, was eine nicht wünschenswerte Eigenschaft ist, wenn man

13 Zur Unterscheidung von Value- und Growth-Aktien sowie von Small-Cap- und Large-Cap-Aktien siehe Abschnitt 2.6, Seite 62 ff.

14 Da der Small-Cap-Effekt und der Value-Effekt in erster Linie »Risikofaktoren« sind (also eine Kompensation für das erhöhte Risiko dieser Aktiengesellschaften), erscheint es logisch, dass der Effekt nicht immer positiv ist und von Jahr zu Jahr stark schwankt, sonst wäre es ja kein Risikofaktor.

als Aktienanleger einen Diversifikationsvorteil sucht. Diese Korrelation nimmt insbesondere dann tendenziell noch weiter zu, wenn Aktien Verluste ausweisen, also genau zum falschen Zeitpunkt. Zugleich ist die langfristige Rendite von Unternehmensanleihen hoher Bonität nicht wesentlich besser als die von Staatsanleihen.

- 20-jährige Staatsanleihen schlagen 5-jährige Staatsanleihen nur minimal, sind aber weit risikoreicher. Das ist auf ihr höheres → Zinsänderungsrisiko, das mit der Länge der Laufzeit einer Anleihe zunimmt, zurückzuführen. Hinzu kommt der Nachteil der niedrigsten Korrelation aller betrachteten Asset-Klassen mit der Inflation (wünschenswert ist ein hoher Wert nahe 1). Wie wir im Abschnitt »Der vergessene Anleihen-Crash« (Seite 94) sehen werden, können langfristige Staatsanleihen jahrzehntelang negative Realrenditen aufweisen. Insgesamt eignen sie sich daher schlecht zur Diversifikation und Risikosenkung eines Aktienportfolios. Die meisten Privatanleger sind mit kurz- bis mittelfristigen Staatsanleihen besser bedient.
- Kurzfristige Staatsanleihen weisen unter allen Asset-Klassen die höchste kurzfristige Korrelation (auf Jahresbasis) mit der Inflation auf, was eine willkommene Eigenschaft ist. Zudem sind sie am risikoärmsten und eignen sich gut zur Diversifikation eines Aktienportfolios.

Merkbox

- Für den amerikanischen Kapitalmarkt liegen die detailliertesten und am längsten zurückreichenden historischen Daten vor. Alles in allem lassen sich die zukunftsbezogenen Schlussfolgerungen aus diesen Daten wohl auch auf Deutschland und andere westliche Länder übertragen.
- Die langfristige renditemäßige Überlegenheit von Aktien gegenüber allen anderen Asset-Klassen ist zwar deutlich, doch gibt es auch über Zeiträume von 20 Jahren noch keine absolute Gewissheit, mit Aktien Staatsanleihen zu schlagen. Das unterstreicht die Bedeutung der Asset-Klassen-übergreifenden Diversifikation, also der Notwendigkeit, Aktien und Staatsanleihen gleichzeitig im Depot zu haben (mehr dazu in Kapitel 3, Seite 120) ■

2.3 Asset-Klassen-Renditen seit 1900 in verschiedenen Industrieländern

»Sie sollten nur wenig Zeit mit der Betrachtung und Überwachung Ihrer Investments verbringen. Anderenfalls führt Sie das nur in Versuchung, Ihre ›Pflanzen‹ auszugraben, um zu schauen, wie es den Wurzeln geht. Das ist schlecht für die Wurzeln und schlecht für Ihren Schlaf.«

Paul Samuelson, Wirtschaftsnobelpreisträger

Für die meisten Länder reichen die verfügbaren Datenreihen zu historischen Asset-Klassen nur wenige Jahrzehnte zurück; bei vielen »modernen« Asset-Klassen, beispielsweise Schwellenländeraktien und -anleihen, Hedge-Fonds, Private-Equity-Anlagen oder deutschen Wohnimmobilien, sind es oft nur 20 Jahre oder weniger.[15] Dank der Arbeit dreier Londoner Finanzprofessoren ist dieses Problem inzwischen wenigstens teilweise behoben. Sie veröffentlichten im Jahr 2002 eine Studie, die die wichtigsten Asset-Klassen-Renditen von 1900 bis 2002 für 16 entwickelte Länder und ein Schwellenland (Südafrika) enthielt. Seitdem aktualisieren die drei Autoren ihre bahnbrechende Auswertung jedes Jahr.[16]

In diesem Abschnitt habe ich die Kapitalmarktdaten der drei Professoren für die Länder Deutschland, Großbritannien, Frankreich, USA und Japan zusammengefasst, ergänzt um die Renditen von Gold und amerikanischer Wohnimmobilien (Tabelle 5 und Abbildung 3). Der Berechnung in Abbildung 3 liegen die durchschnittlichen geometrischen Realrenditen der fünf ausgewählten Asset-Klassen von 1900 bis 2008 (109 Jahre) zugrunde. Der angenommene Zeitraum von 40 Jahren ist also kein spezifischer Kalenderzeitraum, sondern wurde als allgemeiner Anlagehorizont gewählt.

15 Hedge-Fonds und Private-Equity sind keine Asset-Klassen, obwohl sie in den Medien üblicherweise als solche bezeichnet werden. Es handelt sich vielmehr um aktive Anlageinstrumente, die in reguläre Asset-Klassen investieren.

16 Dimson/Marsh/Staunton, 2002 und 2008.

Tabelle 5: Reale (inflationsbereinigte) Asset-Klassen-Renditen in fünf Industrieländern, 1900–2008 (a): Standardwerteaktien

Von Anfang ...	bis Ende ...	Anzahl Jahre	Deutschland	Großbritannien	Frankreich	USA	Japan
1900	1909	10	3,9 %	1,8 %	4,3 %	9,3 %	11,8 %
1910	1919	10	−11,3 %	−1,3 %	−4,1 %	−2,5 %	7,1 %
1920	1929	10	0,4 %	9,3 %	9,1 %	14,4 %	2,5 %
1930	1939	10	4,0 %	2,6 %	−3,7 %	1,9 %	10,4 %
1940	1949	10	−12,4 %	3,1 %	−7,7 %	4,0 %	−26,4 %
1950	1959	10	32,4 %	13,7 %	16,5 %	15,7 %	26,9 %
1960	1969	10	3,9 %	6,5 %	0,6 %	5,6 %	8,5 %
1970	1979	10	−2,5 %	−1,4 %	−0,5 %	−0,7 %	3,5 %
1980	1989	10	14,0 %	15,4 %	15,4 %	19,4 %	18,2 %
1990	1999	10	9,9 %	11,2 %	12,5 %	6,2 %	−5,2 %
2000	2008	9	−5,7 %	−2,9 %	1,7 %	−6,2 %	−5,7 %
1900	2008	109	2,7 %	5,2 %	3,7 %	5,9 %	3,8 %
Vervielfachungsfaktor über 40 Jahre			3,0x	7,5x	4,3x	10,0x	4,5x
Niedrigste reale Jahresrendite			−91 %	−51 %	−40 %	−38 %	−86 %
Jahr, in dem niedrigste reale Jahresrendite auftrat			1948	1974	1945	1931	1946
In lokaler Währung; alle Angaben ohne Kosten und Steuern. Vervielfachungsfaktor auf Basis der durchschnittlichen Rendite für den Gesamtzeitraum.							

Tabelle 5 Fortsetzung (b): langfristige Staatsanleihen

Von Anfang ...	bis Ende ...	Anzahl Jahre	Deutschland	Großbritannien	Frankreich	USA	Japan
1900	1909	10	-2,3 %	0,0 %	2,2 %	1,8 %	5,3 %
1910	1919	10	-19,5 %	-9,0 %	-10,0 %	-4,5 %	-2,7 %
1920	1929	10	-2,5 %	8,1 %	0,5 %	7,0 %	11,6 %
1930	1939	10	9,3 %	5,8 %	1,3 %	7,1 %	0,7 %
1940	1949	10	-19,3 %	0,5 %	-20,7 %	-2,1 %	-33,5 %
1950	1959	10	0,0 %	-2,3 %	1,8 %	-2,2 %	2,5 %
1960	1969	10	4,1 %	-1,5 %	1,6 %	-1,0 %	1,1 %
1970	1979	10	2,9 %	-4,4 %	2,5 %	-1,7 %	-3,5 %
1980	1989	10	4,1 %	7,6 %	8,8 %	7,1 %	2,5 %
1990	1999	10	6,2 %	9,3 %	8,6 %	5,7 %	2,0 %
2000	2008	9	3,7 %	1,9 %	4,1 %	7,7 %	0,3 %
1900	2008	109	-1,7 %	1,3 %	-0,3 %	2,1 %	-2,0 %
Vervielfachungsfaktor über 40 Jahre			0,5x	1,7x	0,9x	2,3x	0,4x
Niedrigste reale Jahresrendite			-100 %	-31 %	-44 %	-19 %	-78 %
Jahr, in dem niedrigste reale Jahresrendite auftrat			1923	1974	1947	1918	1946

In lokaler Währung; alle Angaben ohne Kosten und Steuern. Vervielfachungsfaktor auf Basis der durchschnittlichen Rendite für den Gesamtzeitraum.

Tabelle 5 Fortsetzung (c): kurzfristige Staatsanleihen

Von Anfang ...	bis Ende ...	Anzahl Jahre	Deutschland	Großbritannien	Frankreich	USA	Japan
1900	1909	10	1,8 %	1,9 %	2,5 %	3,7 %	5,3 %
1910	1919	10	−13,5 %	−4,7 %	−6,6 %	−2,4 %	−2,7 %
1920	1929	10	−5,4 %	7,5 %	−2,0 %	5,8 %	11,6 %
1930	1939	10	6,5 %	0,9 %	−0,4 %	2,7 %	0,7 %
1940	1949	10	−2,2 %	−1,9 %	−22,5 %	−4,7 %	−33,5 %
1950	1959	10	1,9 %	−1,1 %	−2,8 %	−0,3 %	2,5 %
1960	1969	10	0,3 %	1,9 %	0,0 %	1,3 %	1,1 %
1970	1979	10	0,3 %	−3,3 %	−4,0 %	−1,0 %	−3,5 %
1980	1989	10	3,3 %	4,8 %	0,0 %	3,6 %	2,5 %
1990	1999	10	3,6 %	4,4 %	7,2 %	1,9 %	2,0 %
2000	2008	9	1,6 %	1,6 %	1,2 %	0,7 %	0,3 %
1900	2008	109	−0,3 %	1,0 %	−2,8 %	1,0 %	−2,0 %
Vervielfachungsfaktor über 40 Jahre			0,9x	1,5x	0,3x	1,5x	0,4x
Niedrigste reale Jahresrendite			−100 %	−15 %	−39 %	−15 %	−78 %
Jahr, in dem niedrigste reale Jahresrendite auftrat			1923	1915	1946	1946	1946

In lokaler Währung; alle Angaben ohne Kosten und Steuern. Vervielfachungsfaktor auf Basis der durchschnittlichen Rendite für den Gesamtzeitraum.

Tabelle 5 Fortsetzung (d): globale Haupt-Asset-Klassen

Von Anfang ...	bis Ende ...	Anzahl Jahre	Aktien Welt (entw. Länder)	Langfr. Staats-anl. (entw. Länder)	Kurzfr. Staatsanl. (entw. Länder)	USA-Hauspreise	Goldpreis
1900	1909	10	6,9 %	1,7 %	3,7 %	-0,8 %	-2,2 %
1910	1919	10	-3,6 %	-7,7 %	-2,4 %	-3,0 %	-6,5 %
1920	1929	10	12,4 %	5,6 %	5,8 %	0,3 %	1,2 %
1930	1939	10	1,7 %	5,3 %	2,7 %	0,8 %	7,5 %
1940	1949	10	0,8 %	-4,9 %	-4,7 %	-0,9 %	-3,6 %
1950	1959	10	18,0 %	-0,4 %	-0,3 %	4,4 %	-3,1 %
1960	1969	10	5,4 %	0,7 %	1,3 %	-0,2 %	-2,2 %
1970	1979	10	0,6 %	1,5 %	-1,0 %	1,2 %	23,5 %
1980	1989	10	13,4 %	6,5 %	3,6 %	0,4 %	-10,2 %
1990	1999	10	7,9 %	6,7 %	1,9 %	-0,6 %	-5,4 %
2000	2008	9	-4,9 %	5,0 %	0,4 %	2,9 %	11,3 %
1900	2008	109	5,2 %	1,7 %	1,0 %	0,37 %	0,44 %
Vervielfachungsfaktor über 40 Jahre			7,6x	1,9x	1,5x	1,16x	1,19x
Niedrigste reale Jahresrendite			-35 %	-27 %	-15 %	-21 %	-40 %
Jahr, in dem niedrigste reale Jahresrendite auftrat			1931	1946	1946	2008	1981
In US-Dollar; alle Angaben ohne Kosten und Steuern. Vervielfachungsfaktor auf Basis der durchschnittlichen Rendite für den Gesamtzeitraum.							

Datenquellen: Alle Daten bis Ende 1999 aus Dimson/Marsh/Staunton (2002 und 2008). Die Veröffentlichung von 2002 enthält genaue Angaben zu den ursprünglichen Datenquellen. Aktienrenditen von 2000 bis 2008: MSCI Barra, Standard-Core. Langfristige Staatsanleihen 2000–2008: Deutschland: Bundesbank (Rex-P); Großbritannien: Dimson/Marsh/Staunton für 2000–2007 und Graubündner Kantonalbank für 2008; Frankreich: Dimson/Marsh/Staunton für 2000–2007 und Graubündner Kantonalbank für 2008; USA: Dimensional Fund Advisors; Japan: Dimson/Marsh/Staunton für 2000-2007 und Graubündner Kantonalbank für 2008; Welt: Dimson/Marsh/Staunton für 2000–2007 und Morningstar Global Government Bond Index für 2008. Kurzfristige Staatsanleihen 2000–2008: Deutschland: Bundesbank; Großbritannien: Dimson/Marsh/Staunton für 2000–2007, GBP-3-Monats-Libor für 2008; Frankreich: Dimson/Marsh/Staunton für 2000–2007, EUR-3-Monats-Libor für 2008; USA: Dimensional Fund Advisors, Japan: Dimson/Marsh/Staunton für 2000–2007, JPY-3-Monats-Libor für 2008; Welt: Dimson/Marsh/Staunton für 2000–2007, einfacher Durchschnitt aus fünf einzelnen Ländern für 2008.

Abbildung 3: Realer (inflationsbereinigter) Vervielfachungsfaktor der wichtigsten globalen Asset-Klassen über einen hypothetischen 40-Jahres-Zeitraum

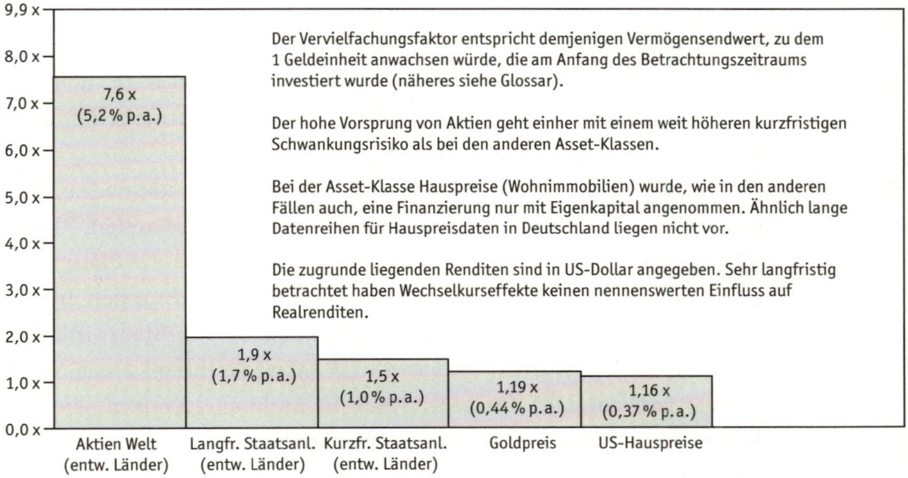

Alle Werte nach Berücksichtigung von Inflation. Alle Angaben ohne Kosten und Steuern.
Quelle: E. Dimson/P. Marsh/M. Staunton (2002) und teilweise andere; siehe Erläuterungen im Abschnitt »Anmerkungen zu den verwendeten Renditedaten«, Seite 198.

Aus diesen Daten lässt sich eine Vielzahl von Schlussfolgerungen ableiten. Nachfolgend fasse ich einige der wichtigsten zusammen:

- Aktien sind auch in dieser Betrachtung die mit Abstand ertragreichste Asset-Klasse. Legt man ihre über diesen 109-Jahres-Zeitraum erzielte globale, reale Rendite von 5,2 Prozent p. a. einem hypothetischen 40-Jahres-Zeitraum (einem »Anlegerleben«) zugrunde, so ergibt sich ein → Vervielfachungsfaktor von 7,6x, das heißt, eine anfänglich investierte Geldeinheit wäre bei Berücksichtigung der Inflation über 40 Jahre hinweg auf 7,6 Geldeinheiten angewachsen. Für langfristige Staatsanleihen liegt dieser Wert nur bei 1,9 und für die anderen Asset-Klassen noch niedriger. Der Vervielfachungswert für kurzfristige Staatsanleihen, Gold und Wohnimmobilien ist so niedrig, dass man in Anbetracht des langen Zeitraums nicht von einem nennenswerten Wertzuwachs sprechen kann. Anders formuliert: Mit kurzfristigen Staatsanleihen (und das gilt auch für Sparanlagen, die eine ähnliche Rendite aufweisen), mit Gold und mit Wohnimmobilien kann man sehr langfristig betrachtet kaum Vermögen bilden, sondern es allenfalls konservieren.

- Hätte man in dieser Berechnung steuerliche Aspekte berücksichtigt, wäre der relative Vorsprung von Aktien vor Anleihen in allen Ländern noch größer ausgefallen.
- Betrachtet man die Asset-Klassen-Renditen dekadenweise, lassen sich sehr beträchtliche Schwankungen feststellen. Diese Schwankungen können auch für vermeintlich sichere Anlagen wie kurzfristige Staatsanleihen erstaunliche Größenordnungen annehmen. So erlitten deutsche Sparer und Besitzer von Staatsanleihen 1923 einen Totalverlust und 1948 (Währungsreform) einen Wertverlust von rund 85 Prozent. Auch in anderen Ländern, die von Krieg und politischen Krisen stark betroffen waren, wie Frankreich und Japan, traten ähnlich hohe Verluste bei Staatsanleihen auf.

Viele Leser werden die dargestellten Langfristrenditen unplausibel niedrig finden. Wie lässt sich das erklären?

- Privatanleger werden selten mit inflationsbereinigten Realrenditen konfrontiert. In den Medien und den Publikationen der Finanzbranche sind stattdessen die wesentlich höheren nominalen Renditen nachzulesen, die den Verlust durch Inflation ignorieren. Nominale Renditen sind jedoch allenfalls beim relativen Vergleich zweier Investments oder Asset-Klassen über die gleiche Zeitperiode aussagekräftig, sie sagen hingegen nichts über den wirklichen Vermögenseffekt aus, und nur auf diesen kommt es an. In diesem Sinne sind langfristige nominale Renditeangaben nutzlos. (In Abschnitt 1.3, Seite 26, habe ich die Inflationsentwicklung der letzten 40 Jahre dargestellt.)
- Wenn in den Medien sehr langfristige Renditen aufgeführt werden, dann typischerweise US-Aktienrenditen ab 1926, weil eine berühmte amerikanische Asset-Klassen-Datenbank der Univer-

sität Chicago in diesem Jahr einsetzt. Die Daten von Dimson/Marsh/Staunton schließen jedoch auch die vorhergehenden 26 Jahre ein (1900–1925), und diese waren vor allem für Aktien und langfristige Staatsanleihen eine historisch unterdurchschnittlich rentable Periode.

- Nicht nur beginnen die hier betrachteten 109 Jahre mit einer historisch unterdurchschnittlich rentablen Periode, sie enden auch so. Die unmittelbar zurückliegenden zehn Jahre von 1999 bis 2008 waren eine der schlechtesten Aktiendekaden in den letzten 100 Jahren. Man könnte daraus ableiten, dass die hier gezeigte 109 Jahre währende Periode vor allem für Aktien ein vielleicht etwas zu negatives Bild darstellt, was deren langfristige Zukunft anbelangt – aber hier streiten sich die Gelehrten.
- Wir haben es hier mit geometrischen Durchschnittsrenditen zu tun, nicht mit arithmetischen Durchschnitten. In den Medien werden historische Durchschnitte immer wieder als arithmetische Durchschnitte angegeben, was zwar rechentechnisch korrekt, aber dennoch ein handwerklicher Fehler ist. (Zum Unterschied zwischen geometrischer und arithmetischer Durchschnittsrendite siehe Abschnitt »Verschiedene Rendite- und Risikomesszahlen«, Seite 179.)
- Ein letzter Grund, weshalb die dargestellten Zahlen manchen Lesern allzu niedrig erscheinen könnten, dürfte darin liegen, dass die Medien und die Finanzbranche typischerweise viel öfter von jenen Fällen berichten, in denen Asset-Klassen oder einzelne Anlageprodukte überdurchschnittliche Renditen aufweisen, als von den viel zahlreicheren Fällen, in denen das nicht so ist. So entwickeln wir allmählich ein verzerrtes Bild der Realität.

Weitere Erkenntnisse aus den obigen Schaubildern:

- Angesichts der niedrigen realen Asset-Klassen-Renditen ist es doppelt wichtig, Kosten und Steuern zu minimieren. Man vergegenwärtige sich dabei, dass ein aktiver Aktienfonds laufende Gesamtkosten von etwa 1,5 Prozent hat, bei einem aktiven Rentenfonds sind es etwa 0,9 Prozent. Legt man die globalen Renditen aus

Tabelle 5d für den Gesamtzeitraum zugrunde, so bedeuten diese Kosten, dass bei aktiven Aktienfonds volle 27 Prozent der Marktrendite – 1,5 Prozent von 5,2 Prozent – an die Fondsgesellschaft statt an den Anleger fließt, obwohl nicht sie, sondern der Anleger sein Kapital investiert hat. Bei Rentenfonds (langfristige Staatsanleihen) vereinnahmt die Fondsgesellschaft sogar 53 Prozent (0,9 Prozent von 1,7 Prozent) der realen Bruttorendite für sich.

- Die Asset-Klassen Substanzwertaktien (Value-Aktien), Nebenwerte und Schwellenländeraktien fehlen in dieser Darstellung, weil hierfür keine Daten vorliegen, die bis 1900 zurückreichen. Small-Caps und Value-Aktien weisen langfristig höhere Renditen (und ein höheres Risiko) auf als Standardwerteaktien. Hierauf gehe ich in Abschnitt 2.6 (Seite 62) näher ein.
- Die Mehrzahl aller privaten Wohnimmobilien wird anfänglich mithilfe eines Kredites finanziert. Ein Kredit wird stets die allein entscheidende Eigenkapitalrendite eines Immobilieneigentümers (ob Eigennutzer oder Vermieter) stark beeinflussen. In Abschnitt 2.7 (Seite 70) beschäftigen wir uns genauer mit diesem Thema.
- Wer glaubt, er könne durch aktives Investieren (in diesem Fall →Market-Timing) die schlechten Phasen einer Asset-Klasse mit ausreichender Wahrscheinlichkeit umschiffen, der wird die starken Renditeschwankungen und die vielleicht niedriger erscheinenden Langfristrenditen naturgemäß eher als Gelegenheit sehen, den Markt zu schlagen. Allerdings führt ein solcher Versuch bei Berücksichtigung von Kosten, Steuern und Risiko nur in seltenen Fällen zu überdurchschnittlichen Langfristrenditen; meist ist das Gegenteil der Fall. Dagegen wird ein passiver Buy-and-Hold-Anleger mit 100-prozentiger Gewissheit in der oberen Hälfte aller Anleger (einschließlich der Profi-Investoren) enden und braucht sich dafür nicht einmal anzustrengen.
- Die hier aufgezeigten Renditen schließen zahllose Crash-Ereignisse bei allen Asset-Klassen mit ein. Wer also in der Zukunft einen Crash erlebt (und diese werden künftig genauso so häufig auftreten wie in der Vergangenheit), kann die hier aufgezeigten Realrenditen trotzdem erreichen – immer vorausgesetzt, er mini-

miert diszipliniert Kosten und Steuern und lässt sich niemals zu Panikverkäufen hinreißen.

Merkbox

- Aktien schlagen bereits vor Steuern langfristig alle anderen Asset-Klassen; nach Steuern fällt dieser Vorsprung noch deutlicher aus.
- Von Standardwerteaktien eine höhere langfristige reale Rendite als 5 bis 6 Prozent p. a. (vor Kosten und Steuern) zu erwarten, ist vermutlich unrealistisch.
- Die langfristigen Realrenditen kurzfristiger Staatsanleihen sowie von Wohnimmobilien und Gold sind insbesondere unter Berücksichtigung von Kosten und Steuern niedrig. Zur wirklichen Vermögensbildung tragen diese Asset-Klassen nur in geringem Umfang bei.
- Deutsche Anleger in Staatsanleihen haben im 20. Jahrhundert zweimal alles beziehungsweise fast alles verloren (1923 und 1948). Die durchschnittlichen Verluste von Aktionären und Immobilieneigentümern in diesen extremen Krisen fielen weitaus geringer aus, obwohl auch sie lange Jahre mit »Buchverlusten« durchstehen mussten. Wenn man das schleichende und versteckte Risiko der Inflation sowie die beträchtlichen Wertschwankungen berücksichtigt, die langfristige Staatsanleihen aufgrund ihres hohen →Zinsänderungsrisikos aufweisen, dann erscheinen die sogenannten sicheren Asset-Klassen – Sparguthaben und Staatsanleihen – weniger attraktiv, als viele Anleger annehmen.
- Die niedrige Rendite von Gold steht in keinem attraktiven Verhältnis zu seinem hohen Wertschwankungsrisiko (mehr dazu in Abschnitt 2.9, Seite 84) ■

2.4 Aktienrenditen der wichtigsten Industriebranchen seit 1927

»Halten Sie den Kurs. Egal was passiert, weichen Sie nicht von Ihrer ursprünglichen Investmentstrategie ab. Ich habe wohl schon tausend Mal ›Halten Sie den Kurs‹ gesagt und es jedes einzelne Mal ernst gemeint. Es ist das wichtigste Stück Investment-Weisheit, das ich Ihnen vermitteln kann.«

John Bogle, geb. 1929, legendärer Gründer der Fondsgesellschaft Vanguard

Tabelle 6 zeigt die Aktienrenditen sowie verschiedene Risikokennzahlen für fünf bedeutende Wirtschaftssektoren der USA von 1927 bis 2008, während Tabelle 7 deren Renditerangfolge für verschiedene Zehn-Jahres-Zeiträume darstellt. Aus den beiden Tabellen lassen sich die folgenden Einsichten ableiten:

Tabelle 6: Reale (inflationsbereinigte) US-amerikanische Aktienrenditen verschiedener Branchen auf US-Dollar-Basis, 1927–2008

	Konsumgüter	Verarbeitende Industrie	Hochtechnologie und IT	Gesundheitssektor	Übrige Branchen einschl. Finanzsektor
Reale geometrische Rendite p. a.					
Gesamtzeitraum (82 Jahre)	7,3 %	7,4 %	6,3 %	8,2 %	5,9 %
erste 41 Jahre (1927–1967)	8,5 %	8,2 %	8,7 %	10,0 %	6,2 %
zweite 41 Jahre (1967–2008)	6,0 %	6,3 %	3,7 %	6,4 %	5,5 %
Vervielfachungsfaktor real über 40 Jahre	17x	17x	11x	24x	10x
Standardabweichung der Jahresrenditen	23 %	20 %	22 %	22 %	23 %
Maximaler Drawdown (nominale Renditen)*	–70 %	–67 %	–70 %	–58 %	–77 %
Anteil der Jahre mit negativer nominaler Rendite	28 %	27 %	26 %	27 %	32 %

* Maximaler kumulativer Verlust; siehe Abschnitt »Verschiedene Rendite- und Risikomesszahlen«, Seite 179.

Datenquelle: Ken French (CRSP Datenbank der Universität Chicago)

Tabelle 7: Renditerangfolge verschiedener US-amerikanischer Branchen in unterschiedlichen 10-Jahres-Zeiträumen (jeweils von 1 bis 5)

	Konsumgüter	Verarbeitende Industrie	Hochtechnologie und IT	Gesundheitssektor	Übrige Branchen einschl. Finanzsektor
1927–1936	2	3	1	4	5
1937–1946	2	4	5	1	3
1947–1956	4	1	2	5	3
1957–1966	3	5	2	1	4
1967–1976	1	2	4	3	5
1977–1986	2	4	5	3	1
1987–1996	3	5	2	1	4
1997–2008 (12 J.)	2	1	5	4	3
Ø Rang	2,4	3,1	3,3	2,8	3,5

- Die »Zukunftsbranche« Hochtechnologie weist eine niedrigere Langfristrendite auf als die »langweilige« Konsumgüterbranche.
- Die Tatsache, dass die Gesundheitsbranche in der Vergangenheit die höchsten Renditen aufwies, sollte nicht zu der Annahme verleiten, dass dies auch künftig der Fall sein wird. Gleiches gilt für die Branche »Übrige/Finanzsektor«, die zwar in der Vergangenheit das Schlusslicht bildete, diesen Status aber nicht unbedingt auch in Zukunft beibehalten wird.
- Die Renditerangfolge der fünf Branchen wechselt von Jahr zu Jahr und von Jahrzehnt zu Jahrzehnt in unmöglich zu prognostizierender Folge (vgl. Tabelle 7). Jede Branche liegt irgendwann einmal ganz vorne und in einer anderen Periode ganz hinten – ein Fall von Asset-Klassen-Rotation (siehe Abschnitt 1.1, Seite 18). Die

Branche mit dem durchschnittlich besten Rang weist nicht die beste Langfristrendite über den Gesamtzeitraum auf.

- Die Unterschiede in den Renditen können auch über langfristige Zeiträume hinweg beträchtlich sein, sodass ein Anleger, der nur auf eine einzelne Branche setzt, ein starkes Nervenkostüm besitzen muss, wenn »seine« Branche über Jahre hinweg den anderen hinterherhinkt. Daher ist es für Privatanleger am besten, auf die ganze Volkswirtschaft zu setzen statt auf einzelne Branchen.
- In allen Branchen fielen die durchschnittlichen Renditen während der ersten Hälfte der betrachteten 82 Jahre (1927–1967) höher als in der zweiten Hälfte aus. Wer vermutet, dass dies mit Unterschieden im Wirtschaftswachstum während der beiden Perioden zusammenhängt, dürfte sich täuschen. Zwischen Wirtschaftswachstum und Aktienrenditen besteht generell keine oder eine nur sehr niedrige kurz- und mittelfristige Korrelation.
- Einmal mehr zeigt sich bei der Analyse des Vervielfachungsfaktors, dass bereits relative kleine prozentuale Renditeunterschiede enorme Unterschiede beim Vermögensendwert bewirken können.
- In allen Branchen traten 1931 oder 1932 sehr hohe maximale kumulative Verluste auf (maximaler Drawdown, siehe Abschnitt »Verschiedene Rendite- und Risikomesszahlen«, Seite 179), die zwischen 58 Prozent und 77 Prozent betrugen. Keine Branche blieb vom 1929er Crash verschont. Die Technologie/IT-Branche erlebte ihren schlimmsten Verlust mit 70 Prozent im Jahr 2003.
- Etwa jedes dritte Jahr weist ein negative nominale Rendite aus, das heißt, negative Jahresrenditen sind normal und sollten keinen rational handelnden Aktienanleger überraschen oder erschrecken.

Merkbox

- Zwischen einzelnen Industriebranchen gibt es langfristig nur relativ geringe Renditeunterschiede. Die von den Medien in jedem Jahrzehnt irgendwann einmal »hochgejubelte« Technologiebranche rentierte in der Vergangenheit eher etwas schlechter als die »langweilige« Konsumgüterbranche, in der das Marktwachstum geringer ist.
- Wer ausschließlich auf einzelne Branchen setzt, hat langfristig keinen nennenswerten und vor allem keinen prognostizierbaren Renditevorteil, gibt damit aber unnötigerweise Diversifikation auf und erhöht sein Risiko ■

2.5 Die Renditen der wichtigsten Asset-Klassen seit 1970 auf Jahresbasis

»42 Prozent aller amerikanischen Millionäre nehmen jährlich weniger als eine Transaktion in ihrem Investmentportfolio vor.«

Bill Schultheis, Autor des Finanz-Bestsellers »The Coffeehouse Investor«

In diesem Abschnitt präsentiere ich detailliert die Jahresrenditen der wichtigsten Asset-Klassen weltweit von 1970 bis 2008 (39 Jahre). Weil hier einzelne Jahresrenditen und nicht nur – wie in den übrigen Tabellen in diesem Buch – zusammengefasste längere Teilperioden dargestellt werden, ist Tabelle 8 recht groß und verteilt sich über mehrere Buchseiten.

Warum lohnt es sich, historische Asset-Klassen-Daten-Renditen in dieser Differenziertheit zu betrachten? Antwort: Um das Ertragspotenzial wie auch das Risiko verschiedener Asset-Klassen wirklich zu verstehen, benötigt man ein Gespür dafür, wie diese Renditen sich konkret und langfristig im Zeitablauf entwickeln und wie stark sie schwanken können. »Konkret« heißt in diesem Zusammenhang im Jahresvergleich, »langfristig« bedeutet über mindestens 20 Jahre hinweg.

Tabelle 8: Renditen der wichtigsten Asset-Klassen seit 1970 auf Jahresbasis (in Euro, ohne Kosten und Steuern)

	Aktien	Aktien	Aktien	Aktien	Aktien	Aktien	Aktien	Aktien	Aktien	Anleihen	Zinsen
	Global: MSCI World Index	Global: MSCI World Index, Growth	Global: MSCI World Index, Value	Global: MSCI Global Small Caps (Nebenwerte)	Deutschland: DAX	Westeuropa: MSCI Europe Index	USA: MSCI USA	Japan: MSCI Japan	Schwellenländer: MSCI Emerging Markets	Deutschland: Mittelfristige Staatsanleihen (RexP)	Deutschland: Geldmarktzinsen
Quellen: s. Fußnote	1	2	3	4	5	6	7	8	9	10	11
1970	-6,3%			-8,9%	-26,0%	-13,4%	0,2%	-12,4%		5,5%	8,1%
1971	9,9%			31,6%	8,6%	17,7%	4,3%	38,0%		8,5%	6,6%
1972	21,0%			28,5%	14,3%	13,2%	14,2%	122,0%		4,1%	8,6%
1973	-25,4%			-34,4%	-21,7%	-19,5%	-26,9%	-32,7%		3,3%	13,2%
1974	-34,9%			-38,0%	3,8%	-33,5%	-37,7%	-24,7%		8,2%	8,6%
1975	46,3%	43,4%	50,5%	67,6%	39,1%	56,6%	47,8%	30,4%		13,5%	4,2%
1976	3,2%	-3,5%	10,4%	15,9%	-4,4%	-15,8%	10,8%	13,1%		11,1%	4,9%
1977	-8,6%	-12,5%	-4,8%	30,3%	9,3%	11,0%	-17,6%	3,7%		13,6%	4,0%
1978	2,2%	0,8%	2,9%	24,2%	7,2%	7,5%	-8,4%	32,9%		3,7%	4,1%
1979	6,5%	5,7%	4,9%	12,1%	-9,7%	8,4%	8,2%	-17,0%		0,5%	9,6%
1980	45,0%	45,2%	42,7%	55,4%	1,1%	30,1%	47,7%	49,0%		3,1%	10,2%
1981	10,9%	3,7%	18,2%	13,9%	3,3%	2,7%	10,0%	32,6%		5,1%	10,8%
1982	17,9%	17,6%	17,9%	19,5%	17,5%	12,0%	29,5%	5,6%		18,6%	6,6%
1983	40,9%	36,2%	46,3%	50,5%	43,2%	39,9%	39,5%	42,4%		4,9%	6,5%
1984	22,5%	23,3%	22,6%	18,8%	12,3%	17,3%	22,8%	36,1%		13,2%	5,8%
1985	10,0%	9,3%	11,4%	12,7%	84,1%	39,4%	3,0%	10,8%		10,3%	4,8%
1986	13,3%	12,5%	13,8%	1,5%	5,6%	14,6%	-6,8%	58,6%		8,6%	4,8%
1987	-4,8%	-5,9%	-2,6%	3,7%	-36,4%	-15,1%	-15,3%	14,9%		6,8%	3,7%
1988	38,6%	35,3%	42,7%	41,2%	32,8%	30,1%	29,6%	54,1%	57,1%	4,7%	5,3%
1989	12,2%	11,0%	13,2%	17,5%	34,8%	23,5%	25,7%	-2,6%	57,9%	1,9%	8,1%
1990	-26,1%	-25,8%	-26,0%	-26,4%	-21,9%	-14,5%	-13,3%	-43,2%	-20,8%	1,4%	9,1%
1991	20,5%	24,8%	16,4%	27,7%	12,9%	15,1%	33,0%	9,8%	61,9%	11,2%	9,5%
1992	1,5%	0,1%	3,2%	6,2%	-2,1%	1,9%	14,3%	-16,0%	18,6%	13,4%	9,0%
1993	32,2%	23,5%	40,7%	34,7%	46,7%	39,3%	18,2%	34,7%	87,7%	14,7%	6,1%
1994	-5,7%	-7,0%	-4,2%	-4,9%	-7,1%	-8,3%	-8,9%	8,7%	-17,2%	-2,5%	5,4%
1995	12,2%	12,2%	12,3%	6,2%	7,0%	12,9%	27,8%	-6,8%	-12,4%	16,7%	3,9%
1996	23,5%	22,6%	24,5%	19,8%	28,2%	31,7%	34,4%	-8,5%	14,9%	7,5%	3,2%
1997	34,1%	34,2%	34,0%	12,6%	47,1%	43,3%	54,7%	-11,6%	2,0%	6,6%	3,7%
1998	16,8%	25,2%	8,5%	-4,3%	17,7%	20,6%	22,3%	-2,3%	-30,1%	11,2%	3,4%
1999	45,2%	54,1%	36,0%	47,6%	39,1%	34,6%	41,8%	89,7%	93,0%	-1,9%	3,4%
2000	-6,9%	-20,4%	7,4%	5,3%	-7,5%	-1,8%	-6,5%	-23,6%	-25,9%	6,9%	4,9%
2001	-11,7%	-14,5%	-9,6%	7,1%	-19,8%	-15,0%	-6,9%	-24,6%	3,3%	5,6%	3,3%
2002	-31,7%	-31,8%	-31,8%	-28,5%	-43,9%	-30,5%	-34,4%	-23,9%	-20,3%	9,0%	2,9%
2003	11,6%	7,2%	16,0%	32,2%	37,1%	16,1%	7,7%	13,7%	30,4%	4,1%	2,1%
2004	6,3%	2,5%	10,0%	15,0%	7,3%	11,9%	2,1%	6,0%	16,1%	6,7%	2,2%
2005	26,7%	26,4%	27,0%	33,7%	27,1%	26,6%	21,8%	45,8%	55,0%	4,1%	2,5%
2006	8,3%	3,7%	13,0%	5,5%	22,0%	20,6%	3,5%	-4,7%	19,0%	0,3%	3,7%
2007	-1,8%	3,2%	-6,7%	-9,4%	22,3%	2,5%	-5,0%	-14,6%	25,3%	2,5%	4,8%
2008	-37,7%	-38,3%	-37,2%	-39,0%	-40,4%	-43,7%	-34,4%	-25,3%	-51,1%	10,1%	3,4%

	Aktien	Aktien	Aktien	Aktien	Aktien	Aktien	Aktien	Aktien	Aktien	Anleihen	Anleihen
	Global: MSCI World Index	Global: MSCI World Index, Growth	Global: MSCI World Index, Value	Global: MSCI Global Small Caps (Nebenwerte)	Deutschland: DAX	Westeuropa: MSCI Europe Index	USA: MSCI USA	Japan: MSCI Japan	Schwellenländer: MSCI Emerging Markets	Deutschland: Mittelfristige Staatsanleihen (RexP)	Deutschland: Geldmarktzinsen
Gesamtlänge der vorhandenen Datenreihe	39 Jahre	34 Jahre	34 Jahre	39 Jahre	39 Jahre	39 Jahre	39 Jahre	39 Jahre	21 Jahre	39 Jahre	39 Jahre
Reale geometrische Durchschnittsrendite (inflationsbereinigt): Überlappende Zeiträume											
1970 bis 2008 (die letzten 39 Jahre)	3,3%			6,8%	3,6%	4,4%	3,3%	4,0%		3,9%	2,7%
1972 bis 2008 (die letzten 37 Jahre)	3,6%			6,9%	4,6%	4,8%	3,6%	3,9%		4,0%	2,7%
1975 bis 2008 (die letzten 34 Jahre)	6,1%	4,5%	7,6%	10,2%	5,9%	7,4%	6,6%	4,4%		4,5%	2,6%
1988 bis 2008 (die letzten 21 Jahre)	3,4%	2,3%	4,5%	4,9%	5,7%	5,6%	6,1%	-3,3%	8,5%	4,2%	2,7%
1989 bis 2008 (die letzten 20 Jahre)	2,0%	0,9%	2,9%	3,4%	4,5%	4,5%	5,1%	-5,4%	6,6%	4,2%	2,6%
1994 bis 2008 (die letzten 15 Jahre)	1,8%	0,7%	2,7%	2,5%	3,5%	3,4%	3,3%	-3,8%	-0,4%	4,0%	1,9%
1998 bis 2008 (die letzten 11 Jahre)	-2,0%	-3,2%	-1,1%	1,2%	-0,4%	-0,8%	-2,9%	-2,8%	1,6%	3,7%	1,8%
2003 bis 2008 (die letzten 6 Jahre)	-1,8%	-3,1%	-0,5%	1,1%	7,0%	0,6%	-4,0%	-0,6%	7,5%	2,8%	1,3%
Reale geometrische Durchschnittsrendite (inflationsbereinigt): Nicht überlappende Zeitfenster											
1970–1975 (6 Jahre)	-7,3%	–	–	-4,6%	-4,8%	-5,9%	-8,8%	4,1%	–	1,4%	2,4%
1976–1981 (6 Jahre)	4,1%	0,7%	6,7%	19,2%	-3,3%	2,0%	2,1%	12,0%	–	1,6%	2,7%
1982–1987 (6 Jahre)	13,4%	12,3%	14,9%	14,3%	12,7%	14,0%	8,0%	24,0%	–	8,0%	3,1%
1988–1993 (6 Jahre)	8,4%	7,0%	9,9%	11,8%	12,1%	11,9%	14,2%	-1,3%	35,5%	5,3%	5,4%
1994–1999 (6 Jahre)	18,1%	20,3%	15,9%	9,9%	18,8%	19,4%	25,1%	5,6%	0,8%	4,5%	2,3%
2000–2008 (9 Jahre)	-7,8%	-10,6%	-5,3%	-2,1%	-5,6%	-6,0%	-9,1%	-9,6%	-1,2%	3,7%	1,6%
Vervielfachungsfaktor: 1 EUR hat sich in ... Jahren um diesen Faktor real vervielfacht:											
Über die letzten 21 Jahre	2,0x	1,6x	2,5x	2,7x	3,2x	3,1x	3,5x	0,5x	5,6x	2,4x	1,7x
Hypothetisch über 40 Jahre auf Basis der letzten 21 Jahre	3,9x	2,4x	5,8x	6,7x	9,0x	8,8x	10,7x	0,3x	26,5x	5,1x	2,9x
Risiko (auf Basis nominaler Renditen):											
Standardabweichung Jahresrendite 1988–2008	23%	24%	22%	23%	27%	23%	24%	31%	40%	5%	2%
Maximaler Drawdown Gesamtzeitraum	-51%	-57%	-41%	-59%	-58%	-46%	-54%	-56%	-51%	-3%	0%
Anteil der Jahre mit negativer nominaler Rendite	31%	26%	24%	23%	31%	28%	33%	44%	33%	5%	0%

	Anleihen	Anleihen	Anleihen	Anleihen	Haus-Pr.	Haus-Pr.	Immo-Akt.	Rohstoffe	Rohstoffe	Rohstoffe	Hedge-F.	Volkswirt.
	USA: 20-jährige Staats-anleihen	USA: Unter-nehmens-anleihen hoher Bonität	USA: Geldmarkt (3-Monats-T-Bills)	Schwellen-länder: Staatsanlei-hen (Embi+ Index)	Deutsch-land: Hauspreise (Bulwien Gesa-Index)	USA: Hauspreise (Robert Shiller-Index) in USD	Global: Immobi-lienaktien (REITs)	S&P GSCI Total Re-turn-Index (Rohstoff-Termin-markt)	CRB Commo-dity-Index (Rohstoff-Spot-Markt)	Goldpreis (Direktan-lage/Spot-Markt)	HFRI Hedge Fund Weighted Composite Index	Deutsch-land: Infla-tion (Ver-braucher-preisindex)
Quellen: s. Fußnote	12	13	14	15	16	17	18	19	20	21	22	23
1970	7,1%	13,1%	1,8%			8,0%	-8,3%	10,0%	-5,7%	1,5%		3,6%
1971	4,1%	2,0%	-4,0%			5,5%	6,2%	11,3%	-7,3%	7,1%		5,2%
1972	3,5%	5,1%	1,7%			4,1%	8,9%	39,5%	28,7%	45,8%		5,4%
1973	-13,7%	-11,7%	-6,7%			2,1%	-36,5%	52,7%	28,8%	53,3%		7,1%
1974	-10,0%	-16,5%	-6,9%			7,5%	-50,2%	20,2%	-12,4%	46,9%		6,9%
1975	18,8%	24,7%	15,1%			12,3%	48,3%	-9,9%	1,9%	-15,9%		6,0%
1976	5,0%	6,7%	-5,5%			3,9%	34,0%	-20,8%	-3,6%	-13,5%		4,2%
1977	-11,1%	-8,9%	-5,8%		5,5%	8,9%	6,7%	-1,1%	-12,4%	10,6%		3,7%
1978	-14,6%	-13,6%	-7,3%		6,4%	13,6%	-15,0%	13,8%	-1,8%	18,2%		2,7%
1979	-6,6%	-9,4%	4,4%		8,4%	14,7%	23,4%	26,5%	17,0%	123,4%		4,1%
1980	9,0%	10,6%	26,4%		8,0%	9,3%	45,4%	26,2%	24,5%	25,8%		5,4%
1981	16,9%	13,6%	31,6%		6,5%	5,8%	24,5%	-11,7%	-5,2%	-22,9%		6,3%
1982	48,8%	52,4%	17,1%		3,3%	4,9%	39,5%	18,2%	-2,7%	19,2%		5,2%
1983	15,1%	19,7%	24,4%		1,4%	2,6%	43,4%	32,9%	35,6%	-2,1%		3,2%
1984	33,8%	34,8%	27,2%		-0,8%	3,9%	33,0%	17,1%	1,9%	-7,5%		2,5%
1985	1,6%	1,5%	-16,4%		-0,4%	5,4%	-17,8%	-14,7%	-27,1%	-17,1%		2,0%
1986	-1,2%	-5,0%	-15,8%		0,1%	7,2%	-5,5%	-19,0%	-27,7%	-2,5%		-0,1%
1987	-20,7%	-18,7%	-14,0%		0,6%	8,5%	-27,2%	0,9%	-9,3%	-2,0%		0,2%
1988	22,7%	23,8%	19,0%		3,5%	7,5%	24,5%	43,1%	21,1%	-5,7%		1,2%
1989	13,0%	11,2%	3,7%		6,3%	8,6%	-6,0%	32,3%	-12,6%	-5,9%		2,8%
1990	-6,0%	-5,5%	-4,5%		8,8%	4,3%	-26,8%	14,3%	-14,3%	-13,4%	-4,3%	2,6%
1991	20,8%	21,4%	6,9%		8,9%	-2,8%	37,4%	-4,9%	-5,4%	-9,2%	33,9%	3,7%
1992	16,5%	16,5%	10,2%		5,5%	1,2%	19,4%	11,2%	3,7%	-0,2%	29,0%	3,3%
1993	26,9%	21,5%	10,5%		5,5%	0,2%	84,3%	-5,9%	19,8%	26,3%	40,5%	4,2%
1994	-17,6%	-16,9%	-7,2%	-27,6%	2,0%	2,7%	-22,9%	-5,9%	-6,6%	-12,7%	-7,0%	2,5%
1995	21,8%	16,9%	-2,4%	17,2%	-1,0%	1,7%	10,5%	11,3%	-5,0%	-13,0%	12,3%	1,5%
1996	7,4%	9,9%	14,0%	51,0%	-3,3%	2,4%	41,9%	45,1%	6,8%	3,4%	31,2%	1,5%
1997	33,7%	30,2%	21,4%	30,4%	-1,5%	2,8%	6,9%	-0,9%	10,3%	-9,4%	34,7%	2,0%
1998	5,8%	3,7%	-1,9%	-19,9%	-1,7%	4,8%	-14,1%	-39,9%	-21,9%	-6,7%	-4,0%	0,4%
1999	5,4%	7,1%	21,3%	45,9%	1,0%	7,4%	26,1%	63,2%	24,3%	15,6%	52,1%	1,1%
2000	29,9%	20,7%	13,2%	23,6%	2,4%	8,6%	21,7%	60,0%	18,7%	1,2%	12,2%	2,1%
2001	10,3%	16,0%	9,9%	5,0%	0,9%	9,3%	1,8%	-28,0%	-11,5%	8,4%	10,7%	1,6%
2002	-0,9%	-4,0%	-13,8%	-3,1%	0,8%	8,0%	-12,8%	12,0%	4,4%	5,5%	-16,4%	1,2%
2003	-14,5%	-11,3%	-15,7%	7,5%	-0,4%	10,6%	17,4%	0,7%	-9,2%	-0,2%	-0,2%	1,0%
2004	-0,7%	-2,8%	-6,7%	2,7%	0,2%	12,1%	27,2%	8,2%	2,5%	-1,4%	0,6%	2,3%
2005	22,7%	21,1%	18,6%	29,8%	0,3%	15,7%	32,9%	44,6%	41,1%	34,3%	25,9%	1,4%
2006	-8,6%	-7,4%	-5,9%	1,2%	0,2%	11,5%	27,8%	-23,8%	1,9%	11,2%	1,3%	1,4%
2007	-1,6%	-7,0%	-6,2%	-4,5%	1,5%	-1,4%	-16,6%	18,9%	8,1%	16,6%	-1,4%	3,1%
2008	29,5%	6,8%	6,1%	-6,0%	-0,1%	-18,2%	-47,2%	-42,5%	-20,4%	8,4%	-14,7%	1,1%

	Anleihen	Anleihen	Anleihen	Anleihen	Haus-Pr.	Haus-Pr.	Immo-Akt.	Rohstoffe	Rohstoffe	Rohstoffe	Hedge-F.	Volkswirt.
	USA: 20-jährige Staatsanleihen	USA: Unternehmensanleihen hoher Bonität	USA: Geldmarkt (3-Monats-T-Bills)	Schwellenländer: Staatsanleihen (Embi+ Index)	Deutschland: Hauspreise (Bulwien Gesa-Index)	USA: Hauspreise (Robert Shiller-Index) in USD	Global: Immobilienaktien (REITs)	S&P GSCI Total Return-Index (Rohstoff-Terminmarkt)	CRB Commodity-Index (Rohstoff-Spot-Markt)	Goldpreis (Direktanlage/Spot-Markt)	HFRI Hedge Fund Weighted Composite Index	Deutschland: Inflation (Verbraucherpreisindex)
Gesamtlänge der vorhand. Datenreihe	39 Jahre	39 Jahre	39 Jahre	15 Jahre	33 Jahre	39 Jahre	39 Jahre	39 Jahre	39 Jahre	39 Jahre	19 Jahre	39 Jahre
Reale geometrische Durchschnittsrendite (inflationsbereinigt): Überlappende Zeiträume												
1970 bis 2008 (die letzten 39 Jahre)	3,5%	2,8%	0,2%			2,6%	-	4,2%	-2,2%	2,8%		n.z.
1972 bis 2008 (die letzten 37 Jahre)	3,6%	2,8%	0,5%			2,6%	3,2%	4,1%	-1,7%	3,0%		n.z.
1975 bis 2008 (die letzten 34 Jahre)	5,2%	4,4%	1,5%			3,0%	7,4%	2,2%	-2,4%	0,3%		n.z.
1988 bis 2008 (die letzten 21 Jahre)	7,1%	5,3%	1,7%		-0,2%	2,3%	5,2%	3,9%	-0,5%	-0,2%		n.z.
1989 bis 2008 (die letzten 20 Jahre)	6,5%	4,5%	0,9%		-0,3%	2,1%	4,4%	2,3%	-1,4%	0,1%		n.z.
1994 bis 2008 (die letzten 15 Jahre)	5,3%	3,0%	0,6%	6,3%	-1,5%	3,2%	1,9%	1,4%	0,1%	1,8%	5,9%	n.z.
1998 bis 2008 (die letzten 11 Jahre)	4,5%	1,8%	-0,5%	4,5%	-1,1%	4,2%	0,9%	-1,1%	0,4%	6,3%	3,0%	n.z.
2003 bis 2008 (die letzten 6 Jahre)	1,5%	-2,4%	-3,9%	2,7%	-1,4%	2,6%	0,1%	-4,9%	0,7%	9,0%	-0,5%	n.z.
Reale geometrische Durchschnittsrendite (inflationsbereinigt): Nicht überlappende Zeitfenster												
1970–1975 (6 Jahre)	-4,4%	-3,7%	-5,5%	-		0,8%	-	12,5%	-1,2%	13,5%		n.z.
1976–1981 (6 Jahre)	-5,0%	-5,0%	1,7%	-		4,7%	13,1%	-0,5%	-2,0%	11,0%		n.z.
1982–1987 (6 Jahre)	8,2%	9,2%	-0,2%	-	-1,4%	3,2%	4,8%	2,0%	-9,1%	-4,3%		n.z.
1988–1993 (6 Jahre)	12,5%	11,8%	5,0%	-	4,0%	0,8%	14,6%	11,1%	-1,2%	-4,5%		n.z.
1994–1999 (6 Jahre)	6,6%	5,9%	5,3%	10,1%	-2,3%	2,1%	4,2%	5,1%	-1,3%	-5,7%	16,2%	n.z.
2000–2008 (9 Jahre)	4,5%	1,2%	-2,4%	3,9%	-1,0%	4,0%	0,4%	-1,0%	0,9%	7,1%	-0,4%	n.z.
Vervielfachungsfaktor: 1 EUR hat sich in ... Jahren um diesen Faktor real vervielfacht:												
Über die letzten 21 Jahre	4,2x	2,9x	1,4x	n.v.	1,0x	1,6x	2,9x	2,2x	0,9x	1,0x	n.v.	n.z.
Hypothetisch über 40 Jahre auf Basis der letzten 21 Jahre	15,7x	7,8x	1,9x	n.v.	0,9x	2,5x	7,5x	4,6x	0,8x	0,9x	n.v.	n.z.
Risiko (auf Basis nominaler Renditen):												
Standardabweichung Jahresrendite 1988–2008	15%	13%	11%	23%	3%	7%	29%	30%	16%	13%	n.v.	1%
Maximaler Drawdown Gesamtzeitraum	-31%	-30%	-39%	-28%	-7%	-19%	-68%	-48%	-59%	-62%	-17%	-0%
Anteil der Jahre mit negativer nominaler Rendite	36%	36%	46%	33%	24%	8%	36%	36%	51%	49%	37%	n.z.

Ein solches Gespür kann hingegen kaum auf der Basis von Durchschnittsrenditen für Jahrfünfte, Jahrzehnte oder noch längere Zeitfenster entstehen, genauso wenig wie durch eine Betrachtung von Grafiken, so hübsch und benutzerfreundlich sie auch sein mögen. Warum nicht? Weil ein Jahrfünft oder Jahrzehnt selten für den Gesamtzeitraum repräsentativ ist und weil Durchschnitte die eigentlich wichtige Information in der Datenmenge ertränken, nämlich die Entwicklung der Renditen in den für Anleger tatsächlich relevanten Zeiträumen. Für die meisten Anleger ist dies wohl ein Jahr, denn der

Anmerkungen und Quellen zu Tabelle 8:
(1) MSCI Barra. Industrieländer, Standardwerteaktien (Large Caps, Core). / (2) MSCI Barra. Industrieländer, Standardwerte/Wachstumswerte (Large Caps Growth). / (3) MSCI Barra. Industrieländer, Standardwerte. / (4) Bis einschließlich 1998 DFA Global Small Cap, danach MSCI Barra. Industrieländer, Nebenwerteaktien (Small Caps, Core). / (5) Deutsches Aktieninstitut. / (6) MSCI Barra. Industrieländer, Standardwerteaktien (Large Caps, Core). / (7) MSCI Barra. Industrieländer, Standardwerteaktien (Large Caps, Core). / (8) MSCI Barra. Industrieländer, Standardwerteaktien (Large Caps, Core). / (9) MSCI Barra. Schwellenländer, Standardwerteaktien (Large Caps, Core). / (10) Deutsche Bundesbank. Der RexP repräsentiert Bundesanleihen mit einer durchschnittlichen gewichteten Restlaufzeit von etwa 5,5 Jahren. / (11) Deutsche Bundesbank. Basis ist die Zeitreihe SU0107 »Geldmarktsätze am Frankfurter Bankplatz/Dreimonatsgeld/Monatsdurchschnitt«. Diese Daten sind streng genommen kein Äquivalent zu kurzfristigen Staatsanleihen, dürften deren Renditen aber relativ nahekommen. Ein allgemein veröffentlichter Index für kurzfristige deutsche Staatsanleihen existiert u. W. nicht. / (12) Morningstar/Ibbotson / (13) Bis 2000 Morningstar/Ibbotson, danach The Vanguard Group. / (14) Kenneth R. French, Tuck School of Business, Dartmouth College (CRSP-Datenbank der Universität Chicago). / (15) JP Morgan, The Economist. Der ursprünglich von der Bank JP Morgan erstellte Embi+ Index repräsentiert großvolumige, besonders liquide, in US-Dollar denominierte Staatsanleihen der wichtigsten Schwellenländer. / (16) BulwienGesa, bis 1990 früheres Bundesgebiet, ab 1990 Gesamtdeutschland. Die zugrunde liegenden Preisangaben repräsentieren die nach Einwohnerzahl gewichteten Durchschnitte aus den 150 größten deutschen Städten. Reiner Preisindex, enthält keine Nettomieterträge. / (17) Nationaler US-Hauspreisindex, der von Prof. Robert Shiller (Yale University) entwickelt wurde. Diese Daten dürften durch den Hauspreis-Boom in den USA in den Jahren bis 2006 noch immer nach oben verzerrt sein. Renditen in USD. / (18) EPRA European Public Real Estate Association, aus Gründen der Datenverfügbarkeit bis 1991 ersatzweise Epra-Nareit-Index für die USA in Euro, danach FTSE Epra/Nareit Global Real Estate Index, Global Composite Total Return in Euro. / (19) Energielastiger Rohstoff-Futures-Index. / (20) Rohstoff-Kassamarktindex (spot market) Commodity Research Bureau. Nicht direkt vergleichbar mit einem Rohstoff-Futures-Index. / (21) Goldpreisveränderungen, www.finfacts.ie / (22) HFRI Der Hedge Fund Research Index (www.hedgefundresearch.com) ist, wie wohl alle Hedge-Fonds-Indizes, nicht um den Survivorship-Bias bereinigt. Diese Verzerrung ist bei Hedge-Fonds besonders ausgeprägt und dürfte, zusammen mit anderen für Hedge-Fonds-Indezes typischen Datenverzerrungen, die tatsächlichen Durchschnittsrenditen um 2 bis 4 Prozentpunkte p. a. zu hoch ausweisen (s. zum Beispiel Malkiel/Saha, 2005). Ferner berücksichtigen diese Zahlen keine Gewinnbeteilungskosten, die bei den meisten Hedge-Fonds etwa 20 Prozent betragen (in Jahren mit einem Gewinn verbleiben, vereinfacht gesagt, 20 % dieses Gewinns bei der Fondsgesellschaft). Auch sind Hedge-Fonds-Anteile illiquide, können also nicht jederzeit verkauft werden. Folglich müssten sie, unter sonst gleichen Bedingungen, eine höhere Rendite als liquide Wertpapieranlagen aufweisen. Überdies sind Hedge-Fonds streng genommen keine Asset-Klasse, sondern aktive Anlagestrategien, während diese Tabelle ansonsten nur echte Asset-Klassen beinhaltet. / (23) Deutsche Bundesbank. Bis einschl. 1990 nur ehemaliges Westdeutschland, danach einschl. ehem. DDR.

Mensch denkt typischerweise in diesem Zeitraum, selbst wenn eine viel langfristigere Perspektive für Investoren angemessener wäre.

Verwenden Sie diese Tabelle als Datenbank, zu der Sie immer wieder zurückkehren. Fragen Sie sich, ob aus Ihrer persönlichen Sicht die in der Tabelle ausgewiesenen Erträge für einzelne Asset-Klassen (siehe zum Beispiel die Vervielfachungsfaktoren) ihre jährlichen Schwankungen und möglichen Wertverluste rechtfertigen. Vergegenwärtigen Sie sich dabei, dass durch eine kluge Asset-Klassen-übergreifende Diversifikation ein nennenswerter Teil der Volatilität (des Risikos) der einzelnen Asset-Klassen beseitigt werden kann, bis zu einem gewissen Grade sogar ohne Renditeverlust. Für einen Anleger sollten nur Risiko und Ertrag seines *Gesamt*portfolios zählen, während er Risiko und Ertrag der einzelnen Teilkomponenten des Portfolios ignorieren sollte.

Wie Sie aus diesen Asset-Klassen in erstaunlich einfacher Weise das für Sie richtige Buy-and-Hold-Portfolio zusammenbauen können, erfahren Sie in Kapitel 3, Seite 120.

Warum setzt die Tabelle genau im Jahr 1970 ein? Hierfür sprechen mehrere Gründe: Eine Reihe von Wertpapierindizes, darunter auch die von uns hier vielfach verwendeten MSCI-Barra-Indizes, beginnen erst im Jahr 1970. Außerdem waren die 1970er Jahre, insbesondere wenn man reale (inflationsbereinigte) Renditen betrachtet, ein relativ schlechtes Aktienjahrzehnt. Da die neun Jahre von Anfang 2000 bis 2008 ebenfalls ein schlechtes (knappes) Aktienjahrzehnt waren, brauchen wir uns vermutlich nicht zu sorgen, hier ein nicht repräsentatives, weil zu günstiges Zeitfenster gewählt zu haben.

Merkbox

- Letztlich gibt nur die detaillierte Betrachtung langfristiger historischer Renditen auf Jahresbasis den Anlegern ein einigermaßen objektives Gefühl für das ewige Auf und Ab von Wertpapierrenditen. Langfristige Durchschnitte und hübsche Grafiken mögen anwenderfreundlich sein, verfehlen in dieser Hinsicht jedoch ihren wirklichen Zweck.

- Wer die oberen und unteren jährlichen Extreme von Asset-Klassen kennt, wird unüberlegte und letztlich schädliche Bauchentscheidungen (ob aus Panik oder Gier) eher vermeiden. Generell gilt auch hier die Lebensweisheit des genialen Biologen Louis Pasteur: »Das Glück begünstigt jene, die vorbereitet sind.«
- Diese Rendite- und Risikodaten liefern ein Vielzahl interessanter Einsichten. Hier nur eine kleine Auswahl: (a) Sich auf deutsche Standardwerteaktien zu beschränken, ist sowohl von einem Rendite- als auch von einem Risikogesichtspunkt aus unsinnig. (b) Trotz ihres brutalen Einbruchs im Jahr 2008 lagen Schwellenländeraktien über die letzten sechs oder zehn Jahre hinweg weit vor allen anderen Aktien-Asset-Klassen. (c) Sehr langfristige Staatsanleihen können von Jahr zu Jahr beträchtliche Wertschwankungen aufweisen (→ Zinsänderungsrisiko). (d) Die ausgewiesenen Hedge-Fonds-Renditen sind vermutlich nach oben verzerrt.
- Auch hier gilt, dass die Berücksichtigung von Steuern die Renditen von Anleihen und auch Immobilien relativ stärker schädigt als diejenige von Aktien.
- Da die realen Langfristrenditen praktisch aller Asset-Klassen insgesamt wohl niedriger sind, als viele Anleger instinktiv denken, ist es doppelt wichtig, Kosten radikal zu senken (näheres in Kapitel 3, Seite 120) ■

2.6 Die Renditezuschläge von Nebenwerten, Value-Aktien und Schwellenländeraktien

»Die Asset-Klassen Nebenwerte und Value-Aktien sind risikoreicher als Standardwerte und Growth-Aktien; deshalb haben sie höhere erwartete Renditen.«

Larry Swedroe, Forschungsdirektor von Buckingham Asset Management und Bestsellerautor

Wer sich mit langfristigen Renditen von Aktien beschäftigt, wird schnell darauf stoßen, dass es neben der bekannten Kategorisierung von Aktien nach Branchen und Ländern noch drei weitere, vermutlich wichtigere Unterscheidungskriterien innerhalb dieser Asset-Klasse gibt. Diese Kriterien sind in Tabelle 9 dargestellt.

Tabelle 9: Die drei wichtigsten Unterscheidungsfaktoren von Aktien bezüglich ihres Rendite- und Risikopotenzials

Unterscheidungsfaktor bzgl. Risiko und Rendite	Damit einhergehende Asset-Klasse	Forschungsstand
Unternehmensgröße (»Size-Factor«)	Standardwerteaktien (Large-Caps) vs. Nebenwerte (Small-Caps)	Gut erforscht und belegt
Unternehmensstressfaktor (»Distress-Factor« oder auch »Style-Factor«)	Substanzwertaktien (Value-Aktien) vs. Wachstumsaktien (Growth-Aktien)	Gut erforscht und belegt
»Politisches Risiko« (Länderrisiko)	Industrieländeraktien (Developed-Market-Aktien) vs. Schwellenländeraktien (Emerging-Market-Aktien)	Bisher noch wenig erforscht, da Mangel an historischen Daten

Der erste Unterscheidungsfaktor ist simpel: Es ist die Größe des Unternehmens, gemessen an seiner → Marktkapitalisierung. Warum ist diese Unterscheidung wichtig? Die Antwort: Kleine Unternehmen weisen langfristig höhere Aktienrenditen aus als große Unternehmen, da sie risikoreicher sind. Sie sind typischerweise schlechter diversifiziert als Großunternehmen, haben weniger leichten Zugang zu neuem Eigen- und Fremdkapital in Krisenzeiten, zahlen mehr für ihre Bankkredite und können wichtiges Personal weniger leicht ersetzen. Der sogenannte Größeneffekt (Size- oder Small-Cap-Effect) wurde in vielen wissenschaftlichen Studien für alle wichtigen Aktienmärkte der Welt und für sehr lange Zeitperioden nachgewiesen.

Weil der Small-Cap-Effekt in erster Linie eine Konsequenz des höheren Risikos von Kleinunternehmen gegenüber Großunternehmen darstellt, tritt er im Zeitablauf nicht gleichförmig auf; er kann sich vorübergehend also auch in einen Renditenachteil umkehren, wenn Nebenwerte geringere Renditen als Standardwerte (Large Caps) aufweisen. Wäre der Small-Cap-Effekt gleichförmig, so wäre er kein Risikoeffekt. Small Caps rentieren also sehr langfristig besser als Large Caps, aber dasselbe gilt nicht für alle Teilperioden von zehn und mehr Jahren. Auf die Stärke des Small-Cap-Effekts gehen wir weiter unten ein. Die gängigen Aktienindizes wie der DAX, der S&P 500 oder auch die konventionellen MSCI-Länder- und Regionenindizes werden von Large Caps dominiert, sind also mehr oder weniger reine Large Cap-Indizes. Nehmen wir an, ein Land besitzt 500 börsennotierte Aktiengesellschaften (das ist in etwa die in Deutschland anzutreffende Größenordnung), dann repräsentieren, grob vereinfacht, die größten 10 Prozent (also 50 Unternehmen in diesem Beispiel) vermutlich rund 70 Prozent der Marktkapitalisierung des gesamten Marktes. Für die restlichen 450 Unternehmen verbleiben nur rund 30 Prozent der Gesamtmarktkapitalisierung.

Der nächste Unterscheidungsfaktor ist weniger trivial. Er wird oft einfach als »Value-Effekt« bezeichnet. Ein Value-Unternehmen weist gegenüber einem Growth-Unternehmen schlechtere betriebswirtschaftliche Kennzahlen auf, erkennbar zum Beispiel an einer höheren Verschuldung, geringerem Umsatzwachstum und dünneren Margen. Value-Unternehmen operieren zudem häufig in Branchen mit mageren Wachstumsaussichten; ihre Kreditwürdigkeit bei Banken ist geringer, und sie sind statistisch stärker konkursgefährdet. Aufgrund dessen ist der Aktienkurs dieser Unternehmen relativ zu ihrem Gewinn, ihrem Cashflow und ihrem Eigenkapital niedriger als bei Growth-Unternehmen. Value-Aktien werden daher oft als »preisgünstig« bezeichnet. Weil Value-Aktien risikoreicher sind, ist die Rendite dieser »Stiefkinder« langfristig höher als die der glamouröseren, von vielen Investoren und den Medien bevorzugten Growth-Aktien.[17]

---

17 Einige Finanzökonomen sind anderer Meinung: Für sie ist der Value-Effekt nicht auf erhöhtes Risiko zurückzuführen, sondern auf die Irrationalität der

Tabelle 10: Equity-Premium, Size-Premium und Value-Premium in den USA, 1927–2008 (in US-Dollar)

	Hist. Equity-Premium (Aktienbonus)* p. a.	Hist. Size-Premium (Nebenwerte-bonus)** p. a.	Hist. Value-Premium (Substanzwert-bonus)*** p. a.
Gesamtzeitraum: 1927–2008 (82 Jahre)	5,4 %	2,6 %	4,1 %
Nicht überlappende Jahrzehnte:			
1927–1936	4,2 %	6,1 %	–0,7 %
1937–1946	5,2 %	6,8 %	5,2 %
1947–1956	15,2 %	–3,4 %	4,9 %
1957–1966	6,3 %	2,0 %	5,0 %
1967–1976	0,1 %	2,9 %	6,6 %
1977–1986	5,2 %	7,2 %	6,0 %
1987–1996	8,9 %	–1,7 %	2,6 %
1997–2008 (12 J.)	0,2 %	1,7 %	3,8 %

* Differenz zwischen der Rendite des Gesamtaktienmarktes und risikofreien kurzfristigen Staatsanleihen.

** Differenz zwischen der Rendite von Small Caps (Nebenwerten) und Large Caps (Standardwerten). Würde man das Size-Premium als Differenz zwischen Small-Cap-Rendite und Gesamtmarktrendite berechnen, betrüge der Wert für den Gesamtzeitraum 2,4 Prozent p. a.

*** Differenz zwischen der Rendite von Value-Aktien und Growth-Aktien. Würde man das Value-Premium als Differenz zwischen Value-Rendite und Gesamtmarktrendite berechnen, betrüge der Wert für den Gesamtzeitraum 2,9 Prozent p. a.

Datenquelle: Ken French (CRSP-Datenbank der Universität Chicago)

Marktteilnehmer. Wäre der Effekt ein Ergebnis von Irrationalität, müsste man davon ausgehen, dass er irgendwann verschwinden (wegarbitriert) wird. Der Value-Effekt wurde wissenschaftlich Anfang der 90er Jahre von Eugene Fama und Ken French »entdeckt«, war aber letztlich vielen Praktikern schon Jahrzehnte vorher bekannt, darunter dem großen Benjamin Graham und seinem Schüler Warren Buffett.

Aktien, die sich nicht eindeutig einer der beiden genannten Gruppen zuordnen lassen, werden gelegentlich als »Blend-» oder »Core«-Werte (»Blend« = Mischung, »Core« = Kern) bezeichnet. Weil der Value-Effekt ein Ergebnis des höheren Risikos von Value-Unternehmen gegenüber Growth-Unternehmen darstellt, tritt er im Zeitablauf nicht gleichförmig auf. Wäre er gleichförmig positiv, so wäre er kein Risikoeffekt. Wie im Falle von Small Caps können auch Value-Aktien in Teilperioden von zehn und mehr Jahren durchaus schlechter rentieren als ihr Gegenstück. Growth-Aktien haben tendenziell eine höhere Marktkapitalisierung. Daher sind die gängigen Large-Cap-Aktienindizes wie der DAX oder der S&P 500, aber auch die konventionellen MSCI-Länder- und Regionenindizes »Growth-lastig«. Tabelle 10 illustriert den Size-Effekt (Small-Cap-Effect) und den Value-Effekt für die USA von 1927 bis 2008:

Zu welch dramatischen Unterschieden beim Endvermögenswert der Nebenwertebonus und der Substanzwertbonus wegen des Zinseszinseffektes führen können, geht aus Tabelle 11 hervor. Dieser Aufstellung wurden die realen Durchschnittsrenditen des amerikanischen Aktienmarktes von 1927 bis 2008 über einen hypothetischen 40-Jahres-Zeitraum zugrunde gelegt.

Tabelle 11: Die Auswirkung von Nebenwertebonus und Substanzwertbonus auf das Endvermögen: Wachstumsfaktor einer anfänglich investierten Geldeinheit über 40 hypothetische Jahre, USA (auf US-Dollar-Basis)

	Gesamter Aktienmarkt	Small-Cap-Aktien	Value-Aktien
Realer (inflationsbereinigter) Vervielfachungsfaktor über 40 Jahre	11,0x	26,6x	31,2x

Datenquellen: Ken French-Website (CRSP-Datenbank der Universität Chicago), eigene Berechnungen.

Wie bereits erwähnt, haben zahlreiche Studien belegt, dass der Small-Cap-Effekt und der Value-Effekt weder länderspezifisch noch periodenspezifisch sind. Diesen Befund unterstreicht auch Tabelle 12.

Tabelle 12: Das Size-Premium und das Value-Premium weltweit und in Deutschland, 1970–2008 (p. a., auf Euro-Basis)

	Hist. Size-Premium p. a. (MSCI World Large Cap ./. MSCI World Small Cap)	**Hist. Value-Premium p. a.** (MSCI World Value ./. MSCI World Growth)	**Hist. Value-Premium p. a.** (MSCI Germany Value ./. MSCI Germany Growth)
Gesamtzeitraum: 1970–2008 (39 Jahre)	2,0 %	3,1 %*	2,1 %*
Nicht überlappende Jahrzehnte			
1970–1979	5,5 %	6,1 %**	6,8 %**
1980–1989	0,6 %	3,9 %	–1,3 %
1990–1999	–5,5 %	–1,5 %	0,6 %
2000–2008 (9 J.)	6,7 %	5,3 %	5,5 %

* 1975–2008 (34 Jahre). Für den Zeitraum vor 1975 liegen keine Daten vor. Entsprechend langfristige Daten für deutsche Nebenwerte existieren nicht.
** 1975–1979 (5 Jahre). Für den Zeitraum vor 1975 liegen keine Daten vor.
Datenquelle: MSCI Barra

Der dritte Antriebsmotor für Rendite und Risiko von Aktien, den Tabelle 9 am Anfang dieses Abschnitts aufführt, ist das sogenannte politische Risiko. Börsennotierte Unternehmen in Schwellenländern wie China, Russland, Mexiko oder der Türkei sind diesem Risiko stark ausgesetzt. Es äußert sich in einem relativ zu Industrieländern weniger stabilen Rechtssystem, schwächer entwickelten Eigentumsrechten, ausgeprägteren Konjunkturzyklen, stärkeren Wechselkursschwankungen der nationalen Währung und oft auch in politisch instabileren Verhältnissen. Diese ungünstigeren äußeren Verhältnisse führen auf Unternehmensebene zu volatileren Gewinnen und höherer Konkursgefahr als bei vergleichbaren Unternehmen in entwickelten Ländern. Für Aktionäre bedeutet das ein erhöhtes Risiko, das langfristig mit höheren Renditen belohnt werden muss und auch wird, wie Tabelle 13 zeigt. Dieser langfristige Renditebonus ist aber, wie es sich für eine Risikokompensation gehört, unstet und kann sich über mehrere Jahre hinweg in einen Renditemalus verkehren. Da es bei Schwellenländern um die Verfügbarkeit historischer Kapitalmarktdaten meist schlecht bestellt ist, ist der Schwellenländereffekt bisher vergleichsweise wenig erforscht.

Tabelle 13: Der historische Schwellenländerbonus (Emerging-Markets-Premium), 1988–2008 (in Euro)

	MSCI Emerging Markets minus MSCI World
1988–2008 (21 Jahre)	5,2 % p. a.
1988–1998 (11 Jahre)	1,0 % p. a.
1999–2008 (10 Jahre)	9,3 % p. a.

Datenquelle: MSCI Barra

Da zuverlässige historische Renditedaten für die Zeit vor 1988 nicht verfügbar sind und andererseits ein Zeitraum von 21 Jahren statistisch gesehen zu kurz ist, um daraus einigermaßen verlässliche Schlussfolgerungen für die langfristige Zukunft abzuleiten, ist bei der Interpretation dieser Daten Vorsicht angebracht. Keinesfalls lassen sie unmittelbar den Schluss zu, dass Schwellenländer auch in Zukunft so deutlich besser rentieren werden als Industrieländer. Im vorigen Abschnitt haben wir anhand der Jahresrenditen des MSCI Emerging Markets gesehen, dass Schwellenländeraktien eine sehr schwankungsintensive Aktien-Asset-Klasse sind. In den vergangenen 21 Jahren wurde dieses zusätzliche Risiko jedoch durch einen beträchtlichen Renditebonus gegenüber Industrieländeraktien belohnt. Aus diesem Grund und weil Schwellenländer mit Industrieländeraktien zwar hoch, aber nicht perfekt korrelieren, sollten auch konservative, rationale Anleger einen Teil ihres Gesamtportfolios in Schwellenländeraktien investieren. Wie das geht, erfahren Sie in Kapitel 3, Seite 120.

Merkbox

- Die traditionelle Konzentration der meisten Privatanleger, die in Aktien investieren, auf kurz- und mittelfristige Renditeunterschiede und -schwankungen zwischen einzelnen Branchen und (Industrie-) Ländern ist aus wissenschaftlicher Sicht von zweifelhaftem Nutzen, da die wirklichen Rendite- und Risikotreiber damit nicht erfasst werden.
- Die wesentlichen drei Risiko-Rendite-Faktoren aus der Sicht eines rationalen Buy-And-Hold-Anlegers sind (neben dem Equity-Premium) der Small-Cap-Effekt, der Value-Effekt und der Schwellenländereffekt. Weil Nebenwerte, Substanzwertaktien und Schwellenländeraktien ein höheres Risiko bergen, weisen diese Asset-Klassen sehr langfristig betrachtet eine höhere Rendite als ihre Pendants am anderen Ende des entsprechenden Spektrums und der Gesamtmarkt aus.
- Die drei Effekte schwanken von Jahr zu Jahr stark und können mitunter auch über eine Dekade hinweg negativ ausfallen, denn es handelt sich um Risikokompensationseffekte. Um den Renditebonus der drei Effekte mit hinreichender Sicherheit zu vereinnahmen, muss man einen Anlagehorizont von über zehn Jahren haben.
- Als Anleger kann man sich diese Effekte zunutze machen, indem man im Aktienteil seines Portfolios Nebenwerte, Value-Aktien und Schwellenländeraktien relativ zum gesamten Weltaktienmarkt übergewichtet ■

2.7 Die langfristige Steigerung von Hauspreisen in Deutschland, den USA und Großbritannien

> »Das verbreitete Argument, wonach Mieten gleichbedeutend ist mit ›Geld zum Fenster hinauswerfen‹, ist schlicht falsch, denn das Geld, das man [durch Mieten] spart, kann man in Aktien investieren und so Dividendeneinkünfte erzielen.«
>
> *Prof. Robert Shiller,* Yale University

Rund 40 Prozent der Haushalte in Deutschland leben in den eigenen vier Wänden. Traditionell hat die Politik versucht, diese im internationalen Vergleich niedrige Eigentümerquote[18] durch steuerliche Anreize zu erhöhen. So sind zum Beispiel Wertsteigerungen privater, selbstgenutzter Wohnimmobilien nach zehnjähriger Haltedauer steuerfrei – ein Privileg, das andere Kapitalanlagen nicht genießen. Auch erbschaftsteuerrechtlich werden selbstgenutzte Immobilien gegenüber anderen Kapitalanlagen begünstigt.

Ungeachtet der steuerlichen Begünstigung ist der Besitz einer eigenen Immobilie ein Traum vieler Bundesbürger, der vielleicht auch ein wenig von der Vorstellung genährt wird, Immobilien seien anders als Wertpapieranlagen eine rentable und zugleich sichere Vermögensanlage. Doch stimmt diese weitverbreitete und von Politik und Medien immer wieder bestätigte Ansicht? Tabelle 14 versucht hierauf ein Licht zu werfen.

Was lässt sich aus der Tabelle ableiten?

- Langfristig betrachtet liegt die reale jährliche Wertsteigerung privater Wohnimmobilien vermutlich zwischen null und einem Prozent. Die rapiden Hauspreissteigerungen in vielen Ländern

---

18 Zum Vergleich: USA und Großbritannien über 70 Prozent, Spanien 85 Prozent, Japan 61 Prozent, Schweiz 37 Prozent. Eine hohe nationale Eigentümerquote gilt zu Unrecht als Wohlstandsindikator. Einige sehr reiche Länder wie die Schweiz und Luxemburg haben eine weit niedrigere Eigentümerquote als der ärmere Spitzenreiter Spanien. Schwellenländer mit niedriger Pro-Kopf-Wirtschaftsleistung weisen oft ebenfalls sehr hohe Eigentümerquoten auf.

Tabelle 14: Langfristige, inflationsbereinigte jährliche Preissteigerungsraten für Wohnimmobilien in Deutschland, den USA und Großbritannien im Vergleich zu gemischten Aktien-Renten-Portfolios (alle Angaben in nationaler Währung)

	Hauspreise Deutschland (Bulwien Gesa-Index)	Hauspreise USA (Case-Shiller-Index)	Hauspreise Großbritannien (»Nationwide«-Index)	Zum Vergleich: Portfolio 70 % MSCI Germany / 30 % mittelfr. dt. Staatsanleihen	Zum Vergleich: Portfolio 70 % S&P 500 / 30 % mittelfr. US-Staatsanleihen
Überlappende Perioden					
1891–2008 (118 Jahre)	n.v.	0,4 %	n.v.	n.v.	n.v.
1953–2008 (56 Jahre)	n.v.	0,7 %	2,7 %	n.v.	3,7 %
1976–2008 (33 Jahre)	0,0 %	1,1 %	3,2 %	6,2 %	4,0 %
1994–2008 (15 Jahre)	–1,5 %	2,2 %	5,8 %	4,7 %	3,9 %
2004–2008 (5 Jahre)	–1,4 %	0,2 %	0,9 %	8,0 %	1,5 %
2007–2008 (2 Jahre)	–1,4 %	–12,6 %	–7,2 %	–9,6 %	3,1 %
Nicht überlappende Perioden					
1953–1976 (24 Jahre)	n.v.	0,1 %	2,0 %	n.v.	3,8 %
1977–1996 (20 Jahre)	0,6 %	0,2 %	1,0 %	7,2 %	4,2 %
1997–2008 (12 Jahre)	–1,5 %	2,9 %	7,2 %	4,5 %	2,9 %
Max. Drawdown seit 1953	–21 %	–24 %	–36 %	–41 %	–20 %

Alle Angaben ohne Kosten und Steuern sowie auf der Basis 100-prozentiger Eigenkapitalfinanzierung.
Datenquellen: Financial Times, Robert Shiller, Nationwide Building Society, MSCI Barra, Standard & Poor's, Bundesbank, BulwienGesa

zwischen 1996 und 2007 bildeten eine historische Ausnahme. Ein Wertzuwachs dieser Größenordnung war in den vorangegangenen hundert Jahren nie aufgetreten und lässt sich vermutlich auf eine einmalige Kombination begünstigender Umstände zurückführen.[19] In den Ländern mit »Immobilienblase« (zum Beispiel den USA, Großbritannien, Irland, Spanien, Frankreich, Niederlande oder Australien) ist es denkbar, dass die realen (nicht notwendigerweise die nominalen) Immobilienpreise auch nach 2008 noch langsam weiter fallen werden, um sich wieder einem historisch normaleren Bewertungsniveau anzunähern.

- In Deutschland sind die langfristigen Immobilienpreissteigerungen niedriger als in den meisten anderen westlichen Ländern ausgefallen. Der Grund: Deutschland weist im internationalen Vergleich einige immobilienbezogene Nachteile auf: eine stagnierende oder schrumpfende Bevölkerung, ein eigentümerfeindliches Mietrecht, geringere Steuervorteile für Selbstnutzer, einen umfangreicheren sozialen Wohnungsbau und restriktivere technische Bauvorschriften, die teilweise zu überhöhten Baukosten führen.
- Es ist ein Irrglaube anzunehmen, Wohnimmobilien seien »sichere« oder auch nur »risikoarme« Investments. Wohnimmobilien können langfristig zu beträchtlichen kumulativen Wertverlusten (im Sinne des maximalen Drawdowns der realen Preise) führen. So fielen Hauspreise in Japan, Finnland und den Niederlanden seit 1970 um real bis zu 49 Prozent. Die in Tabelle 14 angegebenen Wertverluste wären bei Berücksichtigung des Fremdfinanzierungseffektes (→ Leverage-Effekt) noch höher. Tatsächlich ist das Risiko einer fremdfinanzierten Wohnimmobilie ungefähr so hoch wie das einer rein eigenkapitalfinanzierten, breit diversifizierten Aktienanlage, sofern und solange die Fremd-

---

19 Hierzu zählen vor allem die von 1982 bis 2008 in den westlichen Ländern fast kontinuierlich sinkenden Nominal- und Realzinsen, die von praktisch allen westlichen Regierungen Privathaushalten gewährte steuerliche Begünstigung von (eigengenutzten) Immobilien gegenüber anderen Asset-Klassen sowie die Einführung von wiederum staatlich begünstigten »mortgage backed securities« (komplexe Verbriefungen hypothekengesicherter Darlehen) in den USA und anderen Ländern. Die hier genannten Steigerungsraten in den Jahren der »Blase« sind nicht länderspezifisch und decken sich mit Statistiken für andere entwickelte Länder, für die historische Daten über mindestens 30 Jahre vorliegen.

finanzierungsquote der Wohnimmobilie über 60 Prozent liegt. Das Risiko einer fremdfinanzierten Immobilie sinkt, unter sonst gleichen Umständen, mit der Länge der Zinsbindung. Für viele »Häuslebauer« wären Zinsbindungen von 20 Jahren ideal.

- Die eher willkürlich ausgewählten Vergleichsportfolios aus Aktien und Staatsanleihen erzielen langfristig deutlich höhere Renditen bei etwa gleichem Risiko, aber weitaus besserer Liquidität[20] als private Wohnimmobilien. Würden diese Wertpapierportfolios eine noch bessere Diversifikation aufweisen (wie etwa das »Weltportfolio«, das in Kapitel 3 vorgestellt wird), dann wäre der Rendite-Risiko-Vorsprung der Wertpapieralternative noch größer. Auch die erwähnten Steuervorteile selbstgenutzter Immobilien in Deutschland gegenüber Wertpapieranlagen können diesen Vorteil normalerweise nicht vollständig ausgleichen. Zudem sind die →Transaktionskosten bei Kauf und Verkauf von Immobilien um ein Vielfaches höher als bei Wertpapieren.[21]

Ob eine bestimmte selbstgenutzte Wohnimmobilie gegenüber einer alternativen Kapitalanlage ein interessantes Investment ist, kann letztlich nur eine einzelfallbezogene Berechnung zeigen, die alle Zahlen für

20 Da Direktanlagen in Immobilien im Vergleich zu einem Wertpapierportfolio illiquide sind (ein Immobilienverkäufer muss manchmal viele Monate oder sogar mehr als ein Jahr warten, bis er den »Marktpreis« tatsächlich erzielt), müsste man von einer Immobilienanlage – gleiches Risiko angenommen – eine um mindestens ein Prozent höhere Rendite erwarten als bei einem Wertpapierinvestment (Illiquiditätsprämie).

21 Man könnte hier einwenden, dass die in diesem Abschnitt dargestellten Immobilienrenditen reine Preisrenditen sind (also keine Nettomieterträge enthalten) und insofern nicht direkt mit den Gesamterträgen von Wertpapierrenditen (Kurssteigerungen plus Dividenden) vergleichbar sind. Dieser Einwand ist allerdings nur teilweise berechtigt. Inwieweit Nettomieterträge (oder die eingesparte Miete eines Eigennutzers) die langfristige Rendite eines Immobilieninvestments beeinflussen, kann in der Regel nur einzelfallbezogen und insbesondere unter Berücksichtigung der spezifischen Fremdkapitalkosten (im typischen Falle der Fremdfinanzierung) beurteilt werden; siehe nächster Punkt im Haupttext. Statistisch gesehen leben Eigentümer in größeren Immobilien als Mieter, was ihre Kosten erhöht und einen Vergleich erschwert.

Kauf und Miete vergleichend gegenüberstellt. Die Erfahrung lehrt, dass »Häuslebauer« sich über die tatsächliche Rendite und das Risiko ihrer beabsichtigten oder bereits durchgeführten Investition zumeist noch mehr täuschen als Wertpapieranleger, bei denen die Wissenschaft einen frappierenden Hang zur Selbsttäuschung festgestellt hat. Im Folgenden habe ich einige der wichtigsten Gründe hierfür zusammengestellt:

- Immobilieninvestoren kennen die langfristigen historischen Wertsteigerungen der Asset-Klasse Wohnimmobilien in Deutschland und international nicht, weil ihnen Immobilienbanken, Makler, Bausparkassen und Bauträger diese eher ernüchternden Daten aus Eigeninteresse verschweigen.
- Private Immobilienkäufer verkennen die wertverzerrende Wirkung der Inflation – sie verwechseln Inflationseffekte mit tatsächlicher Wertsteigerung (siehe auch Abschnitt 1.3, Seite 26).
- Analog zu Aktienanlegern verdrängen Haus- und Wohnungseigentümer aus psychologischen Gründen oft, dass ihr Immobilienkauf finanziell gesehen womöglich keine besonders erfolgreiche Entscheidung war.
- Immobilienkäufer verstehen den »Leverage-Effekt« (Hebeleffekt bei Fremdfinanzierungen) nicht. Beispiel: Eine Immobilie wird mit 20 Prozent Eigenkapital und 80 Prozent Fremdkapital erworben. Nehmen wir an, die Immobilie verliert 10 Prozent ihres Wertes. Der Investor hat damit einen 50-prozentigen Verlust auf sein Eigenkapital erlitten (ohne Berücksichtigung möglicher Verkaufskosten). Private Immobilieninvestoren verwechseln regelmäßig die »Asset-Rendite« (in diesem Fall –10 Prozent) mit ihrer Eigenkapitalrendite (hier –50 Prozent). Bei einer teilweise fremdfinanzierten Immobilie ist nur die Eigenkapitalrendite relevant. Lediglich bei einer 100-prozentig aus Eigenkapital finanzierten Immobilie sind Eigenkapitalrendite und Asset-Rendite identisch.
- Immobilieninvestoren unterschätzen regelmäßig das Risiko ihrer Anlage oder negieren es sogar vollständig, da es sich einer laufenden Beobachtung entzieht. Weil sie die Wertschwankungen ihrer Immobilie nicht täglich in der Zeitung oder im Internet verfolgen

können (wie das im Falle einer Aktie oder eines Investmentfonds der Fall wäre), schlussfolgern sie fälschlich, ihr Investment sei risikoarm. Doch ein Risiko verschwindet nicht deshalb oder ist niedriger, weil man es nicht sieht. Eine Bergwanderung im Hochgebirge bei dichtem Nebel ist nicht weniger riskant als eine bei Sonnenschein, obwohl man vielleicht manche gefährliche Stelle wegen des Nebels nicht wahrnimmt.

- Immobilieninvestoren fallen oft auf das falsche Argument herein, dass Mietzahlungen zwangsläufig »hinausgeworfenes Geld« seien, weil man damit monatlich dem Vermieter etwas schenke, während ein Eigentümer die Hypothekenkreditrate »an sich selbst« zahle und Eigentum bilde. Tatsache ist, dass auch Immobilienkäufer im Laufe der Jahre eine beträchtliche »Kapitalmiete« (in Form von Zinsen) an ihre Bank zahlen und dass mit einer Immobilie oft unterschätzte laufende Instandhaltungs- und andere Kosten verbunden sind.[22]

Im Ergebnis ist Mieten angesichts der in Deutschland besonders niedrigen Immobilienwertsteigerungen nicht selten die rentablere Investitionsalternative, die zu einem höheren Vermögensendwert führt – immer vorausgesetzt natürlich, der Mieter ist diszipliniert genug, langfristig genauso viel zu sparen, wie der Eigentümer in seine Immobilie investiert.

Eine Immobilienfinanzierung ist ein »Zwangssparvertrag« im positiven Sinne des Wortes. Da man eine Immobilie im Normalfall nur vollständig erwerben kann (also nicht nur einen kleineren Teil, für den man bereits genug Eigenkapital besitzt, wie das bei einem sonstigen Investment der Fall wäre), ist in den meisten Fällen eine teilweise Fremdfinanzierung notwendig. In diesem Fall muss der Käufer jedoch laufend seine Annuität und die sonstigen Kosten der Immobilie bestreiten, da er andernfalls Gefahr läuft, diese zu verlieren. Der Mieter hingegen spart rein »freiwillig« und nur aus Eigenkapital. Er

22 Als grobe Faustregel gilt, dass bei einem Fremdfinanzierungsanteil von 70 Prozent und einer Kreditlaufzeit von 25 Jahren die Summe der Zinsen (ohne Tilgung) und sonstiger Nebenkosten (Instandhaltung, Versicherung etc.) den ursprünglichen Kaufpreis der Immobilie übersteigt.

kann dieses Sparen (Investieren) jederzeit unterbrechen und stattdessen seine Konsumausgaben erhöhen, etwa für die sprichwörtliche Urlaubsreise auf die Malediven oder den neuen Sportwagen. Immobilieneigentümer sind oft nur deswegen im Rentenalter vermögender als Menschen, die keine Immobilie besitzen, weil sie sich frühzeitig diesem Zwangssparvertrag unterworfen haben und über lange Jahre hinweg »Konsumverzicht« übten, jedoch nicht unbedingt, weil ihre Immobilieninvestition selbst besonders rentabel war.

Die Entscheidung, in eine selbstgenutzte Immobilie zu investieren, ist stets eine Verquickung von finanziellen Überlegungen und der Frage nach dem gewünschten Lebensstil. Hierin unterscheidet sich eine selbstgenutzte Immobilie von jeder anderen Form von Vermögensanlage. Auch die Vermischung von Investition und Lebenshaltungskosten (gezahlte oder eingesparte Miete) macht die rationale und objektive Analyse von Investitionen in eigengenutzte Wohnimmobilien so komplex. Letztlich wird die Entscheidung für oder gegen eine Immobilieninvestition vielfach von Lebensstilerwägungen bestimmt. Dennoch sollte auf eine nüchterne Abwägung aller finanziellen und nicht finanziellen Argumente zu Beginn der Planungen nicht verzichtet werden, denn es geht um viel Geld, um sehr langfristige, hohe finanzielle Verpflichtungen und das hiermit verbundene beträchtliche persönliche Risiko.

Aus einer Reihe von Gründen ist bezüglich privater Wohnimmobilieninvestitionen zur Vermietung wohl besondere Skepsis angebracht. Wie unsere Daten illustrieren, ist im Durchschnitt von einer langfristigen realen Wertsteigerung von Immobilien jedenfalls in Deutschland nicht auszugehen. Zudem dürften die Mieteinnahmen in Deutschland sehr langfristig (also über Zeiträume von 20 Jahren an aufwärts) nicht viel stärker steigen als die Inflation.[23] Und schließlich müssen

23 Nach Zahlen von BulwienGesa sanken die Mieten von Wohnimmobilien von 1993 bis 2008 um real 1,5 Prozent pro Jahr. Auch Eigentümer sind Kostensteigerungsrisiken ausgesetzt, zum Beispiel in Bezug auf Unterhaltungskosten, Versicherungskosten und – im Falle von fremdfinanzierten Immobilien – potenziell steigende Zinskosten, sofern die Zinsbindung nicht bis zur Volltilgung des Immobilienkredites festgeschrieben ist.

private Immobilienvermieter gegenüber gewerblichen Vermietern eine Reihe struktureller Nachteile in Kauf nehmen: höhere Kreditkosten, tendenziell höhere Kosten für Bau oder Kauf sowie höhere Kosten für laufende Instandhaltung und Versicherung. Deshalb können gewerbliche Vermieter häufig billiger anbieten und verhindern damit eine attraktive Eigenkapitalrendite privater Vermieter, die zudem als »Laienjuristen« in Deutschland mit den Tücken des vielleicht kompliziertesten Mietrechts der Welt zu kämpfen haben.

Merkbox

- Der reale, langfristige Wertzuwachs von Wohnimmobilien beträgt zwischen null und einem Prozent, entspricht also etwa demjenigen eines Sparbuchs.
- Das Argument, wonach eigengenutzte Wohnimmobilien einen guten Inflationsschutz bieten, ist fragwürdig, denn hierfür wäre eine Preisrendite erforderlich, die langfristig nennenswert über der Inflationsrate liegt. Dies war in Deutschland in den letzten drei Jahrzehnten nicht der Fall.
- Ob der Schutz vor Mietererhöhungen im Falle eigengenutzter Immobilien ein wichtiger Vorteil ist, steht angesichts des in Deutschland besonders ausgeprägten Mieterschutzes und angesichts von Mieten, die sehr langfristig nur geringfügig über die allgemeine Inflationsrate hinaus ansteigen, zu bezweifeln.
- Es ist ein Ammenmärchen, dass ein Immobilienkauf gegenüber der Miete stets die bessere Alternative ist. Lediglich eine korrekt durchgeführte, einzelfallbezogene Vergleichsrechnung kann diese in die Zukunft gerichtete Frage beantworten. Historisch hätten Millionen deutscher Wohnimmobilieneigentümer heute ein größeres Nettovermögen, wenn sie gemietet hätten, vorausgesetzt sie hätten mindestens genauso viel ihres Einkommens für die Vermögensbildung aufgewendet.
- Die Entscheidung für oder gegen eine eigene Wohnimmobilie sollte vermutlich auf Lebensstilerwägungen basieren, nicht auf der Erwartung einer nennenswerten realen Wertsteigerung ■

2.8 Rohstoffrenditen seit 1801

»Obwohl Rohstoffpreise sehr volatil sind, kann ein Rohstoff-Investment den disziplinierten und geduldigen Anleger belohnen.«

Larry Swedroe, Forschungsdirektor von Buckingham Asset Management und Bestsellerautor

Ab etwa 1999 zogen die meisten Rohstoffpreise über mehrere Jahre hinweg spürbar an. Wenn ein Markt sich über drei oder vier Jahre in eine Richtung entwickelt, liegt aus Sicht der Finanzbranche ausreichend Datenhistorie vor, um – wie von 2003 bis 2007 geschehen – eine neue »Investment-Story« aus der Taufe zu heben. Diese liest sich in etwa wie folgt:

»Rohstoffvorräte sind endlich, während ihr weltweiter Verbrauch permanent zunimmt, da die Weltbevölkerung und die Volkswirtschaften in den Schwellenländern, vor allem diejenigen von China und Indien, rasant wachsen. Die steigenden Rohstoffpreise zeigen schon jetzt die allmähliche Verknappung an. Rohstoffe sind in Staaten konzentriert, die dem Westen nicht wohlgesinnt sind. Ergebnis: Die Preise müssen unweigerlich weiter steigen – ein Megatrend.«

Auf der Grundlage dieser angeblich unausweichlichen Gesetzmäßigkeiten begannen viele Banken Ende 2003, erste rohstoffbezogene Investmentprodukte auf den Markt zu bringen. Mitte 2008 gab es schließlich mehrere Hundert verschiedene Commodity-Zertifikate, Rohstoffaktienfonds und schließlich auch Dutzende von Rohstoff-ETFs. Es bildeten sich immer engere Rohstoff-Subkategorien aus – man denke etwa an ein »Uranium-Explorations-Zertifikat«. Auch die Medien standen nicht hintan und erzeugten eine Flut an rohstoffbezogener Berichterstattung. Privatanleger, denen die Wertverluste ihrer Aktiendepots im Technologie-Crash noch schmerzlich in Erinnerung waren, die aber Anleihen als zu ertragsschwach erachteten, sprangen auf die neue Investment-Idee an. Eine Rohstoffmanie war geboren. Im Vertrauen auf die Stichhaltigkeit der oben skizzierten »Rohstoff-Story«, die mit der Zeit sogar von normalen Zeitschriften wie *Stern* und *Spiegel* wiedergegeben wurde, stets ausstaffiert mit Grafiken, die die rasante Preisentwicklung von etwa 2000 bis 2007 zeigten, investierten Hunderttausende Anleger ab 2004 in einen zunehmend überteuerten Markt. Ein erstes Ächzen im Gebälk war 2006 zu vernehmen, als die Energiepreise vorübergehend etwas absackten, während die übrigen Rohstoffpreise jedoch weiter stiegen. Aber auch der Ölpreis erholte sich schnell und die Experten prognostizierten einen weiteren Preisauftrieb,[24] denn die Volkswirtschaften Chinas und Indiens schienen einen fast unersättlichen Bedarf an Rohmaterialien zu haben. Die Rohstoffparty setzte sich fort, doch plötzlich – ohne Vorwarnung –, kam ihr Motor ins Stottern. Im Juni 2008 begannen die Preise zu sinken, erst langsam, dann immer schneller. Schon ein halbes Jahr später war die Euphorie verblasen. Ungezählte Anleger hatten mit Rohstoffen oder Rohstoffaktien viel Geld verloren, denn sie waren viel zu spät auf den fahrenden Zug aufgesprungen – dann nämlich, als der »Rohstoff-Boom« in aller Munde war und ein Großteil des Aufschwungs sich bereits vollzogen hatte.

Um sich ähnliche Erfahrungen zu ersparen, genügt es bereits, einige wenige simple Grundprinzipien zu befolgen: (a) Investiere niemals in eine Mode, also einen Trend, der erst seit zwei oder drei Jahren populär ist; (b) Investiere niemals in eine Asset-Klasse, für die es nicht überzeugende Renditestatistiken über zwei oder drei, besser noch fünf Jahrzehnte gibt; (c) Versuche nicht, das kurzfristige Auf und Ab von Preisen auszunutzen, weil das nur durch Zufall gelingen kann, aber in jedem Fall hohe Transaktionskosten verursacht; (d) Investiere in einen breit diversifizierten Rohstoffindex, nicht in einzelne Rohstoffe, und (d) Investiere in einen Rohstoff-Futures-Total-Return-Index (siehe unten) statt in Rohstoffdirektanlagen.

Abbildung 4 zeigt die langfristige Entwicklung realer Rohstoffpreise seit 1801 anhand einer Grafik von BHP Billiton, dem größten Nicht-Energie-Rohstoffkonzern der Welt.

---

24 Im Mai 2008, als der Preis pro Fass bei etwa 130 US-Dollar lag, prognostizierte Goldman Sachs (die »beste Investmentbank der Welt«) einen Anstieg auf 200 US-Dollar innerhalb von 24 Monaten. Im März 2009 notierte Öl bei etwa 37 US-Dollar.

Abbildung 4: Inflationsbereinigte Rohstoffpreise seit 1801 in den USA (in US-Dollar, indexiert)

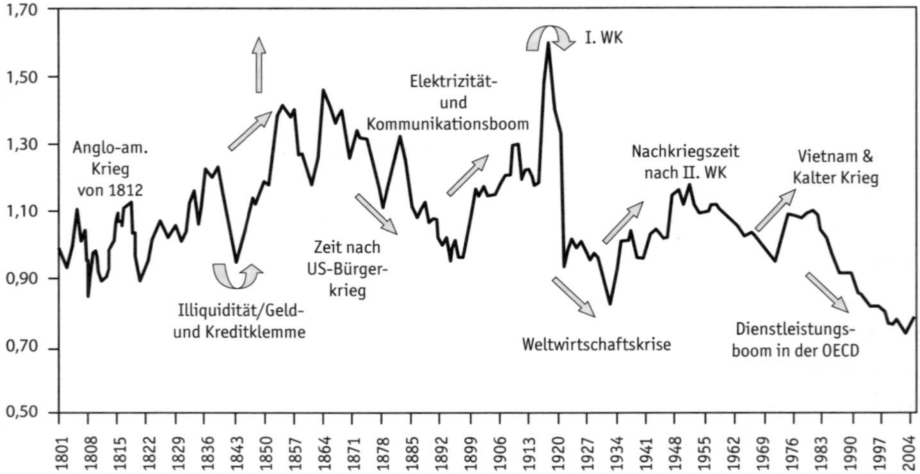

Datenquelle: BHP Billiton (Index in US-Dollar)

Die Abbildung verdeutlicht, dass Rohstoffpreise langfristig inflationsbereinigt fallen. Nur vor etwa 1870 war ein anhaltender Aufwärtstrend zu verzeichnen, der abbrach, als die Industrielle Revolution – eine welthistorisch einmalige Epoche – zu Ende ging. In den folgenden 100 Jahren bewirkten lediglich größere Kriege und die von der OPEC ausgelösten, politisch motivierten Erdölkrisen von 1973 und 1979/80 eine vorübergehende Umkehr des Abwärtstrends. Zwischendurch gab es natürlich die in jedem globalen Markt anzutreffenden kurzfristigen Preisschwankungen, aus denen Trader Gewinn zu schlagen versuchen. Die langfristige Richtung ist jedoch klar erkennbar: Es geht stetig bergab. Wie ist das möglich angesichts des scheinbar so überzeugenden »Rohstoff-Megatrends«? Die Antwort ist einfach:

- Rohstoffvorkommen sind nicht so endlich wie weithin angenommen wird. Die globale Produktion an Nahrungsmitteln wächst und könnte stark ausgeweitet werden, wenn westliche Produktionseffizienz in Afrika und Asien zur Anwendung käme. Auch die bekannten Vorkommen an vorgeblich begrenzten Metall- und Energierohstoffen sind seit vielen Jahrzehnten nicht dramatisch zurückgegangen, weil dank besserer Explorations- und Abbautechnologien neue Vorkommen gefunden und wirtschaftlich förderfähig werden. Berücksichtigt man Kohlevorräte (die in Öl und Erdgas transformiert werden können) sowie Ölsande und Ölschiefer, dürften die heute bereits bekannten fossilen Brennstoffvorkommen noch weit über 100 Jahre ausreichen. Droht ein Anstieg der Energiepreise, so werden neue Vorkommen gesucht und vermutlich auch gefunden.

- Im Rohstoffsektor sind kostensenkender technischer Fortschritt und Rationalisierungsanstrengungen besonders ausgeprägt.
- Rohstoffe selbst generieren keinen Mehrwert oder Gewinn, anders als ein Unternehmen, das diese Erträge an seine Kapitalgeber (Eigenkapital, Fremdkapital) weiterreicht. Sie sind lediglich ein »Input« für Unternehmen. Die → erwartete Rendite aus Preisänderungen von Rohstoffen ist negativ.
- Die Wachstumsrate der Weltbevölkerung ist kein Argument für steigende Rohstoffpreise, da diese Rate über die letzten 200 Jahre größtenteils höher war als heute, während die Rohstoffpreise per saldo sanken. Demografen zweifeln kaum noch daran, dass die Weltbevölkerung noch in diesem Jahrhundert anfangen wird zu schrumpfen.

Die Schlussfolgerung kann nur lauten: Trotz wachsender Weltbevölkerung, trotz China und Indien, trotz »Peak-Oil-Theorie«[25] werden Rohstoffe langfristig immer billiger, und daran ändert auch der Rohstoff-Boom von 2000 bis Mitte 2008 nichts. Zudem ist es unmög-

25 »Peak Oil« (engl.), sinngemäß »Öl-Produktionsgipfel«: eine umstrittene Hypothese, derzufolge heute annähernd die Hälfte der weltweiten Vorkommen an Öl und Erdgas oder bereits mehr verbraucht sei, insbesondere die leicht und billig förderbaren Teile, und folglich die globale Energieförderung von jetzt an unweigerlich sinken werde. Letztlich hat sich diese uralte »Rohstoffverknappungstheorie«, die von dem englischen Demografen Thomas Malthus schon 1798 erstmals formuliert wurde, bisher nicht bewahrheitet und ist nach Meinung des Autors auch wissenschaftlich widerlegt worden.

Tabelle 15: Ausgewählte Rohstoffindizes im Vergleich, 1970–2008 (auf Euro-Basis)

	Rohstoffdirektanlage: CRB Commodity-Index	Rohstoffdirektanlage: CRB »Agrar-Index«*	Rohstoff-Futures: S&P-SPCI-Total-Return-Index	Rohstoff-Futures: S&P-GSCI-Total-Return-Index	Zum Vergleich: MSCI-Europe-Aktienindex
Reale geom. Rendite p. a.	–2,2%	–2,7%	0,4%	4,2%	4,4%
Nominale geom. Rendite p. a.	0,7%	0,2%	3,4%	7,2%	7,5%
Vervielfachungsfaktor (real)	0,4x	0,3x	1,2x	4,9x	5,3x
Std.-abw. der Jahresrenditen	17%	15%	24%	26%	23%
Max. Drawdown (nominale Rendite)	–59%	–61%	–41%	–48%	–46%
Anteil der Jahre mit negativer nominaler Rendite	51%	46%	41%	36%	28%
Korrelation mit dem MSCI-World-Index	+0,44	+0,32	+0,19	+0,22	+0,91
Zusammensetzung der Indizes (Änderungen im Zeitablauf möglich)	Energie 39%, Agrar 41%, Metalle 20%	Agrar 100%	Energie 49%, Agrar 44%, Metalle 7%	Energie 74%, Agrar 17%, Metalle 9%	n.z.

* 50% CRB Livestock Index / 50% CRB Foodstuff Index
Datenquellen: Standard and Poor's, Commodity Research Bureau, MSCI Barra

lich, die kurzfristige Entwicklung von Rohstoffpreisen zuverlässig zu prognostizieren. Dennoch kann es für Anleger interessant sein, in Rohstoffe zu investieren – allerdings muss man es richtig machen und das heißt zuallererst, sich von der Schaumschlägerei der Finanzbranche und der Medien nicht in die Irre führen zu lassen. Darüber hinaus sollten Privatanleger, wie weiter oben bereits angedeutet, nicht direkt in Rohstoffe (also den sogenannten Spot- oder Kassamarkt) investieren, sondern in → Rohstoff-Futures.

Rohstoffe lassen sich grob in vier Kategorien aufteilen: Energie, Edelmetalle, Basismetalle und Agrarrohstoffe. Die bekannten Rohstoffindizes, in die man inzwischen per ETF bequem investieren kann, gewichten Dutzende verschiedener Rohstoffe jeweils unterschiedlich und weisen darüber hinaus einige konstruktionsbedingte Unterschiede auf. Ihre Entwicklung weicht daher langfristig voneinander ab, wie in Tabelle 15 ersichtlich. Diese Tabelle führt einige Indizes auf, die sich über mehr als 30 Jahre zurückverfolgen lassen. Für die meisten Indizes liegt keine so lange Historie vor.

Rohstoffe haben eine relativ niedrige Korrelation mit Aktien und eignen sich daher zur Diversifikation eines Portfolios mit Aktienschwerpunkt. In Zeiten sehr gravierender politischer Krisen (im Unterschied zu wirtschaftlichen Turbulenzen), wenn die Kurse von Anleihen und vor allem Aktien oft fallen, steigen tendenziell – aber nicht immer – die Preise von Rohstoffen.

Merkbox

- Wer in Rohstoffe investieren will, sollte darauf achten, in einen breit diversifizierten Rohstoff-Futures-Index in der Total-Return-Variante zu investieren, jedoch nicht in einen Index, der Rohstoffpreise direkt abbildet (Spot-Market-Index). Rohstoff-Futures eignen sich gut zur Diversifikation eines Aktienportfolios (siehe Kapitel 3, Seite 120).
- Die langfristige reale Preissteigerung der meisten Direktanlagen in Rohstoffe (Spot- oder Kassa-Markt) und besonders agrarischer Rohstoffe ist negativ. Investitionen in einen einzelnen Rohstoff oder eine einzelne Rohstoffkategorie haben stark spekulativen Charakter.
- Rohstoffe sind eine volatile Anlageklasse, die genauso stark schwankt wie Aktien. Die Renditen einzelner Rohstoffe und Indizes unterscheiden sich von Periode zu Periode stark ■

2.9 Goldrenditen seit 1872

»Langfristig bietet Gold zwar einen Ausgleich für die Inflation, aber auch nicht viel mehr. Edelmetalle mögen zwar Hedging-Charakter [Absicherungseigenschaften] besitzen, zugleich sind sie aber auch ein schwerer Bremsklotz für Ihre Rendite.«

Prof. Jeremy Siegel, University of Pennsylvania

Mit größter Verlässlichkeit melden sich die sogenannten »Goldbugs«, die unerschütterlichen Anhänger von Gold als attraktiver Anlageklasse, stets dann zu Wort, wenn eine anhaltende Aktienbaisse im Gange ist oder wenn uns eine politische Krise ängstigt. Dann wird Gold als »sicherer Hafen«, als →Sachwert, als Absicherung gegen Inflation beschworen und auf die jüngsten Goldpreissteigerungen verwiesen. Auch derzeit ist Gold als Investment wieder populär. Folgerichtig kamen 2008 in Deutschland mehrere Gold-ETFs auf den Markt, die es Investoren erlauben, das eher lästige Kaufen von Goldmünzen durch ein bequemes, börsenfähiges Anlagevehikel zu ersetzen. Doch stellt sich Gold auch aus der Perspektive eines langfristigen Anlegers als lohnendes Investment dar? Bei näherer Betrachtung lautet die Antwort: kaum.

Zwar schlug Gold in den letzten zehn Jahren (1999 bis 2008) mit 7,8 Prozent Rendite p.a. (real in Euro) jede andere Asset-Klasse, doch leider sind solche Zehn-Jahres-Renditen bei Gold eher eine Ausnahme, wie Tabelle 16 zeigt.

Die hier aufgeführten Zahlen verdeutlichen, dass die langfristige Rendite von Gold recht bescheiden ist. De facto liegt sie zwischen einem halben und einem Prozent per annum, während dieser Wert für Standardwerteaktien etwa 6 Prozent beträgt (für Nebenwerte-, Value- und Schwellenländeraktien ist er höher). Ein Anleger, der Ende der 70er oder Anfang der 80er Jahre aus Furcht vor der damals sehr hohen Inflation und möglichen Folgen des Kalten Krieges Gold kaufte, hatte bis Ende 2008 seinen Einstandspreis nach Berücksichtigung der Inflation noch nicht wieder gesehen. In dieser Zeit hätte sich ein Investment in Standardwerteaktien real fast vervierfacht.

Tabelle 16: Langfristige reale (inflationsbereinigte) jährliche Goldpreisrenditen, 1872–2008 (auf US-Dollar-Basis)

Überlappende Langfristzeiträume	
1872–2008 (137 Jahre)	0,6 %
1940–2008 (69 Jahre)	0,8 %
Nicht überlappende 20-Jahres-Intervalle	
1889–1908	–0,4 %
1909–1928	–3,2 %
1929–1948	1,9 %
1949–1968	–1,4 %
1969–1988	6,9 %
1989–2008	0,8 %

Alle Angaben ohne Kosten und Steuern.
Datenquelle: www.finfacts.ie

Eine banale Sparbuchanlage wäre real immerhin um 60 Prozent angewachsen, und das – im Unterschied zu Gold – ohne negative Schwankungen, also ohne Risiko.

Bezüglich des Risikos im Sinne der Standardabweichung (siehe Abschnitt »Verschiedene Risiko- und Renditemesszahlen«, Seite 179) und des maximalen Drawdowns lässt sich das gelbe Metall – trotz merklich niedrigerer Renditen – etwa einer Aktienanlage vergleichen, wie Tabelle 17 illustriert. Selbst der angebliche Status von Gold als sicherer Hafen ist fragwürdig, wenn man sich seinen realen Wertverlust während des Zweiten Weltkrieges, der größten politischen Krise der modernen Geschichte, vergegenwärtigt.

Auch der Inflationsschutz von Gold ist eher schwach ausgeprägt. Zum einen korreliert das Edelmetall mit der Inflation – jedenfalls mit der deutschen – langfristig nicht wesentlich stärker als globale Aktien, zum anderen müsste eine Asset-Klasse, um wirklichen Inflationsschutz zu bieten, eine spürbar über der Inflation liegende Langfristrendite aufweisen, was bei Gold kaum der Fall ist.

Tabelle 17: Gold und Aktien im Vergleich

1978–2008 (30 Jahre)	**Goldpreis (in Euro)**	**MSCI-World-Aktienindex (in Euro)**
Nom. Rendite (nicht inflationsbereinigt)	3,9 % p. a.	8,9 % p. a.
Risiko: Standardabweichung	26 %	24 %
Risiko: Maximaler Drawdown	–62 %	–44 %
Inflationsschutz: Korrelation mit Inflation*	0,26	+0,16

1939–1945 (6 Jahre)	**Goldpreis (in US-Dollar)**	**S&P 500-Aktienindex (in US-Dollar)**
»Sichererer-Hafen-Test«: Reale Rendite**	–2,7 % p. a.	7,8 % p. a.

* Auf Basis der Kalenderjahresrenditen.

** Auf Basis der Kalenderjahresrenditen in US-Dollar, Aktienangabe bezieht sich auf den amerikanischen S&P 500-Index, da der MSCI-World-Index erst ab 1970 vorliegt. Zwar schlug Gold deutsche Aktien und Anleihen während des Zweiten Weltkrieges, aber das galt vermutlich auch für fast jede andere ausländische Asset-Klasse.

Angesichts dieser ernüchternden Zahlen erscheinen der Mythos und die Popularität von Gold als Asset-Klasse kaum fundiert. Sie mögen aus unzähligen Überlieferungen von Gold als Synonym für Reichtum in Romanen und historischen Dokumenten buchstäblich seit der Antike herrühren; darüber hinaus hat der Gold-Nimbus vielleicht auch mit der physischen Schönheit des Metalls und mit seiner Unzerstörbarkeit zu tun. Und schließlich dürfte auch die bei Anlegern beliebte Verwechslung von realen und nominalen Renditen eine Rolle spielen.

Wer in Rohstoffe investieren will (was ich für sinnvoll halte), ist hinsichtlich Rendite und Risiko besser mit einem diversifizierten Commodity-Futures-ETF bedient – idealerweise auf einen energielastigen Rohstoffindex wie den S&P GSCI-Index (Total-Return-Variante; siehe Tabelle 15).

Merkbox

- Wer mit seinem Kapital sehr langfristig Vermögen bilden will, statt es nur zu konservieren, dem hilft Gold allenfalls zufällig weiter, also bei großem spekulativem Glück. Sich darauf zu verlassen, ist keine rationale Strategie.
- Die Goldrenditen ab 2001 waren historisch weit überdurchschnittlich hoch. Anfang 2009 lag der Goldpreis deutlich über seinem historischen Durchschnitt in den letzten 40 Jahren, wodurch ein Neuinvestor zu diesem Zeitpunkt auf einem vergleichsweise teuren Niveau einstieg.
- Von 1927 bis 2008 hat Gold real nur geringfügig über → risikofreien kurzfristigen US-Staatsanleihen rentiert. Das Risiko von Gold, gemessen anhand der Standardabweichung, ist jedoch rund siebenmal höher als dasjenige kurzfristiger Staatsanleihen; der maximale Drawdown langfristig ebenso hoch wie bei Aktien.
- Gold kann jahrzehntelang negative reale Renditen aufweisen. So musste ein Anleger, der Anfang 1935 Gold kaufte, fast 40 Jahre (bis 1973) warten, um seinen anfänglichen Einsatz bei Berücksichtigung der Inflation wieder zurückzuerlangen.
- Gold ist zu volatil, um als effektiver Inflationsschutz zu dienen. Dies gilt sogar in manchen Krisenphasen wie während des Zweiten Weltkriegs, als Gold (auf US-Dollar-Basis) einen Wertverlust erfuhr.
- Die laufenden Kosten einer Goldanlage (die in den hier genannten Indexrenditen nicht enthalten sind) belaufen sich auf mindestens 0,4 Prozent pro Jahr im Falle eines Gold-ETFs. Wer als normaler Privatanleger Gold physisch bei sich zu Hause oder im Banktresor vorhalten will, dürfte noch höhere Kosten haben ■

2.10 Nominale und reale Zinsen in Deutschland seit 1970 auf Jahresbasis

»Sowohl aus ökonomischer Sicht als auch aus derjenigen eines Anlegers sind die realen, nicht die nominalen Zinssätze entscheidend.«

Dimson/Marsh/Staunton: The Triumph of the Optimists (2002)

Wie das Eingangszitat der drei Londoner Professoren besagt, sind für Investoren, anders als für Kreditnehmer, die realen Zinsen – also die nominalen Zinsen abzüglich der Inflation – wichtiger als die nominalen Zinsen. Hier ein simples Beispiel aus der deutschen Wirtschaftsgeschichte:

Jahr	Nominale Kurzfristzinsen*	Reale Kurzfristzinsen*
1974	8,6 %	1,6 %
1987	3,7 %	3,4 %

* Geldmarktzinsen für drei Monate, Jahresdurchschnitt (ohne Kosten und Steuern)
Datenquelle: Deutsche Bundesbank

Auf den ersten Blick sieht es so aus, als sei 1974 ein für Sparer gutes Jahr gewesen, denn es gab hohe nominale Sparzinsen von 8,6 Prozent. Doch der Schein trügt. Tatsächlich war 1974 ein schlechtes Jahr, denn die realen Sparzinsen lagen mit 1,6 Prozent unter dem historischen Durchschnitt der letzten 39 Jahre (Inflation 1974: 6,9 Prozent). Hingegen wirkte das Jahr 1987 mit 3,7 Prozent Nominalzins zunächst eher wie ein mittelmäßiges Jahr für Sparer, während es in Wirklichkeit überdurchschnittliche Renditen bot, denn der Realzins von 3,4 Prozent lag über dem historischen Durchschnitt von 1,8 Prozent p.a. (Inflation 1987: 0,2 Prozent). Auch hier verstellt uns also die Geldillusion der Inflation den Blick auf die ökonomischen Fundamentaldaten: Echte Vermögenseffekte signalisieren nur die realen Zinsen.

Abbildungen 5 und 6 zeigen die Entwicklung der nominalen und der realen langfristigen und kurzfristigen Zinsen in Deutschland seit 1970. Welche Einsichten lassen sich aus diesen Daten ableiten?

Abbildung 5: Entwicklung der nominalen langfristigen und kurzfristigen Zinsen in Deutschland seit 1970

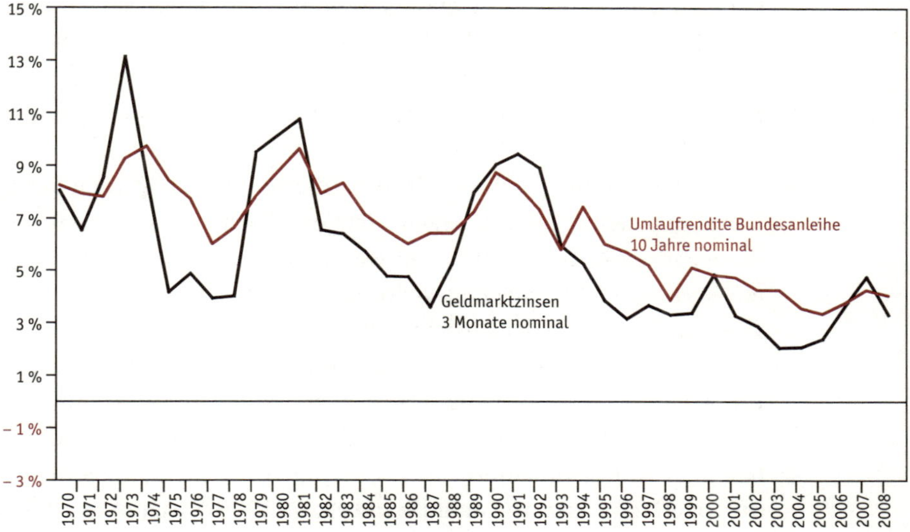

Abbildung 6: Entwicklung der realen langfristigen und kurzfristigen Zinsen in Deutschland seit 1970

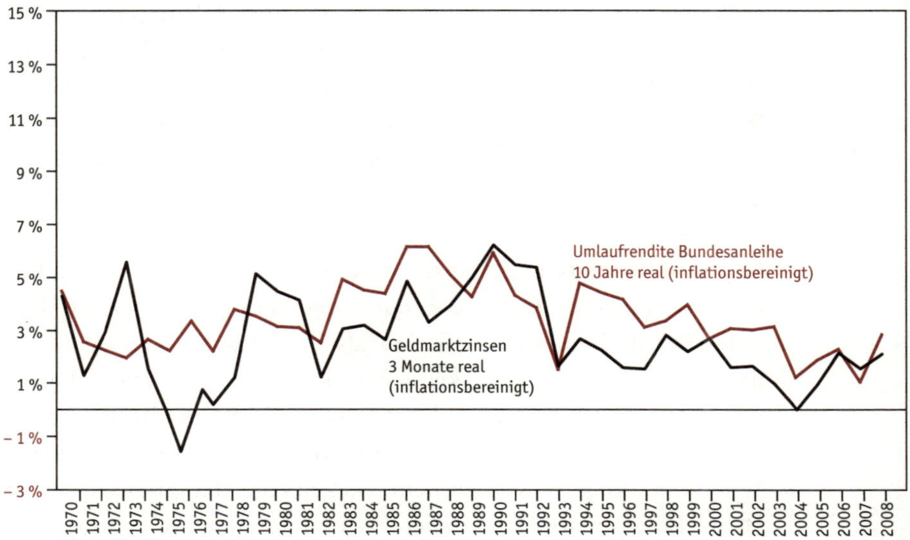

- Seit Ende der 70er Jahre kam es in Deutschland ebenso wie in den meisten anderen westlichen Ländern zu einem historisch fast einmaligen langfristigen Rückgang der nominalen, langfristigen Zinsen. (In den USA war dieser Trend noch ausgeprägter.) Dies hat in vielen Ländern zum Entstehen der Immobilienblase beigetragen, die der wichtigste einzelne Grund für die Banken- und Finanzkrise ab 2008 war.
- Es erscheint unwahrscheinlich, dass die nominalen Zinsen langfristig auf dem niedrigen gegenwärtigen Niveau verharren. Wenn diese Zinsen – inflationsbedingt wegen der in jüngster Zeit erfolgten starken Geldmengenausweitung und der gestiegenen Staatsverschuldung – wieder ansteigen, könnte das die Kurse von langfristigen Unternehmens- und Staatsanleihen nach unten drücken. Ein Grund mehr, sich als Anleger im Laufzeitenspektrum am »kurzen Ende« (maximal zwei bis drei Jahre Restlaufzeit) aufzuhalten. Für Kreditnehmer dürfte es sinnvoll sein, das historisch niedrige Nominalzinsniveau (Stand April 2009) auszunutzen und für einen Großteil ihres Darlehens möglichst langfristige Zinsbindungen einzugehen.
- Beide Abbildungen zeigen, wie erstaunlich volatil nominale und reale Zinssätze sind und wie oft es zu einer sogenannten inversen Zinsstruktur kommt, bei der die kurzfristigen Zinsen höher sind als die langfristigen (Beispiele: 1973 sowie 1979 bis 1982). Während einer inversen Zinsstruktur sind Geldmarktanleger gegenüber Anlegern in langfristigen Anleihen ganz besonders im Vorteil – ihre Rendite ist höher und das bei niedrigerem Zinsänderungsrisiko.
- Negative Realzinsen, die Sparern Verlustjahre bescheren, sind historisch keine Seltenheit und treten in den meisten anderen Ländern mit tendenziell höherer Inflation als in Deutschland sogar noch häufiger auf. Dennoch erkennen viele Sparer in solchen Jahren nicht, dass sie Geld verloren haben, weil sie der Geldillusion aufsitzen, sich also von den höheren nominalen Zinsen täuschen lassen.
- Wie Abbildung 5 verdeutlicht, liegen die Langfristzinsen in Deutschland historisch gesehen im Durchschnitt nur geringfügig

über den Kurzfristzinsen. Diese Einsicht können sich Immobilienfinanzierer zunutze machen, indem sie für einen möglichst großen Teil ihres Immobilienkredites eine Festzinsbindung von mindestens zehn Jahren wählen (idealerweise noch länger). So können sie sich vor den manchmal extremen Zinsschwankungen der nominalen Kurzfristzinsen schützen. Viele Kreditnehmer verzichten darauf, weil die Kurzfristzinsen in der Regel niedriger sind als die Langfristzinsen. Doch wer eine langfristige Investition (wie etwa eine Immobilie) mit kurzfristigen Zinsbindungen finanziert, verhält sich spekulativ.

Merkbox

- Anleger, die ihre Entscheidungen bezüglich ihrer Asset-Allokation auf nominale statt auf reale Zinsen abstellen, erweisen sich oft einen Bärendienst, denn hohe nominale Zinsen bedeuten keineswegs zwangsläufig hohe reale Renditen (Geldillusion). Für Anleger sind nur die realen Zinsen sind entscheidend ■

2.11 Die schlimmsten Bärenmärkte bei Aktien und Anleihen in den letzten 100 Jahren

»Im Wesentlichen sind Kurseinbrüche daher Erfahrungen, die es durchzustehen gilt ... mit so viel Gleichmut und Geduld wie nur möglich.«

John Maynard Keynes, einflussreichster Ökonom des 20. Jahrhunderts und selbst ein erfolgreicher Anleger

Wer in Aktien anlegen will, wird unweigerlich damit konfrontiert, dass Kurse auch einmal kräftig fallen können. In den folgenden Abschnitten werfen wir einen kurzen Blick auf fünf der schwersten Kurseinbrüche bei Aktien in den letzten 100 Jahren sowie auf einen oft übersehenen Anleihen-Crash. Wie bei sehr langfristigen Datenreihen üblich, lassen sich auch aus diesen Beobachtungen manche verallgemeinerungsfähige Erkenntnisse ableiten.

Der Aktien-Crash von 1929 bis 1936

Dieser legendärste aller Börseneinbrüche dürfte bis heute alle Aktienmarktkrisen – einschließlich der aktuellen Finanzmarktkrise, die Mitte 2007 begann – weit in den Schatten stellen. Am »Schwarzen Donnerstag«, dem 24. Oktober 1929, begann der US-Aktienmarkt stark abzurutschen und verlor über die folgenden 33 Monate bis Juni 1932 real 79 Prozent seines Wertes (für Deutschland liegen uns leider keine genauen Daten vor). Der Börsenkrach leitete die schwerste weltwirtschaftliche Krise des modernen Zeitalters ein, die in den meisten Ländern bis Ende der 30er Jahre andauerte. Das Bruttoinlandsprodukt pro Kopf (und damit die Reallöhne) sank in den drei Jahren nach 1929 in den industrialisierten Ländern um etwa ein Drittel – und das bei einem Einkommen in USA und Westeuropa, das real nur etwa ein Fünftel des heutigen Niveaus betrug. Die offizielle Arbeitslosigkeit in Deutschland stieg 1932 auf 34 Prozent (in den USA auf 30 Prozent) und hätte bei Anwendung heutiger Meldekriterien vermutlich noch höher gelegen. Zugleich besaßen die meisten Länder keine oder nur sehr schwach entwickelte soziale Netze (Kranken-, Arbeitslosen- und Rentenversicherung). Kaum war diese beispiellose Krise überwunden, begann der Zweite Weltkrieg.

Hunderte von Büchern über diese Krise sind seither erschienen. Umso merkwürdiger erscheint es daher, dass über die Länge und damit das Ausmaß des Börsen-Crashs von 1929 erstaunliche Irrtümer kursieren. Immer wieder heißt es nämlich in den Medien und einigen Finanzbüchern, es habe bis 1954 und mithin 25 Jahre gedauert, bis der Höchststand des US-Aktienmarktes vom September 1929 wieder erreicht worden sei.[26] Diese Aussage ist falsch. Wäre es tatsächlich so, wem könnte man allen Ernstes anraten, in Aktien zu investieren?

Der oft wiederholte Irrtum rührt wohl daher, dass der Aktien-Crash ausschließlich am bekannten amerikanischen Dow Jones

26 Siehe zum Beispiel Business Week (5. März 2009), den entsprechenden Wikipedia-Eintrag (Stand Anfang 2009) und sogar das Fachbuch von Dimson/Marsh/Staunton (2002).

Industrial Average (DJIA, oft kurz als »Dow-Jones-Index« bezeichnet) gemessen wird. Dieser Index – der ohnehin unwissenschaftlich und zu eng konstruiert ist – beinhaltet keine Dividenden. Da aber die durchschnittliche Dividendenrendite bis in die 50er Jahre hinein etwa bei 5 Prozent lag,[27] wird durch diese fehlerhafte Betrachtungsweise die tatsächliche Aktionärsrendite etwa halbiert. Hinzu kommt, dass von Ende 1929 an das Preisniveau in den USA lange Zeit fiel, sodass die realen Renditen – die aber in den Medien kaum beachtet werden – ausnahmsweise sogar höher waren als die nominalen Renditen. Für den Anleger sind aber gerade die realen Renditen maßgeblich. Korrigiert man diesen verbreiteten Fehler, so wird deutlich, dass der Höchststand vor Beginn der Krise schon 1936, also nach »nur« sieben Jahren, wieder erreicht wurde, wie aus Abbildung 7 hervorgeht.

Gelegentlich wird argumentiert, dass der Markt nach der »zwischenzeitlichen« Erholung ab 1937 erneut einknickte und den 1929er Höchststand erst wieder 1944 erreichte, der Crash also folglich von 1929 bis 1944 gedauert habe. Auch diese Argumentation ist wenig überzeugend. Zum einen ignoriert sie den kräftigen Aufschwung von 1936/37, der jedem ängstlichen Anleger einen verlustfreien Ausstieg ermöglichte, und zum anderen ist der nachfolgende Bärenmarkt von 1937 bis 1944 nicht der Weltwirtschaftskrise anzulasten, sondern dem Zweiten Weltkrieg. Es erscheint wenig sachdienlich, zwei verschiedene Ereignisse – eine Rezession und die größte Kriegskatastrophe aller Zeiten – in einen Topf zu werfen, nur weil sie relativ kurz aufeinander folgten. Für die Bewertung der aktuellen sowie künftiger Krisen bedeutet dies: Es ist kaum wahrscheinlich, dass wir in den nächsten 50 Jahren noch einmal eine ähnlich verheerende globale Wirtschaftskrise erleben, auf die wenige Jahre später ein großflächi-

27 Heute beträgt sie langfristig für breite Indizes etwa 2 Prozent. Interessanterweise wurden Aktieninvestments bis in die 50er Jahre hinein vorwiegend damit gerechtfertigt, dass die vereinnahmten Dividenden höher seien als die Zinsen von Staatsanleihen. Wäre es nicht so gewesen, hätte nach der damals verbreiteten Sichtweise kein Anleger das höhere Aktienrisiko tragen wollen oder dürfen.

Abbildung 7: Der Aktien-Crash von 1929 bis 1936 am Beispiel der USA (Monatsrenditen auf US-Dollar-Basis, indexiert)

Datenquelle: Ken French (CRSP-Datenbank, CRSP Deciles 1–10)

ger Krieg mit einhergehender Vernichtung von Werten einschließlich Humankapital folgt.

Merkbox

- Der Aktien-Crash ab 1929 hat sieben Jahre gedauert, nicht 25 Jahre, wie immer wieder behauptet wird.
- Der Aktien-Crash von 1929 kann nicht als Beweis dafür dienen, dass Privatanleger die Finger von Aktien lassen sollten – zumal es dramatische Verluste in den letzten 100 Jahren auch in Asset-Klassen gegeben hat, die gemeinhin als sicher und risikofrei gelten, wie wir im folgenden Abschnitt sehen werden ■

Der vergessene Anleihen-Crash

Dieses Buch hat das Ziel, viele gängige Investmentmythen zu widerlegen. Ein besonders populärer Mythos ist, dass Sparguthaben

Abbildung 8: Der vergessene, unendlich lange Anleihen-Crash: Kurzfristige und langfristige US-Staatsanleihen (inflationsbereinigte Jahresrenditen, indexiert)

Datenquelle: Ken French, CRSP-Datenbank

und Staatsanleihen im Vergleich zu Aktien »risikofrei« seien. Diese Aussage ist entweder unzutreffend oder zweifelhaft – je nachdem, welche Definition von Risiko man zugrunde legt. Abbildung 8 veranschaulicht am Beispiel der USA, dass kurz- und langfristige Staatsanleihen – sogar des aus Sicht des Kapitalmarktes besten Schuldners der Welt, der Vereinigten Staaten von Amerika – keineswegs risikolos sind.

Tabelle 18 fasst die der Abbildung zugrunde liegenden nominalen und realen Renditen zusammen. Es wird unmittelbar ersichtlich, dass die Berücksichtigung der Inflation bei der Renditeberechnung die Analyse entscheidend beeinflusst:

Tabelle 18: Nominale und inflationsbereinigte Renditen von US-Staatsanleihen seit 1927 (ohne Kosten und Steuern)

Geometrische Renditen p. a.	Langfr. Staatsanl. (nominal)	Langfr. Staatsanl. (real)	Kurzfr. Staatsanl. (nominal)	Kurzfr. Staatsanl. (real)
Gesamtzeitraum	5,7 %	2,5 %	3,7 %	0,7 %
Dekade 1 (1927 bis 1936)	4,9 %	7,2 %	1,6 %	4,3 %
Dekade 2 (1937 bis 1946)	3,7 %	–0,6 %	0,2 %	–2,5 %
Dekade 3 (1947 bis 1956)	0,8 %	–1,7 %	1,4 %	–2,5 %
Dekade 4 (1957 bis 1966)	2,9 %	1,1 %	3,0 %	1,3 %
Dekade 5 (1967 bis 1976)	4,3 %	–1,6 %	5,6 %	–0,1 %
Dekade 6 (1977 bis 1986)	9,7 %	2,9 %	9,1 %	2,0 %
Dekade 7 (1987 bis 1996)	9,5 %	5,7 %	5,5 %	1,9 %
Dekade 8 (1997 bis 2008; 12 J.)	9,2 %	7,0 %	3,5 %	1,2 %
Anteil der Jahre mit neg. Renditen	26 %	43 %	0 %	34 %
Maximaler Drawdown	–21 %	–67 %	0 %	–49 %

Datenquellen: Ken French, Federal Reserve database in St. Louis, Barclays

- Kurzfristige Staatsanleihen (deren Rendite mit derjenigen von Sparguthaben vergleichbar ist) wiesen über den Zeitraum von 1933 bis 1998 im Durchschnitt eine reale Nullrendite auf. Wer 1932 in der Weltwirtschaftskrise am damaligen Aktientiefstand sein Geld enttäuscht aus dem Aktienmarkt abzog und in kurzfristige Staatsanleihen oder ein Sparbuch investierte, musste mehr als ein halbes Jahrhundert warten, bis er seinen realen Einstandswert wieder erreichte. Die große Mehrzahl der Anleger mit weniger langem Atem musste real somit zum Teil beträchtliche Verluste realisieren. Die meisten von ihnen bemerkten diesen Verlust gar nicht, weil sie sich von der Geldillusion, welche die Inflation bekanntlich verursacht, in die Irre führen ließen. Der maximale kumulative Verlust (maximaler Drawdown), 1952 erreicht, betrug in realen Zahlen unglaubliche 49 Prozent. Diese

Kalkulation berücksichtigt noch nicht einmal Kosten und Steuern, die – relativ zu Aktien und Immobilien – bei Zinsanlagen höher zu Buche schlagen. Hätte ein Anleger sein Geld 1933 in Aktien belassen, so hätte er seinen Einsatz bis 1952 real fast versiebenfacht. Nach Steuern wäre die Differenz sogar noch höher gewesen. Die maximale Dauer einer realen Nullrendite betrug bei Aktien nur 14 Jahre (statt 51 und 66 Jahre wie bei Anleihen). Auch mit vermeintlich risikofreien kurzfristigen Staatsanleihen – nicht nur mit Aktien – kann man also über 20 und mehr Jahre reale negative Renditen erzielen. Der Unterschied zu Aktien besteht darin, dass die jährlichen Verluste in der Regel sehr gering sind und sich oft nur bei Betrachtung der realen anstelle der nominalen Renditen offenbaren. Diese jährlichen realen Verluste können sich jedoch über sehr lange Zeiträume hinweg summieren.

- Wer 1940 in langfristige US-Staatsanleihen investierte, weil er zwar »auf Nummer sicher« gehen, aber etwas mehr Rendite als mit einem Sparbuch oder kurzfristigen Staatsanleihen erzielen wollte, der musste bis 1991, also 51 Jahre warten, bis er seinen Einstand wiedersah. Der maximale Drawdown, 1981 erreicht, betrug sage und schreibe 60 Prozent.

Die Grafik und die Tabelle belegen weiterhin, dass die Rendite von Zinspapieren vom Zweiten Weltkrieg bis etwa 1981 außerordentlich schlecht war, in den Jahren danach hingegen überdurchschnittlich gut. Warum? Etwa ab 1981 sank die durchschnittliche Inflation in den USA wie auch in den meisten anderen westlichen Ländern recht spürbar. Eine hohe Inflation schadet Zinsanlagen noch mehr als Aktien. Angesichts der galoppierenden Inflation in den 70er und frühen 80er Jahren und der damit einhergehenden hohen Arbeitslosigkeit waren die Zentralbanken und Regierungen ab Ende der 70er Jahre auf eine restriktivere Geldpolitik umgeschwenkt, die ab

1981/82 schließlich Wirkung zeigte.[28] Wenn man die starke Ausweitung von Geldmengen und Staatsverschuldung bedenkt, die im Zuge der Bekämpfung der Finanzkrise von 2008/09 allerorten zu beobachten ist, erscheint es möglich, dass die Inflation in den kommenden Jahren wieder über das relativ niedrige Durchschnittsniveau der vergangenen 20 Jahren klettert. Überdies waren die kurzfristigen und langfristigen Zinsen Anfang 2009 auf einem historischen Tiefpunkt angelangt. Ein Anstieg von diesem Ausgangsniveau könnte die Renditen der entsprechenden Asset-Klassen in den nächsten Jahren merklich nach unten drücken.

Wie stellte sich die Situation in Deutschland dar? In Abschnitt 2.3 (Seite 42) haben wir gesehen, dass die realen Renditen kurzfristiger und langfristiger Staatsanleihen in Deutschland seit dem Jahr 1900 mit –0,3 Prozent p.a. und –1,7 Prozent p.a. sehr niedrig waren. Diese besonders niedrigen Werte für Deutschland sind auf die Ereignisse von 1923 (deutsche Hyperinflation) und 1948 (Währungsreform) zurückzuführen. 1923 erlitten deutsche Sparer und Anleihenbesitzer einen 100-prozentigen und 1948 einen etwa 85-prozentigen Verlust. Tatsächlich stellen Zinsanlagen im Falle eines Staatsbankrotts, einer Hyperinflation oder einer Währungsreform ein höheres Risiko dar als Sachanlagen, also Immobilien, Aktien und Rohstoffe.

Warum werden diese beträchtlichen Risiken in der öffentlichen Diskussion übersehen? Antwort: Weil Finanzbranche, Medien und Anleger fast immer nur in nominalen Renditen rechnen, obwohl diese – wie wir bereits gesehen haben – langfristig irreführend sind, weil Finanzbranche und Medien das schleichende Risiko von Inflation im Allgemeinen nicht verstehen und Anleger es übersehen sowie schließlich, weil alle drei Parteien selten weiter als zehn Jahre zurückblicken.

---

28 Wir haben schon an anderer Stelle betont, dass eine hohe Inflation »arme« Haushalte stärker schädigt als reiche Haushalte, weil Erstere einen höheren Anteil ihres laufenden Einkommens für den Konsum ausgeben müssen und weil ihr Finanzvermögen in erster Linie aus Finanzanlagen (Sparguthaben) und nicht aus Sachanlagen besteht.

Merkbox

- Sparguthaben und Staatsanleihen bieten, im Unterschied zu Aktien keinen oder nur wenig langfristigen Schutz vor dem schleichenden und versteckten Risiko der Inflation.
- Wer die Renditen von Sparguthaben und langfristigen Staatsanleihen nur in Bezug auf die jüngere Vergangenheit betrachtet, betreibt →»Data-Mining«, denn diese Renditen waren historisch weit überdurchschnittlich

Der »unerklärliche« Crash von 1987

Im Jahr 1987 ereignete sich der Aktien-Crash mit dem höchsten Tagesverlust der letzten 100 Jahre. Je nach Land sackten die Kurse am »Schwarzen Montag«, dem 19. Oktober 1987, um etwa 25 Prozent ab. Wenig später lagen manche nationale Aktienmärkte um bis zu 40 Prozent im Minus. Über die Gründe für diese Entwicklung sind sich die Fachleute erstaunlicherweise noch heute uneinig – eine sich ankündigende wirtschaftliche Rezession oder nennenswerte politische Ereignisse waren es jedenfalls nicht, und auch die damals in den USA verbreitete sogenannte »Portfolio Insurance« (computerbasierte →Stop-Loss-Orders) scheiden als mögliche Auslöser der Börsenkrise aus.

Wie Abbildung 9 belegt, erwischte es Deutschland unter den vier gezeigten Märkten am schlimmsten (maximaler Drawdown auf Monatsbasis: –38 Prozent), Japan kam am glimpflichsten davon (–13 Prozent). Doch für alle Länder galt: So plötzlich und heftig der Spuk im Oktober 1987 begann, so schnell war er auch wieder vorbei. Etwa 18 Monate später hatten die weltweiten Aktienmärkte ihre Verluste im Wesentlichen wieder wettgemacht. An eine so schnelle Erholung hatte so gut wie kein Anleger oder Analyst geglaubt. Viele Privatanleger verkauften in den sechs Monaten nach dem Fall verängstigt und besiegelten so ihre Verluste. Erst zwei oder drei Jahre später kehrten sie wieder in den Markt zurück – zu spät, um von der raschen, starken Erholung zu profitieren.

Abbildung 9: Der Aktien-Crash von 1987 in vier Ländern (nominale Monatsrenditen auf US-Dollar-Basis, indexiert)

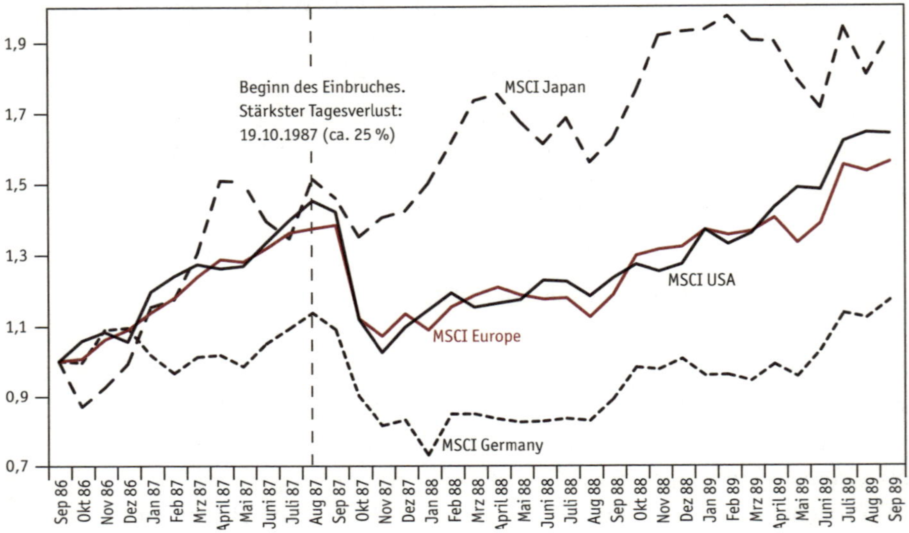

Alle Angaben ohne Kosten und Steuern.
Datenquelle: MSCI Barra

Merkbox

- Es ist unmöglich, einen Aktien-Crash zuverlässig vorauszusagen, auch wenn mancher selbsternannte Experte in Politik, Medien und in der Betriebskantine hinterher zu wissen meint, dass dieser ja eintreten »musste«. Echte Fachleute sind sich oft nicht einmal Jahre später über den Auslöser einig. Auch die Dauer eines Crashs ist kaum verlässlich zu prognostizieren. Die Finanzmedien und Ökonomen erkennen sein Ende regelmäßig erst dann, wenn ein wesentlicher Teil der Erholung bereits vollzogen ist. Wer erst dann wieder in den Markt einsteigt, hat wertvolle Renditeprozente verschenkt.
- Internationale Aktienmarktdiversifikation kann das Verlustrisiko zu einem relativ geringen Grad reduzieren, denn in einem Crash sacken normalerweise alle wichtigen Aktienmärkte gleichzeitig ab ■

Der Technologie-Crash von 2000 bis 2003

Der Aktien-Crash vom Frühjahr 2000 bis zum Frühjahr 2003 ist vielen Anlegern noch gut im Gedächtnis. Er bildete die Endphase einer Entwicklung, die oft als »stärkster Bullenmarkt der Geschichte« bezeichnet wurde. In den 22 Jahren von Anfang 1978 bis Ende 1999 hatte sich beispielsweise der MSCI World-Index (gemessen in Euro) real mehr als verzwölffacht (reale durchschnittliche Jahresrendite: 12,4 Prozent p.a.), was es in den vorhergehenden 100 Jahren noch nie gegeben hatte. Die Renditen in der Technologiebranche waren noch viel höher. Plötzlich schien es, als ob jedermann am Aktienmarkt reich werden könne. Die Goldgräberstimmung war unvergleichlich. Die Finanzpresse sprudelte über mit Artikeln, die »260 Prozent Rendite in sechs Monaten« oder Ähnliches versprachen. Hunderttausende von Deutschen begannen Aktien am »Neuen Markt« auf Wochenbasis zu handeln. Scharen von Familienvätern weltweit gaben ihren normalen Beruf auf, um zu Hause Day-Trading zu praktizieren; denn damit – so der Traum – konnte man in wenigen Jahren Multimillionär werden. Das Schlagwort der Zeit war die »New Economy«, für die die alten Bewertungsgesetze des Aktienmarktes nach Meinung von Bankanalysten nicht mehr galten. Das Internet würde die Grundlagen von Wirtschaft und Gesellschaft revolutionieren. Technologie-Start-ups wie EM.TV (man erinnere sich an die später wegen Bilanzfälschung gerichtlich verurteilten Haffa-Brüder) erreichten ohne jeden Bilanzgewinn Marktkapitalisierungen, die jene manches Industriekonzerns übertraf. Der Schauspieler Manfred Krug rühmte beim Börsengang der Deutschen Telekom 1996 das Unternehmen als »Volksaktie«.[29] Die Bewertungen am Aktienmarkt, der inzwischen vom Technologiesektor dominiert wurde, erreichten Höhen, die deutlich über dem Gipfel vor der Weltwirtschaftskrise 1929 lagen: Das →Kurs-Gewinn-Verhältnis der Aktienmärkte in den meisten Industrieländern kletterte auf einen schwindelerregen-

29 Die Telekom-Aktie notiert auch heute noch, 13 Jahre nach dem ersten Börsengang, unter ihrem damaligen Emissionskurs.

den Wert von etwa 50 gegenüber einem langjährigen Durchschnitt von etwa 15.

Im Februar 2000 schließlich war der Höhepunkt der »Dotcom-Blase« erreicht, von dem aus es dann drei lange, schmerzvolle Jahre bergab ging (siehe Abbildung 10). Der DAX verlor etwa 70 Prozent seines Wertes, der »Neue Markt« für Technologie-Start-ups sogar 96 Prozent. Value-Aktien, konventionelle Nebenwerte und Schwellenländeraktien (Letztere sind in der Grafik nicht abgebildet) hielten sich während dieses Absturzes vergleichsweise gut: Sie verloren nur etwa 20 Prozent und erholten sich schneller von diesen geringeren Verlusten als die Growth-lastigen Blue-Chip-Indizes wie der DAX und der S&P 500.

Auch auf diesen Drei-Jahres-Crash folgte eine Erholungsphase, von der aber nur diejenigen profitierten, die genügend Nerven und Standfestigkeit besaßen, um keine Panikverkäufe vorzunehmen.

Abbildung 10: Der Technologieaktien-Crash von 2000 bis 2003 (nominale Monatsrenditen auf US-Dollar-Basis, indexiert)

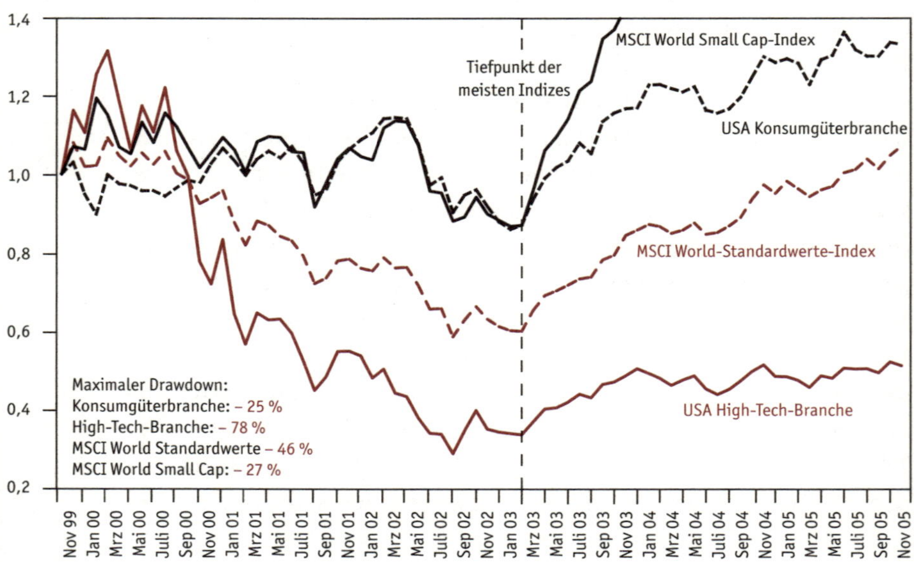

Alle Angaben ohne Kosten und Steuern.
Datenquelle: Ken French, MSCI Barra

Merkbox

- Der Dotcom-Crash ist ein klassisches Beispiel dafür, wie Gier den Verstand von Amateuren und Profis gleichermaßen benebeln kann und wie die meisten Investoren die Trends der jüngeren Vergangenheit unkritisch in die Zukunft extrapolieren.
- Modebranchen mit tatsächlich oder angeblich hohen Wachstumsaussichten erscheinen Crash-anfälliger und rentieren langfristig schlechter als »langweilige« Sektoren wie zum Beispiel die Konsumgüterindustrie. Es ist stets gefährlich, Moden zu folgen, weil man damit zwangsläufig Diversifikation reduzieren und im Gegenzug Konzentration erhöhen muss.
- Nebenwerteaktien, Value-Aktien und Schwellenländeraktien überstanden diesen Crash besser (geringere Verluste, schnellere Erholung) als Standardwerteaktien der Industrieländer – die sogenannten sicheren Blue-Chips ■

Der japanische Crash von 1990 bis heute

Der längste nationale Aktienmarkt-Crash der Neuzeit begann 1990 in Japan und dauert bis heute an. Ende 2008 lag der japanische Aktienmarkt noch immer kaum glaubliche 60 Prozent unter seinem Höchststand von 1990. Wie kam es zu diesem Desaster?

Nach dem Zweiten Weltkrieg hatte Japan einen einmaligen wirtschaftlichen Aufschwung erlebt, der selbst das legendäre Wirtschaftswunder in Deutschland übertraf. Parallel dazu wuchs die Kapitalisierung des japanischen Aktienmarktes durch rapide Kurssteigerungen und zahllose Börsengänge. Ende 1989 machte sie mehr als 50 Prozent des Weltaktienmarktes aus und übertraf diejenige der USA (ein Land mit einer mehr als doppelt so großen Bevölkerung und Volkswirtschaft) bei weitem. Ein paar Quadratkilometer Land im Renommierviertel von Tokio waren nun mehr wert als Bayern und Baden-Württemberg zusammen. In den 20 Jahren von 1970 bis Ende 1989 belief sich die reale Rendite des japanischen Aktienmark-

Abbildung 11: Der Aktien-Crash in Japan von 1990 bis heute (nominale Jahresrenditen, indexiert)

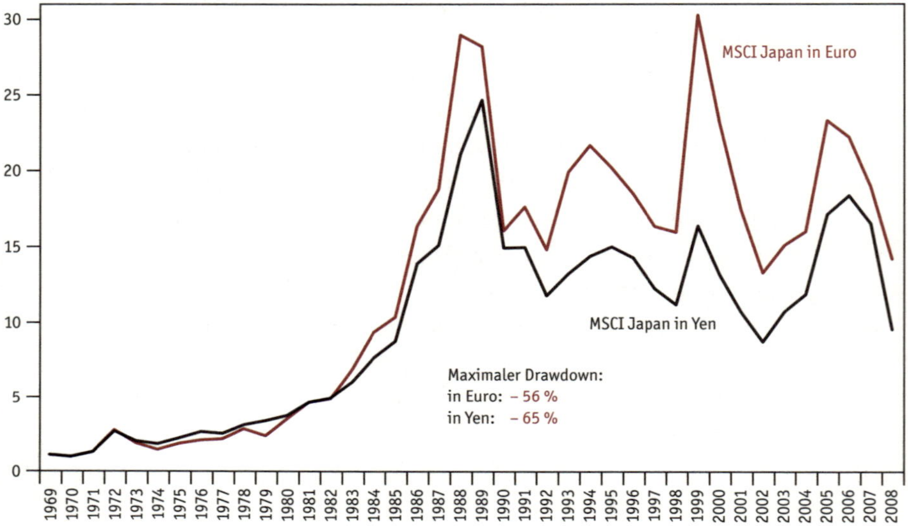

Alle Angaben ohne Kosten und Steuern.
Datenquelle: MSCI Barra

tes auf 11,4 Prozent p.a. (das entspricht einer Vervierzehnfachung) gegenüber nur 7,4 Prozent p.a. für Westeuropa (Vervierfachung). Das Kurs-Gewinn-Verhältnis des japanischen Aktienmarktes war 1989 auf etwa 70 gestiegen – ein astronomischer Wert gegenüber dem langjährigen Durchschnitt für die meisten anderen nationalen Märkte von etwa 15. Von da an ging es jahrzehntelang abwärts, wie Abbildung 11 belegt. Der Anteil der Marktkapitalisierung der »Japan AG« am Weltaktienmarkt schrumpfte auf heute etwa elf Prozent.[30]

Warum es zu dieser enormen Asset-Blase bei Aktien und Immobilien kommen konnte, ist bis heute nicht vollständig geklärt. Vermut-

30 Abbildung 11 zeigt überdies, dass Wechselkursbewegungen langfristig (über zehn Jahre und mehr) keinen oder nur einen geringen Renditeeffekt haben. Zudem ist die kurzfristige Richtung dieses Effektes nicht zuverlässig prognostizierbar.

lich lagen die Ursachen in einem unglückseligen Zusammenwirken mehrerer Faktoren: einer ungeschickten Geldpolitik der japanischen Zentralbank, die die Asset-Blase ignorierte, einer kulturell bedingt außerordentlich hohen Sparquote der japanischen Bevölkerung (was zusammengenommen zu sehr niedrigen oder gar negativen Realzinsen führte), dem Fehlen eines nennenswerten Anleihemarktes sowie einem insgesamt ineffektiv operierenden, vom Staat »gepäppelten« Bankensektor, der fast wahllos Kredite an jedes Unternehmen vergab.

Doch bevor man den japanischen Aktienmarkt auf immer abschreibt, sollte man sich vergegenwärtigen, dass seine nominale Rendite von 1970 bis 2008 mit 7,0 Prozent p.a. (gemessen am MSCI Japan in Euro) höher war als die entsprechenden Werte für Deutschland und die USA.

Kurioserweise wird Japan oft als ein Beispiel zitiert, um zu belegen, dass →Regression zum Mittelwert eben doch nicht immer auftrete – eine fragwürdige Schlussfolgerung, denn dieses Phänomen zeigte sich durchaus beim Platzen der Japan-Blase, die sich über mehrere Jahrzehnte (also langsamer als üblich) aufgebaut hatte. Andererseits trifft es zu, dass Japan nach 18 Jahren den Vor-Crash-Stand noch immer nicht erreicht hat. Doch unabhängig davon, was das für das zuverlässige Auftreten von Regression zum Mittelwert bei Aktienrenditen bedeutet, lehrt es doch eines ohne Zweifel: Weltweite Diversifikation ist besser, als nur auf ein Land zu setzen – auch, wenn es das eigene ist.

Merkbox

- Eine wichtige Lehre aus dem Japan-Crash ist die stark risikosenkende Wirkung von internationaler Diversifikation. Auf nur ein Land (einschließlich des eigenen Heimatlandes) zu setzen, ist stets eine schlechte Idee ▪

Der Crash von 2008/2009

Kommen wir nun zum jüngsten Crash – der globalen Wirtschafts- und Bankenkrise, die bei Redaktionsschluss dieses Buches (Mitte April 2009) noch andauerte. Obwohl das Ende der Krise zu diesem Zeitpunkt noch nicht absehbar war, hatte bereits eine regelrechte Springflut an Veröffentlichungen zum Thema Kreditklemme eingesetzt. Die meisten dieser Schnellschüsse zeichneten sich durch eher oberflächliche Kapitalismuskritik und einen schlecht begründeten Aktienpessimismus aus.[31] Wie gerechtfertigt ist dieser Pessimismus? Eine Antwort darauf will dieses Buch als Ganzes, insbesondere aber der vorliegende Abschnitt geben. Rekapitulieren wir daher zunächst die wichtigsten Ursachen der Krise:

- Viele Regierungen waren in den letzten 20 Jahren aus populistischen Gründen bestrebt, die jeweilige nationale Hauseigentümerquote mit allen Mitteln in die Höhe zu treiben. Hierfür wurden privaten Immobilienkäufern in den meisten westlichen Ländern historisch einmalige Steueranreize und Vergünstigungen eingeräumt, die es für keine andere Asset-Klasse in vergleichbarem Ausmaß gab.
- Die Zentralbanken in den USA, Westeuropa und Japan betrieben nach dem Aktien-Crash 2000–2002 eine aus heutiger Sicht völlig verfehlte Niedrigzinspolitik.[32] Die erwähnten Steueranreize im Verbund mit niedrigen Zinsen erlaubten es Privatpersonen, ihre Verschuldung beim Kauf von Wohnimmobilien mit sehr geringem Eigenkapitaleinsatz drastisch zu erhöhen. Auch Unternehmensakquisitionen wurden wegen des »billigen Geldes« zu

31 Eine positive Ausnahme ist das Buch von Thomas Woods (siehe Literaturverzeichnis).

32 Ziel dieser Politik war es, die Konjunktur nach dem Platzen der »Dotcom-Aktienblase« von 2000 bis 2003 zu stützen. Die so geschaffene überschüssige Liquidität floss jedoch vom zusammengebrochenen Aktienmarkt schnurstracks in Wohnimmobilien. Der Fehler war also, dass die Zentralbanken »Asset-Inflation« (im Unterschied zur Konsumgüterinflation) vollständig ignorierten.

sehr auf Pump finanziert (ein in Deutschland bekannter Fall ist Conti-Schaeffler).

- Die Finanzaufsichtsbehörden und Rating-Agenturen traten dem ungesunden Verschuldungstrend nicht entgegen und förderten ihn sogar noch: (a) die Aufsichtsbehörden ab Beginn des neuen Jahrtausends durch die Etablierung der sogenannten »Basel-II-Regularien« (neue internationale Regeln, die es den Banken insgesamt gestatteten, ihr Eigenkapital zu reduzieren); (b) die von den Aufsichtsbehörden mit rechtlichen Privilegien ausgestatteten Rating-Agenturen durch die großzügige Vergabe von Rating-Bestnoten für komplexe Immobilienkreditverbriefungen, deren Risikograd – wie sich später herausstellte – die Agenturen nicht verstanden.
- Die mittlerweile nicht ganz zu Unrecht als »gierig« titulierten (Investment-)Banker nahmen den Ball, den ihnen die genannten Institutionen naiv zugespielt hatten, nur zu gerne auf, denn den oberen beiden Führungsebenen winkten nun Boni in nie gekannter Höhe. Die interne Risikoanalyse wurde immer laxer, die Kreditvergabekriterien immer milder. Die Kontrollgremien der Banken (Aufsichtsräte und Kreditvorstände) waren intellektuell überfordert oder gar indirekt bezahlte »Komplizen« in diesem fatalen Spiel.

All dies führte in den meisten westlichen Ländern (Deutschland bildetet hier eine Ausnahme) zu einem seit dem Zweiten Weltkrieg oder vielleicht sogar in den letzten 100 Jahren einmaligen Preisanstieg bei Wohnimmobilien, wie wir bereits in Abschnitt 2.7 (Seite 70) gesehen haben. Ab Mitte 2007 kam Sand ins Getriebe, als die ersten dieser Immobilienkredite in den USA ausfielen und die Immobilienblase zu platzen begann. Unmittelbarer Auslöser der Trendumkehr war der Anstieg der kurzfristigen Dollarzinsen von Mitte 2004 bis Ende 2007.[33] Parallel dazu waren die finanzierten Immobilien immer teurer geworden und damit einhergehend die Eigenkapitalquoten immer

---

33 In den USA und den meisten anderen westlichen Ländern werden Wohnimmobilien – anders als in Deutschland – überwiegend mit riskanten variabel verzinslichen Krediten finanziert.

weiter gesunken. Mit einer Zeitverzögerung von etwa einem Jahr geschah Ähnliches in Europa, wo sich in zahlreichen Staaten eine den US-Verhältnissen vergleichbare Immobilienblase entwickelt hatte (am stärksten in Spanien, Irland und Großbritannien). In Europa kletterten die Euro-Kurzfristzinsen von Anfang 2006 bis Ende 2008 ebenfalls merklich.

Ausgehend von den USA setzte Mitte 2007 ein weltweiter Dominoeffekt ein. Viele Banken mussten 2008 und Anfang 2009 Abschreibungen auf ihre Immobilienkreditportfolios in gigantischer Größenordnung vornehmen, die zahlreiche große Häuser de facto insolvent werden ließen. Da die Politik ein Übergreifen der Bankenkrise auf die »Realwirtschaft« befürchtete, sprangen die Regierungen im Frühjahr 2009 mit finanziellen Stützungspaketen und Verstaatlichungen ein, die noch ein Jahr vorher undenkbar gewesen waren. Die westlichen Zentralbanken warfen die Notenpresse (wie schon nach dem Dotcom-Crash) an, um die Zinsen zu senken. Das verhinderte jedoch nicht, dass die globale Konjunktur einbrach und 2009 die Weltwirtschaft voraussichtlich erstmalig seit 60 Jahren insgesamt schrumpfen wird.

In dem Maße, wie die Konjunktur absackte, knickten neben den Immobilienmärkten auch die Aktien- und Rohstoffmärkte weltweit ein. »Der Rest ist Geschichte …«, könnte man sarkastisch sagen. Abbildung 12 zeigt beispielhaft die Auswirkungen des Crashs auf die Aktienmärkte anhand von drei Asset-Klassen.

Die meisten nationalen Aktienmärkte fielen bis April 2009 um 30 bis 60 Prozent. Weder internationale noch branchenmäßige Diversifikation schützte vor dem Absturz. Immerhin funktionierte Diversifikation mit kurz- bis mittelfristigen Staatsanleihen lehrbuchmäßig, denn diese wiesen während des Aktien-Crashs etwas steigende Renditen auf.

Zwar versagte internationale Aktiendiversifikation im relevanten Zeitraum (Oktober 2007 bis März 2009); legt man jedoch einen Zehn-Jahres-Zeitraum zugrunde, so half sie durchaus. Beispiel: Ein gemischtes Aktienportfolio aus den zwei in Abbildung 12 dargestellten internationalen Asset-Klassen und dem MSCI World Index

Abbildung 12: Der globale Aktien-Crash 2008/2009 (Daten bis März 2009, auf Euro-Basis)

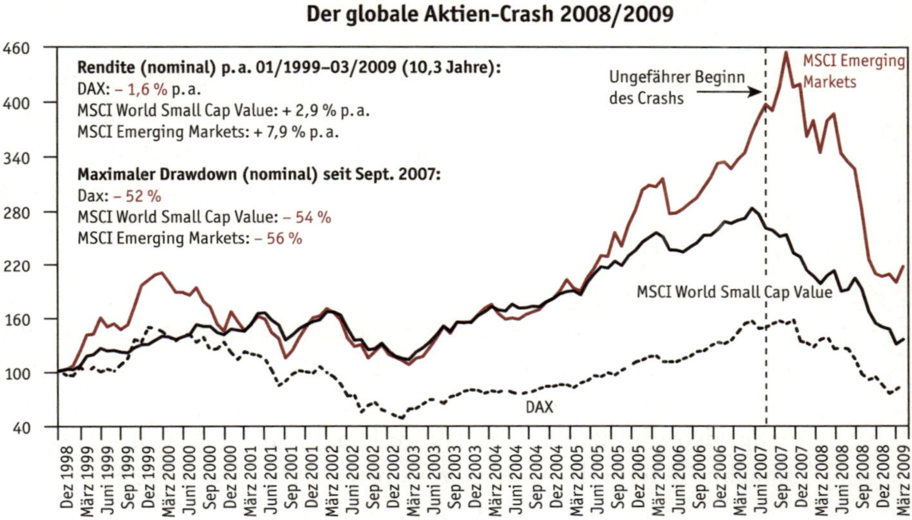

Alle Angaben ohne Kosten und Steuern.
Datenquellen: MSCI Barra, Yahoo.de

(globale Standardwerte) mit einer Gewichtung von jeweils einem Drittel lieferte eine nominale Rendite von 3,5 Prozent p.a., was zu einem nominalen Vermögenszuwachs von 43 Prozent über die zehn Jahre von 1998 bis 2008 führte, gegenüber einem nominalen Verlust von –15 Prozent bei einem reinen DAX-Portfolio. Auch ein Portfolio, das vollständig aus deutschen Staatsanleihen (RexP) bestand, hätte über die besagte Dekade hinweg nur unwesentlich besser abgeschnitten (4,2 Prozent p.a. mit 52 Prozent nominalem Vermögenszuwachs – jedoch ohne Berücksichtigung der höheren Steuerbelastung bei Anleihen).

Bei noch langfristigerer Betrachtung, beispielsweise über 20 Jahre, würde die Vorteilhaftigkeit internationaler Diversifikation unter Einbeziehung von Nebenwerten, Value-Aktien und Schwellenländeraktien noch deutlicher (Näheres dazu in den Abschnitten 2.6 und 3.7, Seite 62 und Seite 148).

Dieser Aktien-Crash unterstreicht einmal mehr, dass nur außerordentlich risikofreudige Anleger mit einem Anlagehorizont von über zehn Jahren auf die Beimischung risikoarmer Staatsanleihen im Portfolio verzichten sollten.

Was Abbildung 12 nicht zeigt: Der durchschnittliche aktive Investmentfonds schnitt in diesem Crash genauso schlecht oder sogar noch schlechter ab als die entsprechenden Vergleichsindizes. Im US-Aktienmarkt beispielsweise lagen aktive Aktienfonds in drei von fünf Haupt-Asset-Klasssen unter ihrer Benchmark (Arnott/West 2009). Wie auch schon im ähnlich schlechten Crash-Jahr 2002 bestätigte sich, dass aktiv gemanagte Fonds, trotz ihres anderslautenden Anspruchs und trotz ihrer hohen Kosten, ihre Anleger im Durchschnitt nicht vor einem Aktienabsturz schützen. Die vermeintlich sicheren Hedge-Fonds, die bei korrekter Berücksichtigung von Gebühren und → Survivorship-Bias in den Hedge-Fonds-Indizes Aktien langfristig ohnehin unterperformen, verzeichneten 2008 das schlechteste Jahr ihrer etwa fünfundzwanzigjährigen Geschichte.

Was können wir hieraus für die Zukunft ableiten?

Im folgenden Abschnitt werden wir sehen, dass in der Vergangenheit auf starke Kurseinbrüche bei Aktien tendenziell deutlich überdurchschnittliche Langfristrenditen folgten (zum Beispiel über die nachfolgenden fünf und zehn Jahre). Der Grund dafür ist → Regression zum Mittelwert, anders ausgedrückt, die → erwarteten Renditen steigen nach starken Kurseinbrüchen deutlich an. Diese Überlegung wird noch durch die Tatsache gestützt, dass Aktien im April 2009 günstig bewertet waren.

Zwar sind Aktienbewertungskennzahlen (zur Messung der Preiswürdigkeit von Aktien) auf Basis von Einzelaktien und kurzfristig gesehen wenig hilfreich (dafür sind diese Kennzahlen nicht zuverlässig genug), doch bieten sie auf aggregierter Markt- oder Indexbasis immerhin einen groben Anhaltspunkt in Bezug auf das Bewertungsniveau regionaler oder globaler Asset-Klassen. Die beiden wichtigsten Kennzahlen sind das → Kurs-Gewinn-Verhältnis und das → Kurs-Buchwert-Verhältnis. So lag beispielsweise das durchschnittliche KGV der im MSCI-World-Index (Industrieländer) enthaltenen

Werte im März 2009 bei etwa 10 bis 13 (je nach Messmethode) gegenüber einem historischen Durchschnitt von 15,5. Das Preis-Buchwert-Verhältnis des Index betrug 1,4 (historischer Durchschnitt etwa 2,1). Beide Kennzahlen deuteten zu diesem Zeitpunkt also auf ein unterdurchschnittliches Preisniveau hin, was bezogen auf künftige Langfristrenditen ein gutes Zeichen ist.

Für langfristig orientierte Anleger mit »neuem Geld« (also Geld, das vorher nicht in Aktien investiert war) schien daher das Frühjahr 2009 kein schlechter Zeitpunkt zu sein, um in ein diversifiziertes Aktienportfolio zu investieren (Näheres zur Vorgehensweise in Abschnitt 3.7, Seite 148). Eine ganz ähnliche Schlussfolgerung gilt letztlich auch für Anleger, die bereits in Aktien investiert sind; genauere Hinweise dazu in Abschnitt 4, Seite 166.

Merkbox

- Der Crash 2008/2009 zeigt, wie wichtig es ist, (a) sehr langfristig zu investieren, (b) nicht deshalb in eine Asset-Klasse zu investieren, weil sie in den vorhergehenden drei bis fünf Jahren gut lief (→ Performance-Chasing) und (c) nicht vollständig auf eine risikolose Komponente innerhalb des Gesamtportfolios zu verzichten – auch wenn man sich selbst für risikofreudig hält.
- Noch kennen wir den weiteren Verlauf des Crashs nicht, aber wenn uns die letzten 100 Jahre (während derer es mehrere wirtschaftliche Katastrophen von größerem Ausmaß als die aktuelle Finanzkrise gab) als Richtschnur dienen können, dann werden Buy-and-Hold-Anleger auch diese Krise besser überstehen als die allermeisten aktiven Investoren ■

Das erstaunliche Erholungsphänomen nach jeder Aktienbaisse

In den vorangegangenen Abschnitten haben wir uns mit einigen der schlimmsten Börsenkrisen beschäftigt, die an den weltweiten Aktien- und Anleihemärkten in den letzten 100 Jahren auftraten.

Damit haben wir die Grundlage für eine kleine statistische Untersuchung bereitet, die uns zeigen soll, warum »Nichtstun«, also radikales Buy and Hold, selbst nach starken Aktienabschwüngen langfristig gesehen in der Vergangenheit die überlegene Strategie war.

Betrachten wir die Entwicklung des MSCI-Germany-Aktienindex. Dieser Index deckt etwa 85 Prozent der Marktkapitalisierung des deutschen Aktienmarktes ab. Er besteht vorwiegend aus Standardwerten und zu einem kleineren Teil aus mittelgroßen Aktiengesellschaften, ist also breiter gefasst als der DAX. Tabelle 19 zeigt, wie sich die Entwicklung des deutschen Aktienmarktes seit Januar 1970 auf Basis der Monatsrenditen des MSCI Germany darstellte. Was lässt sich aus dieser Tabelle 19 ableiten?

Tabelle 19: Entwicklung des MSCI-Germany-Aktienindex seit Anfang 1970 in DM bzw. Euro

Betrachtungskriterium	Daten
Dauer der Betrachtungsperiode:	Anfang 1970 bis Ende 2008 (39 Jahre = 468 Monate)
Durchschnittliche Rendite im Gesamtzeitraum:	7,1 % p. a. nominal, 4,1 % p. a. real
Vervielfachungsfaktor (siehe Glossar)	14,7x nominal, 4,7x real
Anteil der Monate mit nominaler Rendite <0 %:	41 %
Anteil der Monate mit nominaler Rendite ≥0 %:	59 %
Maximaler Drawdown (max. kumulativer Verlust):	68 % (nominal, April 2003)
Anzahl der Drawdown-Monate von – 20 % oder mehr *	126 Monate (27 % aller Monate)

* Hier definieren wir einen »Drawdown-Monat« als einen Monat, an dessen Ende ein kumulativer nominaler Verlust von 20 Prozent oder mehr besteht. Ein Drawdown-Monat kann demnach auch ein Monat mit einer positiven Monatsrendite sein, sofern der am Beginn des Monats bestehende kumulative Verlust höher ist als die positive Rendite im besagten Monat.

Datenquellen: MSCI Barra, eigene Berechnungen. Alle Angaben ohne Kosten und Steuern.

Zunächst einmal zeigt sich, dass die hier betrachteten 39 Jahre einem turbulenten Parforceritt glichen, der von zahlreichen Höhen und Tiefen geprägt war. 41 Prozent aller Monatsrenditen fielen negativ aus, und mit 27 Prozent aller Monate lag in gut einem Viertel ein »angehäufter« (kumulativer) Verlust von 20 Prozent oder mehr vor. Es traten bis zu sechs Monate lange Zeiträume mit ununterbrochener negativer Monatsrendite auf; die längste dieser »Drawdown-Perioden« (Verlustperioden) dauerte ganze sieben Jahre – von März 2000 bis April 2007 (nicht in der Tabelle ausgewiesen).

Bei Aktien sind Verlustmonate und zum Teil jahrelange Verluststrecken auch in insgesamt positiven Börsenphasen also völlig normal, und kein Aktienanleger sollte sich über sie wundern. Würde man eine Einzelaktie betrachten, fielen die Schwankungsintensität (Volatilität) und die Verlustphasen in den meisten Fällen noch extremer aus. Man kann diese Schwankungen durch globale Streuung des Aktienteils seines Portfolios zwar recht spürbar reduzieren, aber dennoch muss ein Anleger im Aktienteil seines Portfolios stets eine markante Volatilität hinnehmen.

So viel zu den schlechten Nachrichten. Nun zu den guten:

- Dieses Buch liefert eine Füllen von Belegen dafür, dass Aktien alle anderen Asset-Klassen in sehr langfristiger Betrachtung deutlich schlagen. Unter Berücksichtigung von Steuern ist der Vorsprung von Aktien vor Anleihen und Immobilien noch größer. Der Renditevorsprung von Aktien führt – wegen des Zinseszinseffektes – sehr langfristig zu enormen Vorteilen beim Vermögensendwert, ablesbar am Vervielfachungsfaktor.
- Wer die in diesem Abschnitt beschriebenen Börsenabschwünge stoisch ausgehalten und sich nicht zu Panikverkäufen hat hinreißen lassen, wurde für sein Durchhaltevermögen belohnt. Obwohl die Betrachtungsperiode von 39 Jahren für den deutschen Aktienmarkt unterdurchschnittliche Renditen zeigt, lag die reale Rendite mit 4,1 Prozent noch immer über derjenigen von mittelfristigen Staatsanleihen und sehr deutlich über derjenigen von Sparzinsen (nach Steuern wäre der relative Vorsprung von Aktien noch

größer). Damit konnte ein Anleger sein Anfangsinvestment annähernd verfünffachen (realer Vervielfachungsfaktor 4,7x). Hätte der Anleger international sowie in Nebenwerte und Value-Aktien diversifiziert, wäre seine Rendite noch deutlich höher gewesen.

Und nun die Krux: Wie ergeht es einem konsequenten Buy-and-Hold-Investor in Anbetracht des Phänomens der → Regression zum Mittelwert? Ein Buy-und-Hold-Investor ist ein Anleger, der auch angesichts großer und lang anhaltender kumulativer Verluste nicht enttäuscht und verbittert das Handtuch wirft, seine Aktien verkauft und damit Buchverluste in endgültige Verluste verwandelt, sondern einer, der unbeirrt, ja regelrecht stur den ursprünglich eingeschlagenen Kurs beibehält und das Tal der Tränen durchschreitet, da er weiß, dass er später dafür mit großer Wahrscheinlichkeit belohnt werden wird. Diesen Sachverhalt illustriert Tabelle 20. Sie gibt die Renditen des MSCI Germany für unterschiedliche Zeitfenster an, die auf einen Drawdown-Monat mit einem kumulativen Verlust von mindestens 20 Prozent folgen.

Tabelle 20: Durchschnittliche Jahresrenditen des MSCI Germany nach einem kumulativen Verlust von 20 Prozent oder mehr (nominale Renditen)

Anschlussperiode	1 Jahr	3 Jahre	5 Jahre	10 Jahre
Arithm. Durchschnitt der geom. Renditen p. a.	16,1 %	12,0 %	10,7 %	11,7 %

Datenquellen: MSCI Barra, eigene Berechnungen

Historisch gesehen wurde ein disziplinierter Buy-and-Hold-Anleger im Durchschnitt für sein Nichtstun und das Aussitzen schmerzlicher Buchverluste angemessen vergütet. Er erzielte in den zwölf Monaten nach einem beliebigen Drawdown-Monat mit einem kumulativen Verlust von mindestens 20 Prozent eine durchschnittliche Anlagerendite von 16,1 Prozent p. a., also eine Rendite, die weit über dem langfristigen Durchschnitt der Betrachtungsperiode von 7,1 Prozent p. a. lag. Damit hätte der Anleger einen Teil des Buchverlustes bereits nach einem Jahr wieder ausgeglichen. Doch es kommt noch besser: Der Effekt der Regression zum Mittelwert setzte sich durchschnittlich auch über die nächsten drei, fünf und zehn Jahre fort. Konkret: In den zehn Jahren nach einem durchschnittlichen Drawdown-Monat (wie hier definiert) folgte eine Durchschnittsrendite von 11,7 Prozent p.a. Das ist ein Wert, der zehn Jahre lang durchschnittlich volle 65 Prozent über dem hier gemessenen langfristigen Mittelwert von 7,1 Prozent lag.

Das Londoner Büro des Vermögensverwalters Dimensional Fund Advisors (DFA) stellte 2008 eine ähnliche Berechnung für andere nationale Märkte an. Das Unternehmen filterte die 13 Monate zwischen Januar 1970 und Juni 2008 heraus, in denen der MSCI-World-Index, der MSCI-Emerging-Markets-Index, ein britischer Standardwerte-Index sowie ein Nebenwerteindex gleichzeitig um mindestens sieben Prozent absackten. Dann berechnete DFA – genau so wie in Tabelle 20 geschehen – die durchschnittlichen Jahresrenditen für verschieden lange Folgeperioden. Tabelle 21 zeigt die jeweils niedrigste und die jeweils höchste Rendite der vier Indizes pro Folgeperiode.

Tabelle 21: Spannbreite der Jahresrenditen der globalen Aktienmärkte nach simultanem 7-prozentigen Monatsverlust in vier Asset-Klassen (MSCI World, MSCI Emerging Markets, FTSE All Share, DFA UK Small Cap Index); in GBP

Anschlussperiode	1 Jahr	3 Jahre	5 Jahre	10 Jahre
Spannbreite der geom. Renditen p.a.	14,7%–31,6%	12,3%–27,4%	10,1%–23,1%	12,0%–20,8%

Datenquelle: Dimensional Fund Advisors

Auch diese global angelegte Berechnung kommt zum gleichen Ergebnis: Im Durchschnitt, jedoch nicht in jedem einzelnen Fall, folgen auf starke Abschwünge wiederum bemerkenswerte, lang anhaltende Aufschwünge. Buy and Hold funktioniert, weil Aktienrenditen sehr langfristig betrachtet von Regression zum Mittelwert geprägt sind.

Merkbox

- Investieren in Aktien ist gekennzeichnet von häufigen, zum Teil extremen, kumulativen Kursverlusten, die oft über mehrere Jahre andauern. Aktien sind gerade deshalb die ertragreichste Asset-Klasse, weil dieses Risiko besteht und es sich oft materialisiert. Wer dieses Risiko versteht und darauf gefasst ist, wird seine Asset-Allokation darauf einstellen und mit Ruhe und Gelassenheit auf diese Buchverluste reagieren.
- Wer Kursverluste oder Crashs in der Vergangenheit stoisch aussaß, den hat der Markt für sein Stillhalten belohnt, und zwar mit Folgerenditen, die merklich über dem historischen Durchschnitt lagen. Wer hingegen glaubt, mithilfe von → Market-Timing die tiefen Renditetäler zuverlässig umschiffen zu können, sitzt einem fatalen, wohl dokumentierten Irrtum auf: Dutzende wissenschaftlicher Studien haben gezeigt, dass Market-Timing, egal ob in Bullen- oder Bärenmärkten, den allermeisten Anlegern nicht gelingt.
- Wer sein Portfolio über den MSCI Germany oder den DAX hinaus diversifiziert, der kann sein Risiko gegenüber diesen Deutschland-Indizes reduzieren, ohne dafür Rendite verschenken zu müssen (Näheres hierzu in Abschnitt 3.1, Seite 120)

2.12 Das Wachstum der weltweiten Pro-Kopf-Wirtschaftsleistung seit dem Mittelalter

> »Wirtschaftswachstum – also ein steigender Lebensstandard für die Mehrheit der Bürger – fördert tendenziell größere Lebenschancen, größere Toleranz gegenüber Minderheiten, größere soziale Mobilität, ein Engagement für Fairness und eine Hinwendung zum Prinzip der Demokratie.«
>
> *Benjamin Friedman,* Wirtschaftsprofessor, Harvard University

Ein Buch über langfristige, globale Asset-Klassen-Renditen wäre nicht vollständig ohne einen kurzen Blick auf diejenige Größe, die letztlich die Grundlage für den Wertzuwachs bei Aktien, Anleihen und Immobilien bildet: das Wachstum der Pro-Kopf-Wertschöpfung der Weltwirtschaft. Selten machen wir uns bewusst, dass das Pro-Kopf-Einkommen in der Zeit von Christi Geburt bis ungefähr 1820, dem Beginn der Industriellen Revolution, entweder gar nicht wuchs oder mit einer so langsamen Rate, dass der Effekt innerhalb einer Menschengeneration von 35 Jahren nicht spürbar war. Großeltern sahen also keinen messbaren Unterschied zwischen ihrem Lebensstandard und dem ihrer Enkel, sofern sie die Geburt dieser Enkel überhaupt erlebten. Tabelle 22 wirft ein Schlaglicht auf diese dramatische Entwicklung.

Tabelle 22: Das Wachstum des realen (inflationsbereinigten) weltweiten Bruttoinlandsprodukts seit Christi Geburt

Zeitraum	0–1000	1000–1500	1500–1820	1820–1870	1870–1913	1914–1950	1951–1973	1974–1998	1999–2007
Globale Zunahme des Pro-Kopf-BIP in % p. a.	0,00 %	0,05 %	0,05 %	0,5 %	1,3 %	0,9 %	2,9 %	1,3 %	2,8 %
Kumulative Zunahme des Pro-Kopf-BIP in 35 Jahren (eine Generation) *	0 %	2 %	2 %	20 %	57 %	37 %	175 %	59 %	163 %
Dauer bis zur Verdoppelung des realen Pro-Kopf-BIP (in Jahren) *	∞	1440	1440	136	55	79	25	54	26
Zunahme des Pro-Kopf-BIP in % p. a.: nur USA, Westeuropa, Australien/Neuseeland, Japan	–	–	–	–	–	–	3,7 %	2,0 %	1,9 %
Lebenserwartung bei Geburt in England, in Jahren (Durchschnitt für beide Geschlechter)	24	34	40	45	50	69	72	77	78

* Diese Zeile bezieht sich auf einen hypothetischen 35-Jahres-Zeitraum und nicht auf den Zeitraum, der in der obersten Zeile der Tabelle angeben ist.

Datenquellen: Maddison (2006); für Daten ab 2000: IMF, OECD, eigene Berechnungen

Abbildung 13: Reales Wachstum der globalen Pro-Kopf-Wirtschaftsleistung (Bruttoinlandsprodukt pro Kopf) seit 1800 (indexiert)

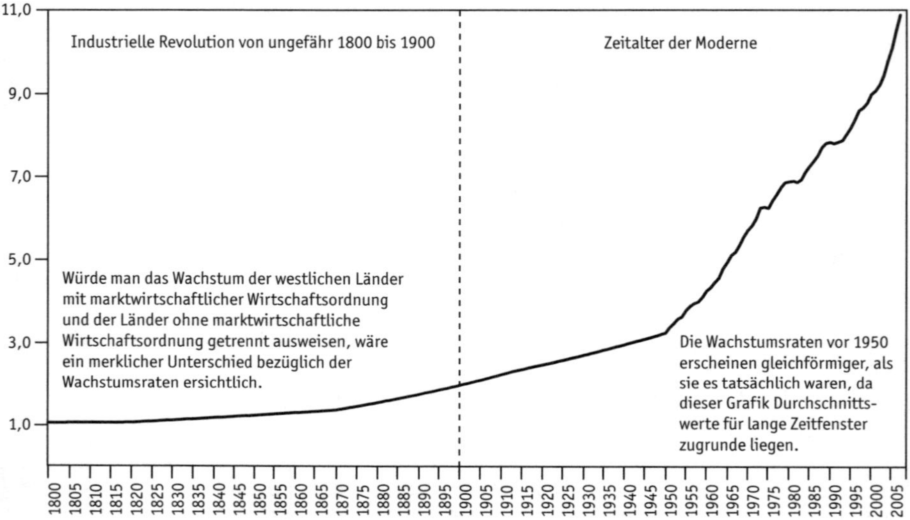

Datenquellen: Maddison, IMF

Abbildung 13 zeigt sehr anschaulich die beispiellose Beschleunigung des Wirtschaftswachstums ab Beginn des 19. Jahrhunderts. Was lässt sich aus diesen Daten ableiten?

Die Menschheit brauchte in den vorkapitalistischen Zeiten seit Christi Geburt mehr als 1800 Jahre, um die reale Wirtschaftsleistung pro Kopf um kümmerliche 50 Prozent zu steigern. In den weniger als 200 Jahren, die seitdem vergangen sind, »explodierte« die reale Wirtschaftsleistung pro Kopf geradezu um etwa 940 Prozent. Und noch nie in den vergangenen zwei Jahrtausenden haben diese Messgröße und damit der globale Pro-Kopf-Wohlstand wie auch die Lebenserwartung so schnell zugenommen wie in den letzten 50 Jahren. Allein seit 1980 sind global mehrere Hundert Millionen Menschen existenzieller Armut entkommen. Die moderne Marktwirtschaft ist eine Erfolgsgeschichte, auch wenn wir und unsere Massenmedien es oft nicht wahrhaben wollen – insbesondere seit neuerdings allenthalben »Zweifel am kapitalistischen Modell« erwachsen sind.

Unserer eigenen Kurzsichtigkeit und unserem Verlangen nach schnellen, einfachen Lösungen zum Trotz gibt es keinen offensichtlichen Grund, warum sich dieses Wachstum nicht in den nächsten 50 Jahren fortsetzen sollte. Der Wegfall des wirtschaftlichen Bremsklotzes Kommunismus, das Ende des Kalten Krieges und die marktwirtschaftlichen Reformen in vielen Entwicklungs- und Schwellenländern sollten jedenfalls zu einer weiterhin positiven Entwicklung beitragen. Dieses welthistorisch extrem hohe Wachstum ist nicht nur die Grundlage unserer gestiegenen Lebenserwartung und unseres individuellen Wohlstands, sondern kann auch für die Finanzierung von Umweltschutz und sozialen Maßnahmen eingesetzt werden. Wie in der Vergangenheit wird dieses Wachstum aber auch künftig nicht gleichförmig ausfallen und kann dies auch nicht. Es wird Aufwärts- und Abwärtsbewegungen geben, die uns und den Medien immer wieder die Sicht auf den langfristigen Trend versperren und uns zu oft kontraproduktivem Aktionismus verleiten.

3

So investieren Sie nach dem Buy-and-Hold-Ansatz

3.1 Die erstaunliche Wirkung von Diversifikation: Höhere Rendite bei niedrigerem Risiko

> »Diversifikation ist für Investoren – ähnlich wie sexuelle Enthaltsamkeit für Teenager – ein Konzept, das einfach zu verstehen, aber schwer zu praktizieren ist.«
>
> *James Gipson,* Fondsmanager, Anlagegesellschaft Clipper Funds

Diversifikation ist das einzige »Gratismittagessen« eines Investors – so heißt es in nahezu jedem Investmentratgeber auf einer der vorderen Seiten. (Der englische Originalbegriff »free lunch« bezeichnet einen Vorteil, dem kein ausgleichender Nachteil gegenübersteht.) In der Tat lässt sich mit kluger Diversifikation das Risiko eines Portfolios reduzieren, ohne dass man im Gegenzug notwendigerweise eine Renditeeinbuße in Kauf nehmen müsste. Tabelle 23 belegt dies anhand eines zwar unrealistischen, aber dafür umso illustrativeren Beispiels.

Alle drei Portfolios haben dieselbe langfristige arithmetische Durchschnittsrendite (vgl. Anhang, »Verschiedene Rendite- und Risikomesszahlen«), nämlich 5 Prozent p.a., aber das gemischte Portfolio 3 hat die perfekte Standardabweichung von null Prozent, das heißt, seine Rendite schwankt überhaupt nicht – das Anlegerparadies. Deshalb ist es den beiden anderen Portfolios klar vorzuziehen. In der wirklichen Welt gibt es zwar keine zwei Assets, die – wie in diesem Beispiel – die ideale →Korrelation von –1 haben, aber es finden sich viele Asset-Klassen, deren Korrelation miteinander deut-

Tabelle 23: Wie Diversifikation das Risiko senkt – aber nicht auf Kosten der Rendite

	Portfolio 1 = Asset A	Portfolio 2 = Asset B	Portfolio 3 = 50 % Asset A / 50 % Asset B
Rendite in Jahr...			
1	–4,0 %	14,0 %	5,0 %
2	14,0 %	–4,0 %	5,0 %
3	–4,0 %	14,0 %	5,0 %
4	14,0 %	–4,0 %	5,0 %
5	–4,0 %	14,0 %	5,0 %
6	14,0 %	–4,0 %	5,0 %
7	–4,0 %	14,0 %	5,0 %
8	14,0 %	–4,0 %	5,0 %
9	–4,0 %	14,0 %	5,0 %
10	14,0 %	–4,0 %	5,0 %
Arithmetische Durchschnittsrendite	5,0 %	5,0 %	5,0 %
Standardabweichung	9,5 %	9,5 %	0,0 %
Korrelation von Assets A und B	–1.0		

lich unter dem Wert von +1 (perfekte Korrelation und daher kein Diversifikationsnutzen) liegt. Doch es kommt noch besser.

Der Nutzen von Diversifikation wird in vielen Ratgebern wie folgt zusammengefasst: Die Rendite eines diversifizierten Portfolios ist der gewichtete Durchschnitt der Portfoliokomponenten, aber die Standardabweichung (Risiko, Volatilität) liegt bei einem solchem Portfolio unter dem gewichteten Durchschnitt. Dieser Vorteil sei das besagte »free lunch«. Doch stimmt das wirklich? Nicht ganz: Die obige Aussage zur Rendite trifft nur zu, wenn man die arithmetische Durchschnittsrendite zugrunde legt. Entscheidend ist aber vielmehr die geometrische Durchschnittsrendite (siehe Erläuterung im Abschnitt »Verschiedene Rendite- und Risikomesszahlen«, Seite 178). Die geometrische Durchschnittsrendite eines diversifizierten Portfolios ist meistens sogar höher (!) als der gewichtete Durchschnitt der einzelnen geometrischen Renditen. Dieser Renditeunterschied wird als »Diversifikationsertrag« bezeichnet. Er ist sozusagen ein zweites »free lunch« infolge der Diversifikation (das erste war die Senkung des Risikos unter den gewichteten Durchschnitt der Einzelrisiken). Ein Beispiel zeigt Tabelle 24.

Tabelle 24: Illustration der »Diversifikationsrendite«

	Asset A	Asset B	50 % Asset A / 50 % Asset B
Rendite in Jahr...			
1	5,0 %	30,0 %	17,5 %
2	20,0 %	−10,0 %	5,0 %
3	−20,0 %	15,0 %	−2,5 %
4	30,0 %	20,0 %	25,0 %
5	−15,0 %	10,0 %	−2,5 %
6	20,0 %	−30,0 %	−5,0 %
7	−10,0 %	10,0 %	0,0 %
8	30,0 %	15,0 %	22,5 %
9	30,0 %	20,0 %	25,0 %
10	−20,0 %	−10,0 %	−15,0 %
11	−15,0 %	−30,0 %	−22,5 %
12	20,0 %	10,0 %	15,0 %
Geometrische Rendite p. a.	4,3 %	2,3 %	4,1 %
Arithmetische Rendite p. a.	6,3 %	4,2 %	5,2 %
Standardabweichung	21 %	20 %	16 %
Vervielfachungsfaktor (12 Jahre)	1,66x	1,31x	1,62x
Korrelation von Asset A und B	+0,22		

Die arithmetische Durchschnittsrendite von 5,2 Prozent des hälftig gemischten (diversifizierten) Portfolios entspricht genau dem Durchschnitt der entsprechenden Werte von Asset A und Asset B. Bei der geometrischen Durchschnittsrendite von 4,1 Prozent – und auf diese kommt es uns an, denn sie ist es, die den Vermögensendwert bestimmt – erzielen wir aber einen deutlichen Zugewinn gegenüber dem Durchschnitt der beiden entsprechenden Renditen von Asset A und Asset B, der nur 3,3 Prozent beträgt. Die Diversifikationsrendite beläuft sich also auf 4,1 Prozent minus 3,3 Prozent = 0,8 Prozent. In diesem Beispiel ist der Zugewinn relativ hoch, da die Korrelation von Asset A und Asset B (+0,22) vergleichsweise niedrig ist.

Nachdem uns Tabelle 24 schon etwas näher an die Realität herangeführt hat, wollen wir nun einen Blick auf tatsächliche historische Renditen echter Asset-Klassen werfen (Tabelle 25).

Tabelle 25: Diversifikationsrendite und Risikosenkung durch Diversifikation, 1970–2008 (auf Euro-Basis)

	Asset A: Rohstoff-Futures: GSCI Total Return	**Asset B: MSCI-Europa-Aktienindex**	**15 % Asset A / 85 % Asset B**
Reale geometrische Rendite p. a.	4,2 %	4,4 %	4,9 %
Dt. Inflation p. a.	3,0 %	3,0 %	3,0 %
Nominale geometrische Rendite p. a.	7,2 %	7,5 %	8,0 %
Vervielfachungsfaktor 39 Jahre (real)	4,9x	5,3x	6,5x
Standardabweichung der Jahresrenditen	26 %	23 %	20 %
Max. Drawdown (nominale Rendite)	–48,0 %	–46,0 %	–44,0 %
Anteil der Jahre mit negativer Rendite	36 %	28 %	26 %
Korrelation Asset A & B	+0,17		

Datenquellen: Standard & Poor's, MSCI Barra

Das gemischte Portfolio hat eine höhere geometrische Rendite als der gewichtete Durchschnitt seiner beiden Komponenten, sodass über den fraglichen Zeitraum hinweg ein spürbarer Zugewinn beim Vervielfachungsfaktor (Vermögensendwert) eintritt. Das Risiko des gemischten Portfolios ist kleiner als der gewichtete Durchschnitt der Risiken von A und B.

Woher kommt die Diversifikationsrendite? Sie entspringt den mathematischen Gesetzmäßigkeiten bei der Berechnung von geometrischen Durchschnitten. Ein Beispiel: Wir starten mit einem Investment von 1 Euro. Die Rendite im ersten Jahr beträgt +30 Prozent, im zweiten –30 Prozent. Der Wert unseres Portfolios steht jetzt nicht wieder bei 1 Euro, wie man intuitiv meinen könnte, sondern bei 0,91 Euro (rechnen Sie selbst nach, wenn Sie zweifeln). Das hängt damit zusammen, dass eine negative Rendite stets einen höheren Portfoliowert beeinflusst als eine etwaige positive Rendite, die darauf folgt. Dabei spielt es keine Rolle, in welcher Reihenfolge diese Renditen auftreten. Deshalb ist bei schwankenden Renditen die geometrische Rendite stets niedriger als die arithmetische Rendite. Werden die Wertschwankungen des Portfolios durch Diversifikation reduziert, so wirkt sich dieser unangenehme Effekt schwächer aus; der Wert, um den sich der »Malus« verringert, stellt die Diversifikationsrendite dar.

Viele Anleger wissen nicht, dass man mit Diversifikation nicht nur das Risiko seines Portfolios senken, sondern auch dessen Rendite geringfügig erhöhen kann. Wenngleich dieser Effekt selten über 0,3 bis 0,8 Prozent pro Jahr hinausgeht, macht er sich wegen des Zinseszinseffektes bei sehr langfristiger Investitionsdauer doch deutlich am höheren Vermögensendwert bemerkbar.

Merkbox

- Diversifikation ist das einzige »free lunch« des Investors, also der einzige Vorteil, der nicht auch mit einem bestimmten Nachteil einhergeht

3.2 Humankapital: Ihr größter Vermögenswert und wie er sich in Ihr Investmentvermögen einfügt

»Egal wie groß der Teil Ihres Portfolios ist, der in Aktien investiert ist, es ist stets weniger von Ihrem Nettovermögen, als Sie denken.«

Jason Zweig, Finanzjournalist und Bestsellerautor

Eine zentrale Aussage der Modernen Portfoliotheorie besteht darin, dass ein Anleger oder Haushalt bei seinen Investmententscheidungen, insbesondere der Asset-Allokation, stets seine *gesamte* Vermögenssituation (also alle Assets, die er besitzt) berücksichtigen sollte. Zu diesem Vermögen gehört auch das sogenannte Humankapital, ein Vermögenswert, der für die meisten Anleger und Haushalte – insbesondere für einen typischen Arbeitnehmer bis zu einem Lebensalter von 50 Jahren – umfangreicher und wichtiger ist als alle Finanzanlagen zusammen. Leider ignoriert die traditionelle Vermögensberatung, wie sie von Banken oder konventionellen Anlageberatern praktiziert wird, diese wichtigen Gesichtspunkt vollkommen. Stattdessen konzentriert man sich allein auf Finanzinvestments oder Immobilien, und selbst diese werden zumeist fälschlicherweise auf der Ebene des Einzelproduktes analysiert.

Was versteht man unter dem Humankapital? Dieser Begriff aus der Ökonomensprache bezeichnet den geschätzten → Barwert oder Gegenwartswert der noch nicht vereinnahmten Bruttoarbeitseinkommen (exklusive Renteneinkommen), also des Gehaltes, das ein Haushalt oder Anleger bis zum Ruhestand voraussichtlich beziehen wird. Alles Gehalt, das der Haushalt in der Vergangenheit bereits erhielt und nicht verkonsumierte oder verschenkte, hat er definitionsgemäß in Finanzkapital (Rentenansprüche, Immobilienvermögen, Wertpapier- und Sparvermögen, Kapitallebensversicherungen, Unternehmensbeteiligungen usw.) verwandelt, mit anderen Worten: gespart. Bei einem 30-Jährigen kann das Humankapital durchaus über 95 Prozent des Gesamtvermögens ausmachen; bei einem 66-Jährigen, der nicht mehr berufstätig ist, beträgt es 0 Prozent.

Humankapital ist also immer der Barwert eines künftigen Geldflusses, während Finanzkapital der Marktwert der zum Berechnungszeitpunkt vorhandenen Finanzanlagen ist.[34] Es lohnt sich durchaus, einmal zu versuchen, das Humankapital des eigenen Haushaltes zu quantifizieren.

Abbildung 14 illustriert die gegenläufige Entwicklung von Human- und Finanzkapital eines hypothetischen durchschnittlichen Arbeitnehmers im Zeitablauf. Es handelt sich um eine zu illustrativen Zwecken stark schematisierte Darstellung. Die Zahlenwerte beruhen auf sehr groben Schätzungen des Autors für einen durchschnittlichen Arbeitnehmer, der bis zu einem Alter von 65 Jahren berufstätig ist. Das Finanzkapital schließt den Barwert aus dem Anspruch an die gesetzliche Rentenversicherung mit ein.

Das Humankapital steigt in den ersten zwei Jahrzehnten zunächst leicht an. Dieser Anstieg ist der Nettoeffekt aus dem Anstieg des jährlichen Gehaltes (der sich positiv auswirkt) und dem Rückgang der Restlebensarbeitszeit (der sich negativ auswirkt). Nach etwa 15 Jahren dominiert die weiter sinkende Restlebensarbeitszeit den Gesamteffekt.

Bezüglich des Finanzkapitals wird angenommen, dass der Arbeitnehmer zu Beginn seiner Berufstätigkeit bei null startet und auch später kein Finanzkapital erbt oder in der Lotterie gewinnt. Das Kapital steigt im Zeitablauf exponentiell an, weil sich zum einen das Gehalt und die Sparquote des Arbeitnehmers allmählich erhöhen (sodass zusammengenommen ein jährlich steigender Betrag gespart wird) und zum anderen der Zinseszinseffekt greift, der sich im Zeitablauf in Euro ausgedrückt immer stärker auswirkt.

Obwohl die in der Grafik dargestellten Zahlenwerte und relativen Verhältnisse nur auf einen imaginären Durchschnittsarbeitnehmer oder -haushalt zutreffen dürften, zeigt sie dennoch, dass das Hu-

34 Man beachte, dass diese finanzwirtschaftliche, klare Definition von Humankapital sich von dem eher verschwommenen Begriffsverständnis von Journalisten und Politikern unterscheidet, wonach Humankapital die Ausbildung und das Know-how sind, das jeder Einzelne besitzt.

Abbildung 14: Die Entwicklung von Humankapital und Finanzkapital eines hypothetischen Arbeitnehmers im Lebenszyklus

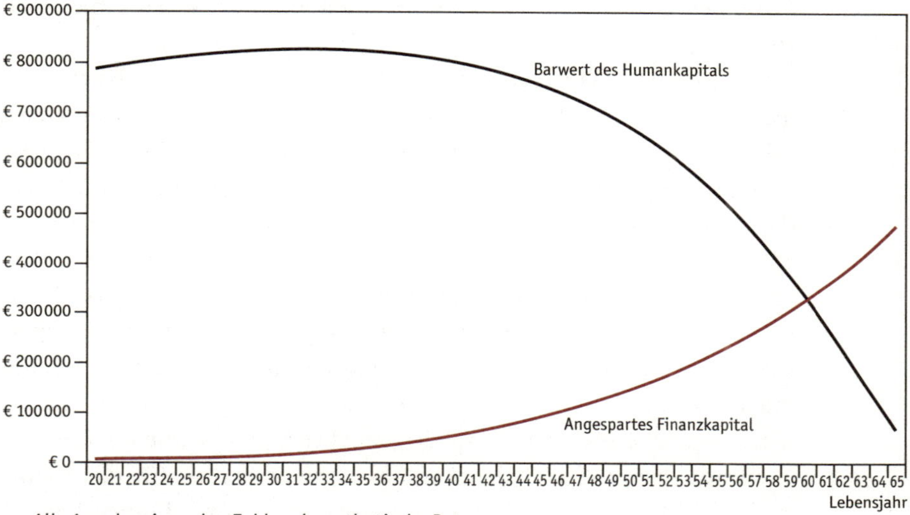

Alle Angaben in realen Zahlen; hypothetische Daten.

mankapital »normaler« Haushalte während der ersten 30 Arbeitsjahre das Finanzkapital einschließlich der Rentenansprüche weit übertrifft.[35] Daraus folgt, dass die absoluten Sparleistungen (durch Konsumverzicht) aus diesem Humankapital einen deutlich größeren Beitrag zum Vermögensendwert der meisten Anleger leisten als die Renditen ihres Finanzkapitals. Nach Berechnungen des Autors beträgt das grobe Verhältnis von Sparleistungen (ohne Renditeanteil) zu Renditeanteil innerhalb des Endvermögens eines hypothetischen Durchschnittarbeitnehmers, der kein »Fremdvermögen« (Erbe, Lotteriegewinn oder Ähnliches) erwirbt, etwa zwei zu eins.

Wie ist dieses Haupt-Asset eines Haushaltes ökonomisch einzuschätzen? Erfreulicherweise haben Untersuchungen ergeben, dass das Humankapital bei den meisten Personen und Berufsgruppen

35 Sofern ein Haushalt einen großen Betrag an Finanzkapital erbt, können sich die Verhältnisse anders darstellen. Auch bei Arbeitnehmern mit über- oder unterdurchschnittlichem Einkommen nehmen die beiden Kurven tendenziell einen anderen Verlauf.

nur sehr schwach und womöglich sogar leicht negativ mit Aktienmarktrenditen korreliert. (Bei einer Null-Korrelation zwischen zwei Variablen gibt es keinerlei Zusammenhang, optimal wäre hier eine stark negative Korrelation.)

Beispiel: Das Jahresgehalt einschließlich Bonus von Annemarie, die in leitender Funktion im Asset-Management einer großen Bank arbeitet, korreliert stark mit den Aktienmarktrenditen; dagegen besteht kein Zusammenhang zwischen der »Besoldung« von Fritz, der beamteter Richter ist, und dem Auf und Ab des Aktienmarktes. Man könnte bildhaft sagen, dass Annemaries Humankapital eher dem Profil von Aktien gleicht und das von Fritz eher dem Profil von risikoarmen Staatsanleihen. Fritz kann sich deshalb (unter sonst gleichen Umständen) eine höhere Aktienquote leisten als Annemarie, die mit Blick auf die Korrelation ihres Humankapitals mit dem Aktienmarkt besser mit einer sehr niedrigen Aktienquote bedient wäre.

Wegen der großen Bedeutung des Humankapitals für das finanzielle Wohl eines Haushaltes ist es wichtig, dieses Humankapital zu schützen, also sein Risiko zu reduzieren. Das geht zum Beispiel mit einer Berufsunfähigkeitsversicherung für die berufstätigen Mitglieder in einem Haushalt und – sofern der Haushalt Schulden hat oder unterhaltspflichtige Kinder – mit einer preisgünstigen Risikolebensversicherung.[36] Diese Versicherung sollte den Schuldenbetrag abdecken und eventuell einen Betrag, der ausreicht, um die Kinder

---

36 Eine Risikolebensversicherung sollte man nicht mit einer Kapitallebensversicherung verwechseln, die eine in vielen Fällen überflüssige und überteuerte Kombination aus Investmentprodukt und Risikolebensversicherung ist. Berufsunfähigkeit stellt ein größeres Risiko als der Todesfall dar, was darin zum Ausdruck kommt, dass Berufsunfähigkeitsversicherungen (BUV) verhältnismäßig teuer sind. Wer eine BUV hat, reduziert zwar sein Einkommen (und damit, könnte man meinen, auch sein Humankapital) um die Kosten der BUV, aber er mindert auch das Risiko des Humankapitals und die Korrelation zum Finanzkapital und kann deshalb bei der Berechnung des Barwerts seines Humankapitals eine niedrigere Abzinsungsrate verwenden. Per saldo dürfte der Abschluss dieser Versicherungen den Barwert des Humankapitals deshalb nicht oder kaum senken, wodurch sich ein vorteilhafter Portfolioeffekt aufgrund der niedrigeren Korrelation ergibt.

zu versorgen, bis sie wirtschaftlich selbstständig sind. Vermeiden Sie jedoch Überversicherung (die in Deutschland oft vorkommt) und passen Sie vielmehr die Versicherungssummen an die im Zeitablauf veränderlichen (meist sinkenden) Bedürfnisse an.

Merkbox

- Humankapital (noch nicht bezogenes Arbeitseinkommen) ist für durchschnittliche Anleger bis rund zehn Jahre vor dem Eintritt ins Rentenalter der wichtigste Vermögenswert; trotzdem wird es von Banken und traditionellen Vermögensberatern so gut wie nie in Asset-Allokationsentscheidungen mit einbezogen.
- Mit einer passenden Berufsunfähigkeitsversicherung und eventuell einer Risikolebensversicherung kann man das Risiko des Humankapitals reduzieren ■

3.3 Nimmt das Aktienrisiko mit der Länge der Halteperiode ab?

»Optimal für die meisten Haushalte ist in der Tat das, was Finanzberater typischerweise empfehlen: Wenn Sie jung sind, halten Sie einen hohen Aktienanteil; wenn Sie älter sind und weniger Zeit verbleibt, in der sie einen Teil Ihres Arbeitseinkommens zum Sparen verwenden können, senken Sie Ihren Aktienanteil.«

Prof. Ravi Jagannathan und Prof. Narayana R. Kocherlakota,
Federal Reserve Bank of Minneapolis

Ein kaum noch hinterfragtes Dogma in der Finanzbranche lautet, dass Anleger in jungen Jahren eine hohe Aktienquote in ihrem Portfolio ausweisen und diese Quote im Laufe der Jahre in dem Maße senken sollten, wie sie sich dem Ruhestand oder der »Entsparphase«, wie es im Finanzjargon heißt, nähern.[37] Begründet wird diese Auf-

37 Die Fondsbranche hat darauf mit dem Angebot sogenannter Zielfonds (manchmal auch Lebenszyklusfonds genannt) reagiert. Bei diesen Misch-

fassung zumeist damit, dass das Risiko von Aktien abnehme, je länger der Anlagehorizont ist, denn dann bestehe eine höhere Chance, dass schlechte durch gute Jahresrenditen ausgeglichen würden. Dieser Mechanismus wird oft »Zeitdiversifikation« genannt, denn ein Anleger mit 30-Jahres-Horizont diversifiziere damit über 30 einzelne (voneinander mehr oder weniger unabhängige) Jahresrenditen, wohingegen ein Ein-Jahres-Anleger nicht von dieser Diversifikation profitiere.

Kurioserweise ist die Empfehlung »höhere Aktienquote für Personen mit langem Anlagehorizont, niedrigere Aktienquote für Personen mit kurzem Anlagehorizont« zwar in den meisten (jedoch nicht in allen) Fällen richtig, aber die Begründung, die Bankbetreuer und Vermögensberater dafür üblicherweise angeben, ist nach Ansicht der Wissenschaft falsch. Ob das Risiko von Aktien mit der Länge des Zeithorizontes abnimmt, ist eine Frage, über die man nämlich durchaus geteilter Meinung sein kann, mit jeweils guten Argumenten: Eine Minderheit der Wissenschaftler bejaht sie eher, die Mehrheit tendiert zu einem Nein. Es lohnt sich daher, die Eckpunkte dieser faszinierenden Debatte, die auch nach rund 40 Jahren noch immer andauert, kennen zu lernen.[38] Bevor ich die Argumente beider Seiten zusammenfasse, sei bereits Folgendes vorweggenommen: Es besteht unter Finanzökonomen keinerlei Einigkeit darüber, ob das Risiko von Aktien im Zeitablauf sinkt. Infolgedessen kann man dieses Argument auch nicht zur Rechtfertigung von Zeitdiversifikation anführen. Aber sehen wir uns zunächst die üblichen Argumente der Befürworter von Zeitdiversifikation an. Tabelle 26 zeigt, wie bestimmte Risikoindikatoren sich mit der Länge des Anlagezeitraums verbessern. Abbildung 15 bringt das, was in Zeile C der Tabelle numerisch dargestellt ist, bildhaft zum Ausdruck. Die

---

fonds aus Aktien und Anleihen wird der Aktienanteil über die Jahre hinweg mit zunehmender Nähe eines bestimmten Datums allmählich von »hoch« auf »null« heruntergefahren und im Gegenzug die Anleihenquote erhöht.

38 An dieser Diskussion hat die Crème de la crème der finanzökonomischen Zunft teilgenommen, darunter die Nobelpreisträger Paul Samuelson und Robert Merton.

Tabelle 26: S&P 500-Aktienindex (USA): Reale annualisierte Renditen für unterschiedliche rollierende Perioden seit 1927

	Jahres-rendite	Rollierende 5-Jahres-Rendite p.a.	Rollierende 10-Jahres-Rendite p.a.	Rollierende 15-Jahres-Rendite p.a.	Rollierende 20-Jahres-Rendite p.a.
(A) Schlechteste Periodenrendite	–39,3 %	–8,9 %	–4,1 %	–0,3 %	+1,2 %
(B) Beste Periodenrendite	+70,7 %	+26,0 %	+17,8 %	+15,2 %	+12,9 %
(C) Standardabweichung der durchschnittl. Jahresrenditen	20,8 %	8,1 %	5,3 %	4,4 %	3,5 %
(D) Anzahl der Perioden	82	78	73	68	63

Grafik veranschaulicht, dass die Standardabweichung, das heißt die Volatilität der annualisierten (durchschnittlichen) Sieben-Jahres-Renditen weit niedriger ist als die Standardabweichung der Jahresrenditen. (Die Sieben-Jahres-Durchschnittsrenditen wurden erst ab Jahr sieben ermittelt.)

Die Standardabweichung der durchschnittlichen Jahresrenditen ist aber beileibe nicht das einzige relevante Risikomaß. Der Finanzökonom Mark Kritzmann hat beispielhaft für ein hypothetisches Aktieninvestment mit einer erwarteten nominalen Rendite von 10 Prozent p.a. und einer Standardabweichung der Jahresrenditen von 20 Prozent (was ungefähr dem tatsächlichen Wert für Standardwerteaktien entspricht) die wichtigsten Risikomesszahlen errechnet, die ich hier in Tabelle 27 wiedergebe.

Abbildung 15: S&P 500-Aktienindex: Reale (inflationsbereinigte) Jahresrenditen versus reale 7-Jahres-Durchschnittsrenditen (rollierend), auf US-Dollar-Basis

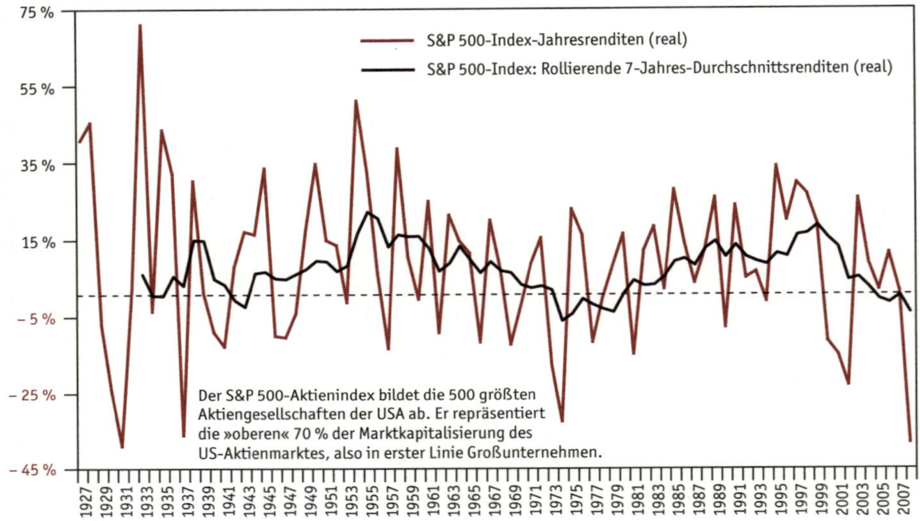

Alle Angaben ohne Kosten und Steuern.
Quelle: Standard & Poor's

Tabelle 27: Was ist Risiko?

	Investmenthorizont			
	1 Jahr	5 Jahre	10 Jahre	20 Jahre
(A) Jährliche Standardabweichung	20%	20%	20%	20%
(B) Standardabweichung der durchschnittlichen Jahresrenditen	20%	9%	6%	5%
(C) Wahrscheinlichkeit eines negativen Investmentendwertes	31%	13%	6%	1%
(D) Standardabweichung der möglichen Investmentendwerte	20%	45%	63%	89%
(E) Verlust im schlechtesten von 1000 Fällen	41%	58%	62%	74%

Hypothetisches Aktieninvestment
Quelle: Kritzmann (2000), Zahlen gerundet, Zufallslauf (Random Walk) unterstellt.

Die Tabelle zeigt, dass die mit zunehmendem Zeithorizont sinkende Standardabweichung der durchschnittlichen Jahresrenditen von Aktien nicht die ganze Wahrheit bezüglich des Risikos erzählt. Die Erkenntnisse aus der Tabelle lassen sich wie folgt beschreiben:

- Die Standardabweichung (Streuung) der durchschnittlichen Jahresrenditen sinkt mit der Länge der Betrachtungsperiode (Zeile B).[39]
- Je länger die Anlageperiode, desto höher ist die Wahrscheinlichkeit, dass die realisierte Rendite auch der langfristig →erwarteten Rendite (also rund 6 Prozent bis 7 Prozent p.a. real für Standardwerteaktien) entspricht. Diese statistische Eigenschaft ließe sich in vielerlei Weise umformulieren – zum Beispiel so: Mit der Länge der Anlageperiode steigt auch die Wahrscheinlichkeit, eine bestimmte Mindestrendite (wie etwa die Rendite kurzfristiger Staatsanleihen oder die Inflationshöhe) oder ein Mindestzielvermögen zu überschreiten oder umgekehrt einen spezifischen Verlust zu vermeiden. Anders ausgedrückt: Das Risiko nominaler oder realer Verluste gemessen am Endwert nimmt mit der Länge der Zeit ab. Das Risiko einer gegenüber kurzfristigen Staatsanleihen niedrigeren Rendite liegt bei 30 bis 40 Prozent für ein Jahr, bei 30-jährigem Zeithorizont aber nur noch bei 5 Prozent (Zeile C).
- Der maximale Verlust (im Unterschied zur Wahrscheinlichkeit eines Verlustes) nimmt mit zunehmender Länge der Anlageperiode zu; Gleiches gilt für den maximalen Gewinn. Statistisch betrachtet wächst die Standardabweichung (Streuung) der möglichen Endwerte mit der Länge der Anlageperiode.[40] In diesem Sinne ist die Aussage falsch, dass sich gute und schlechte Perio-

39 Die Standardabweichung der durchschnittlichen Jahresrenditen sinkt mit der Quadratwurzel der Länge der Zeitperiode: So ist zum Beispiel die Standardabweichung der durchschnittlichen Jahresrenditen von 9-Jahres-Zeiträumen 1/3 der Standardabweichung von Jahresrenditen (die Quadratwurzel von 9 ist 3).

40 Die Standardabweichung der möglichen Endwerte steigt mit der Quadratwurzel der Zeitperiode. Beispiel: Die Standardabweichung der möglichen Investmentendwerte über 16 Jahre ist viermal so groß wie diejenige für ein Jahr.

denrenditen ausgleichen, wenn man nur lange genug wartet. Die mathematische Wahrscheinlichkeit eines 20-Prozent-Verlustes bei einem Standardwerteaktienindex beträgt etwa 5 Prozent über ein Jahr und schon 6,5 Prozent über 3 Jahre (Zeilen D und E).

Wir haben nun gesehen, dass die eingangs erwähnte Standardempfehlung, die Aktienquote des eigenen Portfolios am persönlichen Anlagehorizont auszurichten, nicht eindeutig durch das mit der Länge der Anlageperiode sinkende Risiko begründet werden kann. Wer also behauptet, das Aktienrisiko nehme mit der Länge des Anlagehorizontes ab, der muss sich fragen lassen, welches spezifische Risiko er meint. Pauschal ist diese Aussage jedenfalls nicht korrekt.

Der wirkliche Grund, warum Anleger mit einem langen Anlagehorizont in den meisten Fällen eine höhere Aktienquote haben und diese im Zeitablauf allmählich zurücknehmen sollten, bezieht sich auf das Humankapital, das wir im vorigen Abschnitt bereits kennen gelernt haben. Wie wir dort gesehen haben, beträgt der Anteil des Humankapitals am Gesamtkapital (Humankapital + Finanzkapital) eines hypothetischen Durchschnittsarbeitnehmers in den ersten rund 25 Berufsjahren oft über 90 Prozent. Auch wenn für Personen oder Haushalte mit überdurchschnittlichem Einkommen (und daher höherer Sparleistung) und/oder ererbtem Finanzvermögen diese Quote niedriger sein dürfte, so dürfte sie in der Mehrzahl der Fälle nicht unter 50 Prozent liegen.

Welchen »Risikocharakter« besitzt nun dieses Humankapital? Für den typischen Arbeitnehmer dürfte es den Charakter eines sehr sicheren Investments haben, vergleichbar mit einer kurz- bis mittelfristigen Staatsanleihe. Diese Einsicht erklärt sich daraus, dass der Einkommensstrom eines typischen Arbeitnehmers über seine Lebensarbeitszeit hinweg viel weniger schwankt, als wir intuitiv annehmen. Dieser Strom steigt in den meisten Fällen real im Laufe der Jahrzehnte langsam, aber stetig an und neigt dann in den letzten Arbeitsjahren zur Stagnation. Selbst das Problem der Arbeitslosigkeit ändert an dieser Einschätzung nicht viel, denn in Deutschland gewährleistet die gesetzliche Arbeitslosenversicherung ein Mindesteinkommen, und nur wenige Arbeitnehmer sind kumulativ mehr als ein Jahr über ihr gesamtes Berufsleben hinweg unfreiwillig arbeitslos. Die Tatsache, dass ein Gehalt nie unter null sinken kann, begünstigt die statistische Stabilität von Humankapital zusätzlich.

Natürlich gibt es auch Bevölkerungsgruppen, deren jährliches Einkommen stärker schwankt. Dazu könnten zum Beispiel Freiberufler, Unternehmer oder Arbeitnehmer gehören, deren Gehalt in erster Linie leistungsabhängig ist, also nur eine relativ kleine fixe Komponente hat. In diesem Zusammenhang ist die Frage wichtig, wie stark das persönliche Einkommen mit dem Aktienmarkt korreliert. Eine hohe Korrelation dürfte beispielsweise bei einem Investmentbanker vorliegen. Insgesamt lässt sich jedoch festhalten:

- Das Humankapital eines »normalen« Durchschnittsarbeitnehmers ist mit den Risiko- und Ertragscharakteristika einer risikoarmen Staatsanleihe vergleichbar.
- Das Humankapital vieler anderer Einkommensbezieher mag zwar stärker schwanken, aber diese Schwankungen dürften vielfach eine sehr niedrige Korrelation mit dem Aktienmarkt haben, die sich in der Nähe von null bewegt. (Eine mögliche Ausnahme bilden Personen, die im Investmentgeschäft tätig oder Unternehmer sind). Das Humankapital dieser Personen entspricht dann eher dem Risikocharakter einer Aktie.
- Die Anwartschaften der gesetzlichen Rentenversicherung haben ebenfalls den Charakter einer risikoarmen Staatsanleihe. Analoges gilt auch für den Rückkaufswert einer Kapitallebensversicherung und betrieblicher Rentenversicherungen.
- Die relativen Anteile von Humankapital und Finanzkapital am Gesamtkapital eines Haushaltes ändern sich zwar im Zeitablauf, aber Humankapital dominiert in den meisten Fällen am Anfang und in den ersten zwei bis drei Jahrzehnten der Berufstätigkeit.

Bei der Frage der niedrigen Korrelation des Humankapitals mit Aktien ist auch zu berücksichtigen, dass ein Haushalt beim Eintreten eines extremen Aktien-Crashs, der mehrere Jahre andauert, grundsätzlich die Möglichkeit besitzt, sein Humankapital zu erhöhen: Er kann seine Lebensarbeitszeit verlängern (späterer Ruhestand), und er kann unter Umständen seine laufende Arbeitsleistung erhöhen, zum Beispiel indem ein nicht berufstätiger Ehepartner eine (Teilzeit-)Beschäftigung annimmt. Ferner kann der Anlegerhaushalt seine Konsumausgaben senken und seine Sparleistung im Gegenzug erhöhen. All diese Reaktionsmöglichkeiten führen letztlich zu einer weiteren Reduktion der Korrelation zwischen Aktien und Humankapital, und sie sind umso wirkungsvoller, je jünger der betreffende Anleger ist. Diese Handlungsalternativen mögen radikal erscheinen, sie bildeten jedoch historisch nicht die Ausnahme, sondern die Regel. Auch auf Staatsebene hat der Gesetzgeber 2007 aus entsprechenden Gründen beschlossen, das Renteneintrittsalter schrittweise auf 67 Jahre zu erhöhen.

Alles in allem kann man aus den vorstehenden Überlegungen schließen, dass mit Humankapital unerwartete Verluste von Finanzkapital jedenfalls teilweise ausgeglichen werden können und dass die Korrelation zwischen beiden Kapitaltypen in der Mehrzahl der Fälle sehr nahe bei null liegt oder sogar leicht negativ ist.[41]

Die Risikomaße in Tabelle 27 unterstellen ein zu 100 Prozent aus Aktien bestehendes Portfolio. Würde man diese Risikokennzahlen stattdessen für ein realistischeres »Haushaltsgesamtportfolio« berechnen, das zu 85 Prozent aus »anleiheartigem« Humankapital und zu 15 Prozent aus Finanzkapital (wiederum zum Beispiel 70 Prozent Aktien/30 Prozent Anleihen) besteht, würden erwartungsgemäß vergleichsweise niedrige, das heißt attraktive Risikokennzahlen resultieren.

Zieht man also die Höhe und die Risiko-Charakteristika des oft anleiheartigen Humankapitals in Betracht, stellt sich heraus, dass die meisten Anleger oder Haushalte in den ersten 20 (von an-

---

41 Hier ist auch zu bedenken, dass jedenfalls das laufende Einkommen aus Humankapital niemals unter null fallen kann. Würde man überdies die Korrelation zwischen Humankapital und Aktien exklusiv für Phasen mit negativen Aktienrenditen messen (und nur auf diese Phasen kommt es in diesem Zusammenhang an), dann fiele sie wahrscheinlich sogar deutlich negativer aus – also ein sehr wünschenswerter Zustand.

genommenen 40 bis 45) Berufsjahren rein theoretisch betrachtet durchaus eine hohe Aktienquote tolerieren könnten und dass selbst ein 90-prozentiger Aktienanteil in vielen Fällen nicht übertrieben erscheint. Bei der konkreten Festlegung der Aktienquote und ihrer Absenkung im Zeitablauf spielen natürlich anlegerspezifische Faktoren eine Rolle, wie zum Beispiel persönliche (emotionale) Risikoneigung, Zielvermögen bei Eintritt in den Ruhestand, vorhandenes Human- und Finanzkapital, Restlebensarbeitszeit, Liquiditätsbedarf in den kommenden Jahren und anderes mehr. In Abschnitt 3.7 (Seite 148) finden Sie detaillierte Hilfestellung bei der Festlegung ihrer Asset-Allokation.

Merkbox

- Der in der Finanzbranche zum Dogma erstarrte Glaube, dass das Aktienrisiko mit der Länge des Zeithorizontes abnimmt, ist – so pauschal formuliert – unzutreffend und sollte nicht als Rechtfertigung dafür dienen, nur deshalb eine hohe Aktienquote zu wählen, weil man einen Anlagehorizont von 15 Jahren und mehr hat.
- Risiko hat viele Dimensionen und seine Wahrnehmung ist subjektiv und anlegerspezifisch. Einen universellen Konsens bezüglich seiner korrekten Messung gibt es unter Experten nicht und kann es wohl auch nicht geben. Die annualisierte Standardabweichung (Volatilität) ist sicherlich keine ausreichende Risikokennzahl. Dementsprechend ist das Funktionieren von Zeitdiversifikation unter Wissenschaftlern umstritten.
- Wie zahlreiche Untersuchungen zur Beratungsqualität von Banken in den letzten zehn Jahren gezeigt haben und wie durch die Erfahrung im Aktien-Crash seit Ende 2008 noch einmal bestätigt wurde, ist das Interesse am Thema Risiko und Humankapital beim durchschnittlichen Bankkundenbetreuer eher eingeschränkt. In der Kommunikation mit Anlagekunden wird das Risiko entweder in eher nutzlose Fragebögen verbannt oder in fast unerträglicher Weise vereinfacht.

- Anleger sollten für jede gegebene anlegerspezifische → Risikotoleranz eine umso höhere Aktienquote haben, je länger ihr Anlagehorizont ist, und diese Aktienquote ab etwa 20 Jahren vor Eintritt in den Ruhestand sukzessive senken. Der Grund hierfür liegt jedoch nicht in der Existenz oder dem Funktionieren von Zeitdiversifikation, sondern hängt mit dem zeitspezifischen Mischungsverhältnis von Human- und Finanzkapital zusammen.
- Anleger sollten sich darüber klar werden, ob ihr Humankapital eher »anleiheartig« (also risikoarm mit geringer Korrelation zum Aktienmarkt) oder »aktienartig« (risikoreich mit eventuell hoher Korrelation zum Aktienmarkt) ist.[42] Anleiheartiges Humankapital erlaubt eine höhere Aktienquote unter sonst gleichen Umständen.
- Idealerweise sollte ein Haushalt bei der Betrachtung seines Finanzportfolios stets sein Humankapital addieren, um so rechnerisch zum Gesamtportfolio des Haushaltes zu gelangen. Generell sollten Finanzanalysen stets auf der Ebene des Gesamtvermögens stattfinden ■

3.4 Der Steuervorteil von Aktieninvestments unter der Abgeltungssteuer

»In Deutschland ist der Steuerspartrieb stärker als der Fortpflanzungstrieb.«

Erwin Huber, ehemaliger bayrischer Finanzminister

Wie oberflächlich uns die Finanzmedien typischerweise informieren, ließ sich in Deutschland einmal mehr im Vorfeld der Einführung

42 Dieses Argument lässt sich auch für andere Asset-Klassen und »Humankapitalsektoren« abwandeln: Ein freiberuflicher Immobilienmakler, dessen Humankapital sehr stark mit dem Immobilienmarkt korreliert, sollte sein Finanzkapital nicht in den Immobiliensektor und vermutlich auch nicht in den allgemeinen Aktienmarkt investieren. In der Realität ist hingegen das genaue Gegenteil üblich.

der Abgeltungssteuer beobachten, die seit dem 1.1.2009 in Kraft ist. Da hieß es zum Beispiel in einer renommierten Tageszeitung: »Abgeltungssteuer: Die Aktie ist der große Verlierer« (*Die Welt*, 30.8.2007). Hunderte von Presseartikeln zur Abgeltungssteuer stimmten diesem Grundtenor zu: Erträge aus zinsbringenden Anlagen (zum Beispiel Sparguthaben, Termingelder, Anleihen oder Rentenfonds) würden durch die Einführung der Abgeltungssteuer begünstigt, Erträge aus Aktien und Aktieninvestmentfonds hingegen schlechter gestellt. Diese Aussage widerspricht allerdings den Fakten:

- Bei kurzfristigen Anlagenperioden von bis zu einem Jahr werden die Erträge aus Aktien (realisierte Kursgewinne und Dividenden) im Rahmen der Abgeltungssteuer im Wesentlichen wie unter der alten steuerlichen Regelung behandelt.
- Im Hinblick auf Anlageperioden von über einem Jahr sind Aktienanleger bei Neuanlagen seit Anfang 2009 im Vergleich zur alten Regelung zwar in der Tat schlechter gestellt, doch genießen sie nach wie vor einen nicht unbeträchtlichen Steuervorteil gegenüber Anlegern in Zinsanlagen. Bei diesen ist die effektive Steuerbelastung immer genauso hoch wie der Abgeltungssteuersatz,[43] während sie bei Aktienanlegern – jedenfalls im Fall langer Halteperioden – von 28 Prozent (dem maximalen Abgeltungssteuersatz) effektiv auf etwa die Hälfte und weniger absinken kann.

Was heißt in diesem Zusammenhang »effektiv«? Von einer effektiven Steuerbelastung spricht man, wenn der Zeitwert des Geldes mit in Betracht gezogen wird, so wie es eigentlich jede Finanzrechnung, die über ein Jahr hinausreicht, korrekterweise tun sollte. Beispiel: Eine Steuerzahlung von 1000 Euro, die erst in fünf Jahren zu leisten ist, ist einer Steuerzahlung in gleicher Höhe, die bereits heute fällig ist, vorzuziehen, denn wer erst in fünf Jahren zahlen muss, kann die 1000 Euro zwischenzeitlich anlegen und damit einen Ertrag erzie-

43 Wenn man die geringen Freibeträge ignoriert sowie die relativ seltenen Ausnahmen, in denen der marginale Einkommenssteuersatz deutlich unter 28 Prozent liegt.

len. Diesen Ertrag (Zugewinn) muss er zwar später doch noch versteuern, aber bei Besteuerung im Jahr eins hätte es ihn überhaupt nicht gegeben. Die Berechnung der »effektiven« Steuerbelastung berücksichtigt also nicht nur den nominalen (einfachen) Steuersatz, sondern darüber hinaus auch den Zeitpunkt von Steuerzahlungen. Dabei können sich gravierende Abweichungen gegenüber dem nominalen Satz ergeben.

Weil bei Aktien Kursgewinne (im Unterschied zu Dividenden) erst bei *Realisierung* der Abgeltungssteuer unterliegen, ergibt sich – analog zu unserem 1000-Euro-Beispiel – ein Steuerstundungseffekt, der im Ökonomendeutsch »Barwertvorteil« genannt wird und zu einer Senkung der effektiven Steuerbelastung unter den nominalen Steuersatz führt. Ein kleines Rechenbeispiel: Wir unterstellen für ein Aktienportfolio eine langfristige nominale Gesamtrendite (Kursgewinne + Dividenden) von 10 Prozent. Ferner nehmen wir an, dass sich dieser Ertrag (in Übereinstimmungen mit den Werten seit dem Zweiten Weltkrieg) aus einer 7,8-prozentigen Kursrendite und einer 2,2-prozentigen Dividendenrendite zusammensetzt. Lediglich die Dividendenrendite unterliegt jährlich (also mehr oder weniger sofort) der Abgeltungssteuer, während der größere Brocken, die Kursrendite, erst im Fall einer Realisierung der Kursgewinne steuerpflichtig wird. Hieraus kann sich ein beträchtlicher, in den Medien regelmäßig übersehener und von Anlegern unterschätzter Barwertvorteil ergeben. Abbildung 16 illustriert, wie der effektive Abgeltungssteuersatz für ein Aktienportfolio mit der Länge der Anlageperiode sinkt. Bei zinsbringenden Anlagen gibt es einen solchen Vorteil nicht; dort ist die effektive Steuerlast, wie zuvor erwähnt, stets identisch mit der nominalen Steuerlast.

Unterstellt man einen Anlagehorizont von 25 Jahren, dann sinkt in unserer Beispielrechnung die effektive Abgeltungssteuerlast unseres Aktienanlegers auf etwa 16 Prozent, was eine Reduktion der Steuerlast um 42 Prozent bedeutet.[44] Dieser Vorteil dürfte groß

44 Die tatsächliche Steuerbelastung (im Unterschied zu dieser Modellrechnung, in der es keinerlei Kursschwankungen gibt) kann naturgemäß anders aussehen.

Abbildung 16: Effektiver Abgeltungssteuersatz bei 10-prozentiger jährlicher Gesamtrendite eines Aktieninvestments in Abhängigkeit von der Haltedauer

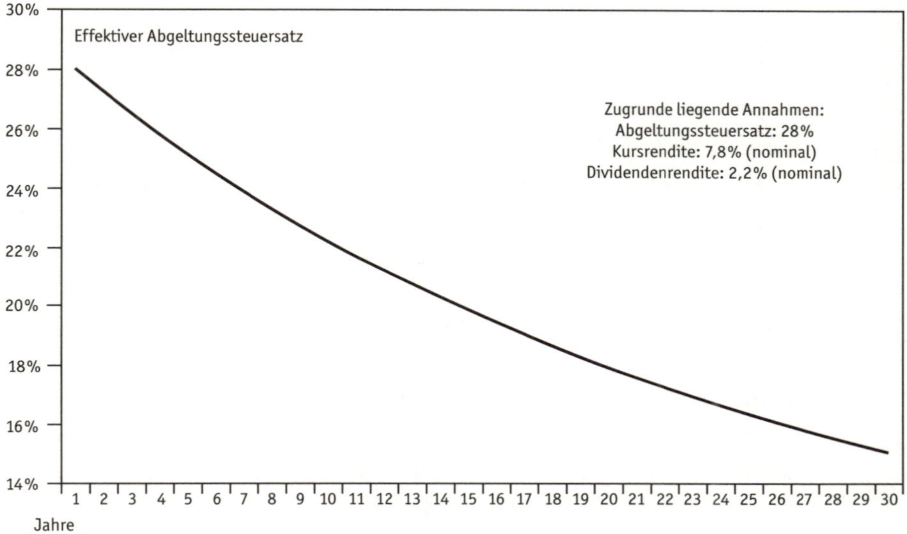

Quelle: Eigene Berechnungen

genug sein, um in einem Presseartikel erwähnt und auch beziffert zu werden, fiel aber in der teilweise sehr emotionalen Berichterstattung zur Abgeltungssteuer im Laufe des Jahres 2008 zumeist unter den Tisch.

Merkbox

- Die Behauptung, Aktienanleger seien die großen Verlierer unter der Abgeltungssteuer, trifft in dieser Form nicht zu. Richtig ist vielmehr, dass die ehemals große steuerliche Begünstigung von Aktieninvestments jetzt in reduzierter Form weiter besteht.
- Die relativen Vorteile eines radikalen, sehr langfristigen Buy-and-Hold-Ansatzes fallen unter der Abgeltungssteuer sogar noch höher aus als zur Zeit der alten Regelung

3.5 Hilft der Cost-Averaging-Effekt dem langfristigen Investor?

»Mit einer einfachen Buy-and-Hold-Strategie würde sich ein Anleger unter Rendite- und Risikogesichtspunkten besser stellen als mit einer sukzessiven Portfolio-Umschichtung im Rahmen einer Cost-Average-Strategie. [...] Es gibt keinen Cost-Average-Effekt.«

Prof. Thomas Langer und *Prof. Martin Weber*, Universität Mannheim

Seit jeher rühren Banken, Fondsgesellschaften und die Finanzmedien kräftig die Werbetrommel für den sogenannten »Cost-Averaging-Effekt« (Durchschnittskosteneffekt oder auch DKE), den sich Anleger durch einen Fonds- oder Wertpapiersparvertrag zunutze machen könnten. Der DKE bewirke, so die Finanzbranche, dass Wertschwankungen der gekauften Aktien oder Fondsanteile zu einem Kostenvorteil für den Anleger führten. Tabelle 28 zeigt ein Rechenbeispiel, wie es die Finanzbranche oft verwendet.

Tabelle 28: Darstellung des Durchschnittskosteneffekts

	Anteilspreis (in Euro)	Monatliches Investment (in Euro)	Anzahl Fondsanteile
Monat			
Januar	20	100	5,00
Februar	15	100	6,67
März	30	100	3,33
Summe		300	15,00
Durchschnittlicher Marktpreis (Jan.–März)	21,67		
Durchschnittlicher Anteilspreis des Anlegers	20,00		

Aus der Tabelle geht hervor, dass der Anleger während der Betrachtungsperiode einen unter dem durchschnittlichen Marktpreis liegenden Anteilspreis gezahlt hat. Daher sei dies »ein System, mit dem man wirklich den Markt schlagen kann« (John Kay, *Financial Times*, 23.1.2009). Leider ist diese Behauptung unzutreffend und wird auch dadurch nicht wahrer, dass sie seit Jahrzehnten unermüdlich von Banken, Fondsgesellschaften und Medien wiederholt wird, einschließlich der altehrwürdigen *Financial Times*. Der Wirtschaftsnobelpreisträger Paul Samuelson hat das Werben mit dem Cost-Average-Effekt einmal als »groben Fehler, wenn nicht sogar kriminell« bezeichnet (Samuelson, 1994).

Rücken wir daher die Fakten zurecht:

- Sehr langfristig wirkt sich der DKE insofern nachteilig aus, als die effektive Portfoliorendite des Anlegers unter sonst gleichen Umständen unter der Marktrendite liegen wird. Dies erklärt sich aus dem Umstand, dass der Markt langfristig steigt. Je langsamer beziehungsweise später man in einem solchen (normalen) Anstiegsszenario investiert, desto niedriger wird der Vermögensendwert und der interne Zinsfuß sein (die effektive Portfoliorendite; siehe auch Abschnitt »Verschiedene Rendite- und Risikomesszahlen«, Seite 178). Der DKE kann sich, etwas vereinfacht gesagt, nur dann positiv für den Anleger auswirken, wenn es während der Anlageperiode per saldo abwärts ging, also die kumulative Marktrendite negativ ist. Langfristig betrachtet ist das jedoch nicht die Regel – wäre es so, würde niemand in Aktien investieren.
- In Märkten, die sich seitwärts bewegen, was langfristig selten der Fall ist, dürfte der DKE sich in Relation zu einer anfänglichen Einmalanlage allenfalls dann leicht positiv auswirken, wenn der Anleger die nicht in Aktien investierten Mittel stattdessen in eine risikofreie Zinsanlage investiert.
- Dass der durchschnittliche Aktienkaufkurs des Anlegers beim DKE niedriger ist als der einfache arithmetische Durchschnitt der Kurse während der Betrachtungsperiode, ist ein irrelevantes rechentechnisches Detail ohne Konsequenz für die effektive Port-

foliorendite. Denn letztlich kommt es auf den Portfolioendwert an, und hier wirkt sich der DKE in der Regel nicht vorteilhaft aus.

- Welche Alternative zum DKE bietet sich dem Investor? Antwort: eine sofortige Einmalanlage. In der Praxis haben die meisten Anleger diese Wahl jedoch selten, da sie kaum je vor der Aufgabe stehen, einen großen Betrag auf einmal oder aber stattdessen schrittweise zu investieren. Sie folgen einem Wertpapiersparplan (und damit dem DKE) also nicht deshalb, weil es eine smarte Investmentstrategie wäre, sondern weil sie gar keine Alternative haben. Daher hat dieses Thema vermutlich in der Praxis eine geringe Bedeutung, einmal abgesehen davon, dass die Korrektur dieses Irrtums falsche Illusionen beim Anleger ausräumt. Einige der eher seltenen Ausnahmen von der Irrelevanz des DKE könnten dann vorliegen, wenn jemandem eine größere Erbschaft oder ein dicker Gehaltsbonus zugefallen ist oder wenn man erwägt, eine größere Geldsumme, die vordem nicht in Aktien investiert war, nun in dieser Asset-Klasse anzulegen. In diesem Fall stellt sich die Frage, ob man alles auf einmal investieren oder in monatlichen Raten über einen Zeitraum von ein bis drei Jahren allmählich in den Markt einsteigen soll. Wer aus emotionalen Gründen bevorzugt, den Einstieg auf Raten durchzuführen, der möge das tun. In der Mehrzahl der Fälle dürfte ihn das ein wenig und bisweilen auch etwas mehr Rendite kosten, aber es kann gut für den Seelenfrieden sein. Eher selten könnte eine solche Strategie sogar vorteilhaft sein.

Merkbox

- Der Durchschnittskosteneffekt ist eine Fata Morgana und allein seinetwegen sollte niemand in Aktien investieren. Banken, ein Finanzberater oder ein Fondsprospekt, die diese arithmetische Trivialität als Anlegervorteil darstellen, erwecken damit Zweifel an ihrer Kompetenz und Vertrauenswürdigkeit

3.6 Wie findet man den richtigen Einstiegszeitpunkt?

»Wie können Sie sicher feststellen, ob Aktienkurse vor einem Aufschwung oder einem Fall stehen? Sie können es nicht. Niemand kann es. Auch nicht die Experten.«

Prof. Zvi Bodie, Boston University

Fast alle Anleger, der Autor eingeschlossen, unterliegen stets dem Eindruck, dass der jeweils aktuelle Zeitpunkt zum Einstieg in Wertpapierinvestments nicht optimal sei. Sind die Aktienkurse schon über einen längeren Zeitraum gestiegen, befürchten wir, in einen überteuerten Markt einzusteigen, der kurz vor der Trendwende nach unten steht; sind die Aktienkurse dagegen schon lange gefallen, haben wir Angst, dass es noch weiter nach unten gehen könnte. Viele Anleger fragen sich daher, ob Experten eine Hilfestellung bei der Wahl des geeigneten Einstiegszeitpunktes bieten können.

Die Antwort auf diese Frage ist ein klares Nein. Um den optimalen oder auch nur einen einigermaßen günstigen Einstiegs- (oder Ausstiegs-)Zeitpunkt zuverlässig festlegen zu können, müsste Market-Timing dauerhaft funktionieren, und das ist nicht der Fall. In diesem Sinne ist also der Zeitpunkt des Markteintritts unwichtig, denn es gibt keine systematische Methode, den günstigsten Markteintrittszeitpunkt im Voraus zu bestimmen.

Dennoch hat der konkrete Zeitpunkt des Markteintrittes – korrekter: der exakte Kalenderzeitraum, während dem ein Investment besteht – natürlich einen erheblichen Einfluss auf dessen durchschnittliche Jahresrendite und damit auf den Investmentendwert. Dieser Einfluss nimmt mit der Länge des Anlagezeitraums ab, verschwindet aber bei realistischen Anlagezeiträumen von unter 40 Jahren niemals vollständig. Tabelle 29 veranschaulicht diesen Sachverhalt. Sie zeigt die historische Spannbreite der durchschnittlichen realen Jahresrenditen über einen Zehn-Jahres- und einen 20-Jahres-Zeitraum für Aktien und »risikolose« (US-)Staatsanleihen. Die unterste Zeile der Tabelle gibt die reale Durchschnittsrendite über die letzten 59 Jahre wieder.

Tabelle 29: Die Spannbreite langfristiger Renditen bei Aktien und kurzfristigen Staatsanleihen – reale Renditen

	DAX (Standardwerte) 1950–2008 (59 Jahre), in Euro	USA-Aktien (Gesamtmarkt) 1926–2008 (83 Jahre), in US-Dollar	USA, kurzfr. Staatsanl. 1926–2008 (83 Jahre), in US-Dollar
10 Jahre			
Min. Rendite p. a.	–4,4 %	–4,5 %	–5,3 %
Max. Rendite p. a.	32,2 %	18,0 %	4,6 %
20 Jahre			
Min. Rendite p. a.	–2,9 %	0,4 %	–3,2 %
Max. Rendite p. a.	14,2 %	13,5 %	2,9 %
Geometrische Rendite p. a., 1950–2008 (59 Jahre)	7,1 %	6,6 %	1,0 %

Datenquellen: Deutsches Aktieninstitut, Ken French (CRSP-Datenbank)

Tabelle 29 illustriert die große Schwankungsbreite historischer Renditen selbst noch über Zeiträume von 20 Jahren; bei kürzeren Zeiträumen als einer Dekade wäre die Spannbreite noch größer. Diesem »Risiko des richtigen Einstiegszeitpunktes« kann man sich jedoch weder durch Market-Timing entziehen noch durch Beschränkung auf »risikolose« Sparguthaben oder kurzfristige Staatsanleihen, wie die Tabelle andeutet.

Erfreulicherweise kann man jedoch sagen, dass die Tabelle das tatsächliche Risiko des richtigen Einstiegszeitpunkts wohl überzeichnet. Warum? Zum einen wird kaum jemand in die Situation geraten, buchstäblich 100 Prozent seiner Lebensersparnisse exakt im schlechtesten möglichen Jahr zu investieren und eine oder zwei Dekaden später wiederum die volle Summe genau im schlechtesten möglichen Jahr für Konsumzwecke aufzulösen. In der Realität werden stattdessen so gut wie alle Anleger und Sparer über einen sehr langen Zeitraum hinweg Geldmittel allmählich investieren (ansparen), sodass sich das Risiko des richtigen Einstiegszeitpunkt verwässert. Außerdem kann man dieses Risiko unter das in Tabelle 29 dargestellte Niveau senken, indem man global über breite Asset-Klassen hinweg diversifiziert.

In dem eher unüblichen Fall, dass ein Privatanleger einen größeren Einmalbetrag in den Aktienmarkt investieren will, mag die folgende, an der Anlegerpsychologie orientierte Strategie weiterhelfen: die Aufstellung eines »Investmentfahrplans mit Selbstverpflichtung«. Dieser Fahrplan könnte beispielsweise wie folgt aussehen:

- Man investiert ein Viertel heute und in jedem der drei folgenden Quartale ein weiteres Viertel (Gesamtdauer 12 Monate)
- Man investiert ein Sechstel des Anlagebetrages sofort und dann alle sechs Monate ein weiteres Sechstel (Gesamtdauer 36 Monate)

Leichte Abwandlungen dieser alternativen Investmentfahrpläne – je nach persönlicher Präferenz – sind möglich, allerdings sollte der Fahrplan sich vermutlich nicht über mehr als 36 Monate erstrecken. In jedem Fall muss man den Fahrplan konsequent umsetzen, gleich in welche Richtung sich die Märkte kurzfristig bewegen. Mit einem solchen Fahrplan kann ein Anleger gefühlsmäßig eigentlich nur gewinnen: Steigt der Markt nach dem Anfangsinvestment, freut sich der Anleger über den Wertzuwachs seines Portfolios und über seine Klugheit, das Investment nicht aufgeschoben zu haben. Fällt der Markt, hat er nun die Gelegenheit, zu günstigeren Preisen zu kaufen, und wird sich in der Entscheidung bestätigt fühlen, nicht alles auf einmal investiert zu haben. Zu berücksichtigen ist allerdings, dass dieser »psychologisch« und risikosenkend motivierte Einstiegsfahrplan im Rückblick so gut wie immer nur die zweitbeste Lösung darstellt. Sind die Kurse in der gestreckten Investitionsphase gestiegen, dann wäre es besser gewesen, alles sofort zu investieren; sind sie gefallen, wäre es besser gewesen, alles erst am Ende zu investieren. Mit diesem Ansatz liegt der Investor somit nie ganz falsch, aber auch nie ganz richtig.

Merkbox

- Kapitalmärkte weisen langfristig eine positive durchschnittliche Rendite auf. Deswegen ist es im Durchschnitt am besten, verfügbare Mittel so früh und so schnell wie möglich zu investieren.
- Aus emotionalen Gründen empfiehlt es sich dennoch für viele Anleger, die einen großen Betrag neu in den Aktienmarkt investieren wollen, dies schrittweise in Form eines Investmentfahrplanes zu tun

3.7 Buy-and-Hold-Investieren: Eine praktische Anleitung

»Oft beginnt passives Investieren mit guten Absichten, aber es endet leider nicht immer so. Wer eine fixe Asset-Allokation über viele Jahre hinweg beibehalten will, benötigt Überzeugung und emotionale Disziplin. Viele potenziell erfolgreiche passive Anleger weichen irgendwann von ihren Überzeugungen ab, weil sie glauben, die Strategie funktioniere nicht. Das passiert typischerweise während ungünstiger Marktbedingungen. Unweigerlich erweist sich ein solcher Strategiewechsel im Abwärtstrend als Fehler und führt zu einer niedrigeren Rendite und höherem Risiko, als es der Fall gewesen wäre, wenn man den passiven Ansatz während der schwierigen Marktphase beibehalten hätte.«

Richard Ferry, Geschäftsführer von Portfolio Solutions LLP und Buchautor

Grundprinzipien der Asset-Allokation

Dieser Abschnitt wird Sie schrittweise mit einer rationalen Investmentstrategie bekannt machen. Er möchte Sie in die Lage versetzen, diejenige konkrete Asset-Allokation – das Kernstück dieser Strategie – festzulegen, die für Sie persönlich richtig ist. Das ist einfacher, als Sie zunächst vielleicht annehmen. Eine rationale Investmentstrategie für einen Privatanleger sollte auf den in Tabelle 30 aufgeführten Prinzipien aufbauen:

Tabelle 30: Die fünf allgemeinen Grundprinzipien des Investierens für Privatanleger

	Grundprinzip	Anmerkung
(1)	Einfachheit	Ein Investmentansatz, der nicht einfach ist, hat nur geringe Chancen, langfristig, das heißt über 20 Jahre und mehr, von einem Privatanleger durchgehend befolgt zu werden. Das gilt sowohl für die anfängliche Strukturierung als auch für die spätere laufende Betreuung des Portfolios. Der hier vorgestellte passive Buy-and-Hold-Ansatz ist denkbar simpel. Nur ein völlig planloses Vorgehen wäre noch einfacher.
(2)	Transparenz	Transparenz der Anlageprodukte ist inhärent wertvoll, denn sie hilft, Fehler und Missverständnisse zu vermeiden und die Identifikation des Anlegers mit dem Anlageansatz zu steigern. Die in diesem Buch empfohlenen Anlageprodukte sind an Transparenz nicht überbietbar.
(3)	(a) Risikotoleranz, (b) reale Renditeerwartung, (c) Anlagehorizont, (d) kurz- bis mittelfristiger Liquiditätsbedarf	Diese vier Schlüsselfaktoren, die in gegenseitiger Abhängigkeit voneinander stehen, bestimmen die Asset-Allokation. Sind diese Faktoren nicht korrekt berücksichtigt, besteht wenig Aussicht, dass das Investmentportfolio den Erwartungen des Anlegers langfristig genügt und er die notwendige Disziplin aufbringt, um zum gewünschten Renditeziel (Vermögensendwert) zu gelangen.
(4)	Minimierung von Kosten und Steuern	Beide Einflussfaktoren auf den Vermögensendwert sind hoch, wobei Privatanleger den Einfluss von Kosten typischerweise unter- und denjenigen von Steuern typischerweise überschätzen.
(5)	Langfristigkeit, Disziplin, Stetigkeit	Ein Strategie, die oft gewechselt oder modifiziert wird, kann ihre Stärken nicht oder nur durch Zufall ausspielen. Zudem verursachen fortwährende Änderungen renditeschädliche Kosten.

Das Gesamtportfolio eines Anlegers besteht aus einem »risikobehafteten« und einem »risikofreien«[45] Teil. Die relative Gewichtung dieser

45 Eine präzisere Bezeichnung wäre »risikoarm«, weil es wirklich risikofreie Anlagen nicht gibt, aber wir schließen uns hier dem allgemeinen Sprachgebrauch an.

beiden Teile wird bestimmt von den in Tabelle 30, Zeile 3 genannten vier Schlüsselfaktoren. Dies bedeutet, dass jedes Investmentportfolio die beiden Grundbausteine – risikobehafteter und risikofreier Portfolioteil – enthalten muss, lediglich ihre relative Gewichtung ist anlegerspezifisch. Auf dieses wissenschaftliche Grundprinzip, das den hier vorgestellten Ansatz genial einfach macht, werde ich später noch einmal zurückkommen. Der risikobehaftete Teil (den ich von nun an »Weltportfolio« nennen werde) ist innerhalb des Gesamtportfolios für die Erzeugung von Rendite zuständig (wie der Motor bei einem Auto), der risikofreie Teil für die Risikosteuerung (bei einem Auto entspräche das beispielsweise den Bremsen, den Sicherheitsgurten, den Airbags oder den Knautschzonen). Es handelt sich also um zwei strikt voneinander getrennte Rollen innerhalb eines Portfolios, die nicht vermischt werden sollten, auch wenn konventionelle Vermögensberater das meistens tun.

Im folgenden Abschnitt »Das Weltportfolio« stelle ich beide Teile des Gesamtportfolios im Einzelnen vor. Zunächst aber werfen wir einen Blick auf deren Mischungsverhältnis. Dieses wird von den bereits erwähnten Schlüsselfaktoren (Tabelle 30, Zeile 3) bestimmt. Der Anleger wählt dasjenige Mischungsverhältnis, das seiner langfristigen Renditeerwartung und seiner Risikotragekapazität am besten entspricht (siehe Tabelle 31).

Die in der Tabelle genannten erwarteten Renditen sind inflationsbereinigt, berücksichtigen aber keine Transaktionskosten und Steuern. Im März 2009 betrug der maximale Drawdown des Weltportfolios etwa 50 Prozent und erreichte damit den hier angegebenen geschätzten Maximalwert. (Historische Renditen des Weltportfolios finden Sie im folgenden Abschnitt »Das Weltportfolio«.)

Tabelle 31 vermittelt einen groben Anhaltspunkt, wie unter Berücksichtigung des maximalen geschätzten Drawdowns und des Anlagehorizonts das Mischungsverhältnis aus Weltportfolio und risikofreier Anlage gewählt werden könnte. Dabei ist zu beachten, dass sowohl die Schätzungen des maximalen Verlusts als auch der erwarteten Rendite genau das sind – Schätzungen. Unter besonders ungünstigen, aber vermutlich sehr selten auftretenden Umständen

Tabelle 31: So ermitteln Sie Ihre optimale Depotmischung (Asset-Allokation)

	Hohe Risiko-Rendite-Erwartung ←								→ Niedrige Risiko-Rendite-Erwartung
	Portf. 1	Portf. 2	Portf. 3	Portf. 4	Portf. 5	Portf. 6	Portf. 7	Portf. 8	Portf. 9	Portf. 10
Anteil risikofreie Anlage	0%	10%	20%	30%	40%	50%	60%	70%	80%	90%
Anteil Weltportfolio	100%	90%	80%	70%	60%	50%	40%	30%	20%	10%
Maximaler Drawdown (geschätzt)	-52%	-46%	-40%	-34%	-28%	-22%	-16%	-9%	-3%	-1%
Langfristige reale erwartete Rendite p. a.	9,2%	8,3%	7,8%	7,2%	6,6%	6,0%	5,3%	4,6%	3,8%	2,9%
Notwendiger Mindestanlagehorizont in Jahren	11	10	9	8	7	6	4	3	2	2

kann der maximale Verlust auch höher ausfallen. Mit anderen Worten, die Zahlen suggerieren eine Genauigkeit, die in Wirklichkeit nicht besteht. Niemand kennt die Zukunft, auch der Autor nicht. Die in diesem Buch dargestellten historischen Zahlen einschließlich der historischen Einbrüche an den Wertpapiermärkten geben Ihnen eine Eindruck von dem »Drawdown-Potenzial« von Aktienmärkten (wenngleich das Weltportfolio weit besser diversifiziert ist als ein einzelner nationaler Aktienmarkt). Verglichen mit den Erfahrungen etwa der letzten 40 Jahre bildete der Bärenmarkt von 2008/2009 insofern eine historische »Ausnahme«, als zum ersten Mal praktisch alle risikobehafteten Asset-Klassen – Aktien weltweit, einschließlich Small Caps, Value-Aktien und Schwellenländeraktien, Unternehmensanleihen, Immobilien und Rohstoffe (mit Ausnahme von Gold) – gleichzeitig stark einbrachen.[46]

46 Man könnte vermutlich lange akademische Diskussionen darüber führen, ob der Bärenmarkt von 2008/2009 in diesem Sinne tatsächlich eine Ausnahme war oder aufgrund der (oft missverstandenen) »Globalisierung« der gleichzeitige Einbruch aller risikobehafteten Asset-Klassen im Falle eines Crashs künftig die Regel sein wird. Betrachtet man die Daten der letzten 100 Jahre, ferner die Tatsache, dass Korrelationen schon immer stark geschwankt ha-

Bei der Interpretation und persönlichen Umsetzung von Tabelle 31 bitte ich zu beachten, dass nicht jeder Anleger, der beispielsweise einen sicheren Anlagehorizont von elf Jahren oder mehr hat, automatisch Portfolio 1 wählen sollte. Nicht allein der Anlagehorizont zählt bei der Wahl eines Portfolios, sondern auch die emotionale und finanzielle Stressresistenz im Angesicht möglicher Verluste und die anderen in Tabelle 30, Zeile 3 genannten Kriterien. Die meisten Anleger überschätzen ihre emotionale Leidensfähigkeit, sofern sie seit längerer Zeit keine Verluste mehr erlitten haben, und unterschätzten sie im umgekehrten Fall. Wer Familienmitglieder hat, die von ihm finanziell abhängig sind, sollte sich ebenfalls bei einem gegebenen Anlagehorizont weiter nach rechts orientieren und eine höhere Beimischung des risikofreien Teils wählen. Die Risikotoleranz (Risikotragefähigkeit) wird von drei persönlichen Faktoren bestimmt: (a) der individuellen Fähigkeit, (b) der Bereitschaft und (c) der Notwendigkeit, Risiko zu tragen. Nachfolgend finden Sie eine Checkliste, die Ihnen dabei hilft, diese abstrakten Begriffe auf Ihre persönliche Situation anzuwenden.

Emotionale Stressresistenz: Wie tief kann Ihr Portfolio im Wert fallen, ohne dass sie sich ernsthafte Sorgen machen, sich unwohl, geängstigt, nervös, gestresst fühlen?

Höhe der frei verfügbaren Finanzmittel pro Monat: Wie hoch und wie sicher ist das monatliche Nettoeinkommen, das Sie und die wirtschaftlich von Ihnen abhängigen Personen monatlich beziehen, im Verhältnis zu ihren monatlichen Kosten? Bei diesen ist wiederum zu unterscheiden zwischen fixen, unvermeidbaren Kosten (Lebensmittel, Darlehensverpflichtungen, Mieten) und variablen, kurzfristig vermeidbaren Kosten (Kleidung, Urlaub, Hobby usw.).

---

ben, und einige andere sachlogische Erwägungen, auf die ich hier nicht näher eingehe, trägt die jetzige Krise aus meiner Sicht eher Ausnahmecharakter. Sofern man hier anderer Meinung ist, könnte man daran denken, den Anteil der risikofreien Anlage in seinem Portfolio relativ zu der Richtschnur in Tabelle 31 (»So ermitteln Sie Ihre optimale Depotmischung«) zu erhöhen.

Berücksichtigen Sie bei dieser Kalkulation auch große Ausgaben, die nur in langen Abständen anfallen, zum Beispiel für ein neues Auto, Reparaturen an Ihrer Immobilie, eine neue Waschmaschine, Urlaub, Möbel und Ähnliches. Wenn dieser sogenannte freie Cashflow im Durchschnitt niedriger ist als 20 Prozent, könnte es empfehlenswert sein, dass Sie sich auf der Skala in Tabelle 31 weiter nach rechts bewegen.

Höhe der Notreserve: Wie lange können Sie und die wirtschaftlich von Ihnen abhängigen Personen mit Ihrem liquiden Geldvermögen inklusive des risikofreien Teils Ihres ausgewählten Musterportfolios (bestehend aus kurzfristigen verzinslichen Anlagen) auch unter ungünstigsten Bedingungen, das heißt wenn der/die Geldverdiener/in des Haushaltes arbeitslos oder durch einen Unglücksfall erwerbslos würde, »überleben«? Berücksichtigen Sie hierbei vorhandene Versicherungen (Berufsunfähigkeitsversicherung, Risikolebensversicherungen).

Höhe und geschätzte Korrelation des/der relevanten Berufseinkommen (Humankapital) mit den Aktienmarktrenditen (siehe Abschnitt 3.2, Seite 125): Je höher diese Korrelation, die zugegebenermaßen in der Praxis für Einzelpersonen nicht exakt messbar oder zuverlässig prognostizierbar ist, und je niedriger ihr Humankapital, desto geringer sollte der Aktienanteil im Gesamtportfolio ausfallen. Für einen Banker, der im Wertpapiersektor arbeitet, ist die Korrelation wahrscheinlich sehr hoch (sein Jahresgehalt dürfte im Gleichlauf mit dem Aktienmarkt schwanken), für einen beamteten Lehrer hingegen wohl sehr niedrig, da sein Jahresgehalt keine Beziehung zum Aktienmarkt hat und sehr stetig ist.

Weiteres Vermögen: Welches zusätzliche Vermögen – neben Ihrem Wertpapierportfolio – besitzen Sie? Dazu könnten zum Beispiel Humankapital, Immobilien (nach Abzug der Schulden), Unternehmensbeteiligungen, Rentenansprüche, Kapitallebensversicherungen (Rückkaufswert), Autos (sofern vollkaskoversichert) oder auch eine sicher zu erwartende Erbschaft gehören. Je geringer die Korrelation dieses Zusatzvermögens, das Ökonomen als »Hintergrundvermögen« bezeichnen, mit ihrem Wertpapierportfolio und je höher das Hintergrundvermögen in absoluten Zahlen ist, desto mehr können Sie auf dem Allokationsspektrum in Tabelle 31 nach links rücken.

Mindestanlagehorizont: der Zeitraum, während dessen man das Portfolio – sowohl was das Kapital betrifft als auch hinsichtlich der laufenden Erträge (Zinsen, Dividenden) – mit sehr großer Wahrscheinlichkeit, das heißt außer im absoluten Notfall, nicht anrühren muss. Zwei bis drei volle Monatsgehälter sollte man – unabhängig vom Anlagehorizont – ohnehin stets als Barreserve halten, die nach Möglichkeit auf einem verzinslichen Guthabenkonto geparkt wird. Ganz wichtig in diesem Zusammenhang ist die Frist bis zum Ruhestand: In wie vielen Jahren wollen Sie (bzw. der/die Geldverdiener/in in Ihrem Haushalt) sich zur Ruhe setzen? Wenn es so weit ist, werden Sie möglicherweise einen nennenswerten Teil Ihres Lebensunterhaltes aus den laufenden Erträgen und/oder dem Portfoliokapital selbst bestreiten müssen.

Das Weltportfolio

Dieser Abschnitt erläutert, wie das sogenannte Weltportfolio, das den risikobehafteten Teil eines Gesamtportfolios repräsentiert, strukturiert ist (Abbildung 17) und wie es mit konkreten Indexing-Produkten abgebildet werden kann (Tabelle 32).

Die Produkte in Tabelle 32 sind beispielhaft genannt – ich möchte an dieser Stelle keinen einzelnen ETF-Produktanbieter hervorheben, da sich Produktmerkmale zu schnell ändern, als dass sie in einem Buch lange genug verlässliche Aktualität besitzen. ETFs sollten stets über die Börse gekauft werden, da so ein Ausgabeaufschlag vermieden wird und lediglich die niedrigere → Geld-Brief-Spanne zur Anwendung kommt. Achtung: Die Namen ein und desselben Produktes

Abbildung 17: Mögliche Asset-Allokation für ein Gesamtportfolio aus einer risikofreien Anlage und dem Weltportfolio

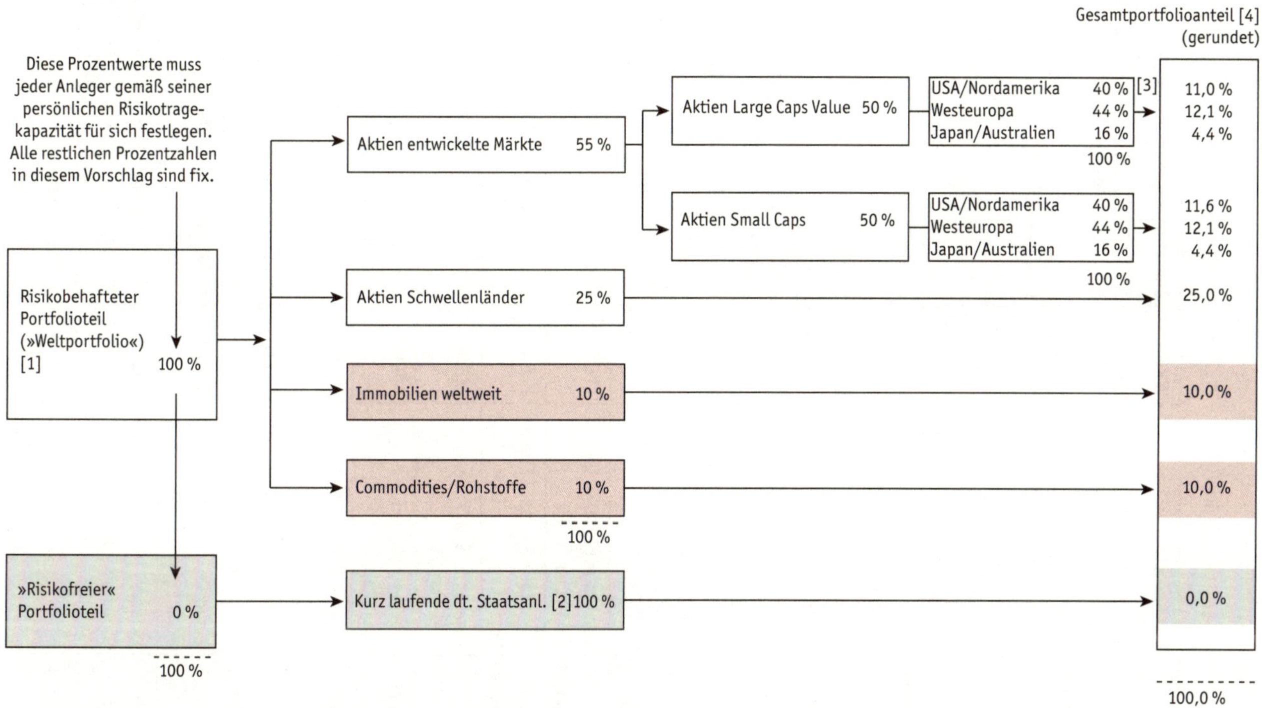

[1] Nur sehr risikotolerante Anleger mit einem Anlagehorizont ab zehn Jahren sollten mehr als 80 Prozent ihres Wertpapiervermögens im risikobehafteten Teil halten.

[2] Als »zweitbeste« Alternativen hierzu können auch verzinsliche Guthabenkonten, Sparkonten und Festgelder (sofern im Rahmen des Einlagensicherungsfonds garantiert), Geldmarktfonds und mittelfristige Staatsanleihen bis fünf Jahre Restlaufzeit verwendet werden.

[3] Wo für diese Asset-Klassen keine Value-Anlageprodukte verfügbar sind, kann auch eine »Blend-/Core-Variante« (also der »normale« Markt) als nächstbeste Alternative dienen.

[4] Die in dieser Spalte genannten Prozentsätze gelten nur für ein 100 % / 0 %-Portfolio (siehe ganz linke Spalte).

Tabelle 32: Mögliche ETF-Produktauswahl für das Weltportfolio und die risikofreie Anlage (Stand: April 2009)

	Asset-Klasse	Produktname	WKN	Zugrunde liegender Index / Bemerkungen
1	Large Cap Value Nordamerika	iShares DJ U.S. Select Dividend (DE)	A0D8Q4	Dow Jones US Select Dividend
		Lyxor ETF FTSE RAFI US 1000	LYX0BN	FTSE RAFI US 1000
2	Large Cap Value Westeuropa	iShares DJ STOXX Select Dividend 30 (DE)	263529	DJ STOXX Select Dividend 30
		Lyxor ETF DJ Stoxx Select Dividend 30	LYX0BB	DJ STOXX Select Dividend 30
		ETFlab DJ STOXX Strong Value 20	ETFL04	Dow Jones STOXX Strong Value 20
		Lyxor ETF MSCI EMU Value	A0EQ01	MSCI Europe (EMU) Value (schließt nur die EWU-Länder mit ein)
3	Large Cap Value Japan/ Australien	iShares DJ Asia Pacific Select Dividend 30 (DE)	A0H074	DJ Asia Pacific Select Dividend 30
		Lyxor ETF FTSE RAFI Japan	LYX0BP	FTSE RAFI Japan
4	Small Caps Nordamerika	ComStage ETF MSCI USA Small Cap	ETF123	MSCI USA Small Cap
5	Small Caps Westeuropa	ComStage ETF MSCI Europe Small Cap	ETF126	MSCI Europe Small Cap
		iShares DJ STOXX Small 200 (DE)	A0D8QZ	Dow Jones Stoxx Small 200
6	Small Caps Japan/ Australien	iShares MSCI Japan SmallCap	A0RFEC	Das Japan-Small-Caps-ETF allein genügt an sich bereits. Nur wer sich an Komplexität nicht stört, kann die beiden ETFs im Verhältnis 2:1 mischen (2/3 Japan).
		iShares MSCI AC Far East ex-Japan SmallCap	A0RFEF	
7	Schwellenländer global	db x-trackers MSCI Emerging Markets	DBX1EM	MSCI Emerging Markets
		iShares MSCI Emerging Markets	A0HGZT	MSCI Emerging Markets
8	Immobilienaktien global	iShares FTSE EPRA/NAREIT Global Property	A0LGQL	FTSE EPRA/NAREIT Global Property-Index. Wer die USA-Lastigkeit dieses ETFs (etwa 40%) reduzieren will, könnte die Position hälftig aufteilen und noch einen entsprechenden europäischen ETF hinzunehmen.

	Asset-Klasse	Produktname	WKN	Zugrunde liegender Index / Bemerkungen
9	Rohstoffe global	EasyETF GSCI TR	A0EAZC	Rohstoff-Futures auf den Goldman Sachs Commodity Index (GSCI Total Return)
		db x-trackers DBLCI-OY balanced	DBX1LC	DB Liquid Commodity Index – Optimum Yield Total Return
10	Risikofreie Anlage	iShares eb.rexx Government Germany 1,5–2,5 (DE)	628947	eb.rexx Government Germany 1,5–2,5 (dt. Staatsanleihen mit Restlaufzeit von max. 2,5 Jahren)
		Lyxor ETF EuroMTS 1–3Y	A0HGFC	EuroMTS 1–3Y (westeuropäische Staatsanleihen in Euro mit Restlaufzeit von max. 3 Jahren)
		iShares Euro Inflation Linked Bonds	A0HG2S	Der Inflation-Linked-ETF (inflationsgeschützte westeuropäische Euro-Anleihen) schützt vor unerwartetem Inflationsanstieg, hat aber eine deutlich längere Restlaufzeit und daher ein höheres Zinsänderungsrisiko als die beiden zuerst genannten »nominalen« ETFs.
		Bundesschatzbriefe, Finanzierungsschätze, Bundesanleihen		Direktanlage in Bundesschatzbriefe, Finanzierungsschätze oder in Bundesanleihen mit einer Restlaufzeit von maximal 3–4 Jahren*

* Wer sicher weiß, dass er die Anleihen bis zur Fälligkeit hält, und sich an zwischenzeitlichen Kursschwankungen nicht stört, könnte auch längere Restlaufzeiten wählen, was geringfügig renditefördernd wäre. Bei einem Bundesschatzbrief gibt es (da nicht börsennotiert) keine »optisch erkennbaren« Kursschwankungen.

(einschließlich etwaiger Abkürzungen) sind nicht in allen Datenbanken identisch.

Drei Websites, die nützliche aktuelle Listen mit in Deutschland zugelassenen ETFs enthalten, finden Sie im Abschnitt »Websites« im Anhang, Seite 195. Es lohnt sich, diese Seiten (oder auch ein Anlegermagazin mit einem aktuellen ETF-Katalog) zu konsultieren, da sich hier naturgemäß laufend Veränderungen ergeben und von Zeit zu Zeit neue und/oder kostengünstigere Produkte auf den Markt kommen.

Für ein kleines Portfolio, bei dem die produktbezogenen Mindestbeträge der Fondsgesellschaften nicht erreicht werden oder das bewusst gewählt wird, weil der Anleger weniger Komplexität bevorzugt, bieten sich beispielsweise die folgenden fast beliebig kombinierbaren Vereinfachungsmöglichkeiten an: (a) Ersetzung der Kategorie »Aktien entwickelte Märkte/Large Caps« durch einen einzelnen ETF auf den MSCI-World-Index, zum Beispiel »db x-trackers DJ STOXX Global Select Dividend 100« (WKN DBX1DG) oder »PowerShares FTSE RAFI Developed 1000« (WKN A0M2EB), (b) Verzicht auf den Rohstoffanteil, (c) Verzicht auf den Immobilienaktienteil, (d) »Verschmelzung« der drei regionalen Small-Cap-Komponenten zu einem einzigen westeuropäischen Small-Cap-Teil. Die radikalste Vereinfachung des Weltportfolios wäre seine Reduktion auf ein MSCI-World-Index-Produkt, zum Beispiel »iShares MSCI World« (WKN A0HGZR), oder die Kombination eines der beiden in diesem Absatz weiter oben genannten globalen Value-ETFs mit einem MSCI-Emerging-Markets-ETF. Solche Vereinfachungen würden die langfristige erwartete Rendite etwas reduzieren und das Risiko etwas erhöhen, aber der Effekt dürfte geringer sein, als viele Anleger glauben. Anleger, denen Einfachheit wichtig ist, könnten auch die beiden folgenden, 2008 auf den Markt gekommenen Alternativen erwägen:[47]

- Der passive Investmentfonds »Arero«. Dieser Fonds wurde von Professor Martin Weber (Universität Mannheim) und seinen Mitarbeitern in Zusammenarbeit mit der Deutschen Bank entwickelt (www.arero.de, WKN DWS0R4). Dieser Fonds verfolgt eine dem Weltportfolio (genauer gesagt dem Portfolio in Tabelle 31) ähnliche Allokation und ist fast konkurrenzlos günstig. Ganz be-

47 Eine dritte mögliche Alternative brachte Anfang 2009 der Schweizer Vermögensverwalter swisspartners (www.swisspartners-wm.com) auf den Markt: ein internationales Lebensversicherungsprodukt, das sich eng am hier vorgestellten Weltportfolio orientiert. Aufgrund seiner speziellen Konzeption als Kapitallebensversicherung nach Liechtensteiner Recht verbindet dieses Produkt die Eigenschaften des Weltportfolios mit einigen interessanten zusätzlichen steuerlichen und rechtlichen Vorteilen in Deutschland und Österreich. Allerdings liegt der Mindestanlagebetrag bei swisspartners wohl deutlich über demjenigen eines herkömmlichen Privatanlegers. Das Konzept eignet sich daher eher für Vermögensvorsorge und -nachfolgeszenarien bei größeren Vermögen.

sonders dürfte er sich für Wertpapiersparpläne eignen. Wem der in Arero enthaltene 25-Prozent-Anteil der risikofreien Anlage zu niedrig ist, der könnte diese Quote durch Hinzukaufen eines entsprechenden ETFs modifizieren.

- Der »quirin Wealth Management Total Return Index ETF« (www.quirinbank.de, WKN DBX0BT). Die Berliner quirin bank ist in Deutschland eine löbliche Vorreiterin der »Honorarberatung« (also der Finanzberatung allein auf der Basis einer produktunabhängigen Vergütung).

Zurück zum Konzept des Weltportfolios. Die Zusammensetzung des Portfolios orientiert sich an den folgenden Grundprinzipien:

- Alle wesentlichen Asset-Klassen mit nennenswerten Renditen sollen vertreten sein, um den Diversifikationseffekt zu maximieren. Die auf die einzelnen Regionen entfallenden Anteile der aktienbezogenen Allokation richten sich nach der ungefähren Größe der dort vertretenen Volkswirtschaften relativ zum weltweiten Bruttoinlandsprodukt.[48]
- Insbesondere sollen auch Asset-Klassen, die eine geringe Korrelation zu Aktien aufweisen (wie zum Beispiel Rohstoffe), berücksichtigt werden, auch wenn ihre Rendite etwas niedriger ist als diejenige von Aktien.
- Die gegenüber dem Gesamtmarkt hohen erwarteten Renditen von Nebenwerten, Value-Aktien und Schwellenländeraktien sollen genutzt werden. Da in Deutschland passive Value-Anlageprodukte (ETFs) für Privatanleger bisher erst für Standardwerteaktien (Large Caps) verfügbar sind, ist der gesamte Large-Cap-Teil des Portfolios über Value-Aktien repräsentiert, während der Small-Cap-Teil über konventionelle »Blend«-Aktien (also ohne besonderen Value- oder Growth-Ausrichtung) abgebildet wird.

48 In meinem Buch *Souverän Investieren …* wird dargelegt, weshalb eine derartige BIP-basierte regionale Asset-Allokation einer Allokation nach dem Prinzip der Marktkapitalisierung (wie zum Beispiel innerhalb des MSCI-World-Index) überlegen ist. Siehe hierzu auch den Aufsatz von Jacobs/Müller/Weber (2008).

So ist insgesamt eine hälftige Aufteilung auf Value und Growth sichergestellt.

- Das Portfolio soll mit derzeit in Deutschland zugelassenen, passiven und kostengünstigen Produkten realisierbar sein. Komplexe (»strukturierte«) Produkte sollen nicht enthalten sein.[49]
- Das Portfolio ist ein reines Buy-and-Hold-Investment (mit Rebalancing in etwa zweijährigem Rhythmus, sofern es nicht durch laufende Spar- oder Entnahmeraten durchgeführt werden kann (Näheres zu Rebalancing siehe folgenden Abschnitt).
- Die Risikosteuerung des Gesamtportfolios geschieht, wie bereits erwähnt, über die relative Gewichtung der risikofreien Anlage und des Weltportfolios. Sie vollzieht sich *nicht* über Änderungen innerhalb des Weltportfolios selbst.
- Eine Risikoanalyse auf der Ebene einzelner Produkte oder Portfolioteilkomponenten ist grundsätzlich falsch. Die Portfoliorendite und das Portfoliorisiko können nur im Ganzen sinnvoll beurteilt werden.
- Warum ist es ratsam, das Gesamtportfolio im Idealfall in die etwa zehn beschriebenen Komponenten aufzuteilen? Antwort: weil dadurch der Rebalancing-Vorteil am größten ist (siehe folgenden Abschnitt). Dieser Vorteil muss allerdings mit ein klein wenig mehr Komplexität »erkauft« werden. Mit Ausnahme von Rebalancing und der Zuführung »frischen Geldes« sollte das Depot nach Möglichkeit bis zur Erreichung der Verbrauchsphase nicht angerührt werden.

Übrigens ist die »perfekte« Asset-Allokation eine Chimäre, es gibt sie nur in der Vergangenheit. Wichtiger, als eine vermeintlich optimale Asset-Allokation zu finden, ist es, an seiner einmal gefun-

---

49 Das schließt auch Indexzertifikate mit ein, bei denen stets ein volles Emittentenrisiko besteht, da sie (im Gegensatz zu Investmentfonds oder ETFs) kein Sondervermögen sind, sondern unbesicherte Bankschuldverschreibungen. Bei sogenannten → Swap-ETFs sollte man – als grobe Faustregel – darauf achten, dass maximal 25 Prozent eines Gesamtportfolios aus derartigen ETFs bestehen und nicht mehr als 10 Prozent aus Swap-ETFs einer bestimmten Fondsgesellschaft. Bei Swap-ETFs sind – etwas vereinfacht ausgedrückt – 10 Prozent des Investmentwertes vom → Kontrahentenrisiko betroffen.

denen, vernünftigen Asset-Allokation unbeirrt festzuhalten. Eine laufende Veränderung Ihrer Asset-Allokation ist ein Fahrschein in Richtung Unterrendite. Denken Sie auch daran, dass jede Asset-Allokation einen beliebigen einzelnen Aktienindex (zum Beispiel den DAX oder den S&P 500) in ungefähr vier von zehn Jahren unterperformen wird. Das Weltportfolio ist somit keineswegs als »vollkommene« Lösung zu interpretieren. Es ist nicht nur möglich, sondern sogar wahrscheinlich, dass andere Asset-Klassen-Gewichtungen und andere konkrete Produkte in der Zukunft höhere Renditen erwirtschaften werden. Auch können nach Redaktionsschluss dieses Buches neue Anlageprodukte auf den Markt kommen, die zum Beispiel unter Kostengesichtspunkten den hier aufgeführten überlegen sind. Wenn zum Beispiel passive Small-Cap-Value-Produkte (ETFs) auf den deutschen Markt kämen, wäre es interessant, diese zu berücksichtigen.

Tabelle 33 vergleicht summarisch langfristige Rendite und Risiko des Weltportfolios (WPF) und einiger alternativer Asset-Klassen. Das Startjahr 1975 wurde gewählt, weil für die Small-Cap-Komponenten des Weltportfolios erst ab diesem Jahr Renditedaten zur Verfügung stehen. Für die Zeit von 1975 bis 1988 gibt es keine Schwellenländerdaten. Daher wurde der Schwellenländeranteil während dieser 13 Jahre anteilig auf die übrigen WPF-Asset-Klassen aufgeteilt.

Es versteht sich von selbst, dass man aus der Entwicklung dieser 34 Jahre nicht zwangsläufig auf diejenige der nächsten 20 Jahre schließen kann. Da aber im April 2009 (Redaktionsschluss dieses Buches) das globale Bewertungsniveau von Aktien relativ günstig war, stehen die Aussichten nicht schlecht, langfristig die hier ausgewiesenen Renditen vor Kosten und Steuern zu erreichen. Hinsichtlich des Vergleichs mit den alternativen Portfolios (Asset-Klassen) ist zu beachten, dass die Rendite deutscher Staatsanleihen bei Berücksichtigung von Steuern stärker beeinträchtigt worden wäre als diejenige von Aktien. Gold wies im fraglichen 34-Jahres-Zeitraum eine reale Rendite von 1,9 Prozent p. a. auf.

Tabelle 33: Vergleich der realen (inflationsbereinigten) historischen Renditen des Weltportfolios und einiger Asset-Klassen von 1975 bis 2008 (34 Jahre)

	Weltportfolio	DAX	MSCI Europe	MSCI World	Dt. mittelfr. Staatsanleihen (RexP)
Gesamtzeitraum (34 Jahre)					
Reale geometr. Rendite p. a.	9,6 %	5,9 %	7,4 %	6,1 %	4,5 %
Inflation p. a.	2,6 %	2,6 %	2,6 %	2,6 %	2,6 %
Nom. geometr. Rendite p. a.	12,4 %	8,6 %	10,2 %	8,9 %	7,1 %
Vervielfachungsfaktor 34 J. (real)	22,4x	7,0x	11,4x	7,6x	4,4x
Standardabweichung der Jahresrenditen	22 %	27 %	22 %	21 %	5 %
Max. Drawdown (nom. Rendite)	–43 %	–58 %	–44 %	–44 %	–3 %
Anteil der Jahre mit neg. nom. Rendite	21 %	29 %	24 %	26 %	6 %
Einzelne Zeitfenster (reale Rendite p. a.)					
1975–1979 (5 Jahre)	14,8 %	2,8 %	6,8 %	4,2 %	4,0 %
1980–1989 (10 Jahre)	17,4 %	12,7 %	15,0 %	16,4 %	4,6 %
1990–1999 (10 Jahre)	10,1 %	12,0 %	13,5 %	11,0 %	5,2 %
2000–2008 (9 Jahre)	–1,6 %	–5,6 %	–6,0 %	–7,8 %	3,7 %

Alle Angaben auf Euro-Basis, ohne Kosten und Steuern.
Datenquellen: MSCI Barra, DAI, Bundesbank, Dimension Fund Advisors, eigene Berechnungen.

Rebalancing

Unter Rebalancing versteht man die periodische Wiederherstellung der ursprünglichen Portfoliostruktur, nachdem sich diese durch unterschiedliche Renditeentwicklung der einzelnen Portfoliokomponenten verschoben hat – ein Fall, der über längere Zeiträume unweigerlich eintritt. Tabelle 34 präsentiert ein Ein-Perioden-Beispiel für ein simples Portfolio mit drei Einzelbestandteilen und einem Anlagebetrag von jeweils 33,33 Euro.

Tabelle 34: Warum ist Rebalancing notwendig?

Portfoliokomponente (Asset-Klasse)	A	B	C	Gesamtportfolio
Geldbeträge Anfang des Jahres 1	33,33 €	33,33 €	33,33 €	100,00 €
Gewichtung im Gesamtportfolio	33 %	33 %	33 %	
Rendite im Jahr 1	10,0 %	– 10,0 %	20,0 %	6,67 %
Geldbeträge Ende des Jahres 1	36,67 €	30,00 €	40,00 €	106,67 €
Gewichtung im Portfolio Ende des Jahres 1	34 %	28 %	38 %	

Das Beispiel zeigt, dass die Assets B und C nach Ablauf von Jahr 1 gegenüber der ursprünglichen Portfoliostruktur unter- bzw. übergewichtet sind. Das ist negativ zu bewerten, da es das Risikoprofil des Portfolios verschiebt (→ Style-Drift) – umso stärker, je länger man keine Korrektur (Rebalancing) vornimmt. Da insbesondere risikoreiche Asset-Klassen langfristig höhere Renditen aufweisen, könnten bei einem Verzicht auf Rebalancing die riskanten Asset-Klassen im Zeitablauf ein steigendes Gewicht im Portfolio einnehmen. Die Krux: Der Anleger bemerkt das zwar, ist aber oft genug geneigt, es zu tolerieren, weil er intuitiv denkt, es könne doch nicht richtig sein, die gut gelaufenen Anlagen nun teilweise zu verkaufen und die schlecht gelaufenen aufzustocken. Diese psychologische Hürde gilt es aber zu überwinden – und hier scheidet sich die Spreu der irrationalen Anleger vom Weizen der rationalen.

Ein anderer Grund, der für Rebalancing spricht, ist sein renditefördernder Effekt. Rebalancing erhöht langfristig die jährliche Rendite eines gut diversifizierten Portfolios zwischen einem halben und einem ganzen Prozentpunkt. In einer Berechnung des Autors, dem ein gleichgewichtetes Portfolio aus sechs Asset-Klassen über den Zeitraum von 1988 bis 2008 zugrunde gelegt wurde, verbesserte jährliches Rebalancing die Portfoliorendite um fast einen ganzen

Prozentpunkt, während das Risiko (Drawdown und Standardabweichung) durch Rebalancing geringfügig sank.

Wie erklärt sich der positive Effekt von Rebalancing? Bezüglich der Renditeverbesserung resultiert er daraus, dass er Regression zum Mittelwert sowie den Value-Effekt ausbeutet. Was die Auswirkung auf das Risiko angeht, verhindert Rebalancing, dass riskante Anlagen, die tendenziell besser rentieren, ein im Zeitablauf wachsendes Gewicht im Portfolio erhalten und so das Risiko des Portfolios ungewollt zunimmt.

Fazit: Man sollte Rebalancing sehr diszipliniert spätestens alle 24 Monate vornehmen (praktischerweise immer im gleichen Monat), bei sehr starken Kursbewegungen auch öfter. In jedem Fall sollte man stets die Transaktionskosten und Steuern gegen den Rebalancing-Vorteil abwägen. Im Idealfall – und dieser dürfte für die Mehrheit der Anleger zutreffen – verwendet man *neue* Finanzmittel (also laufende Ansparbeträge), eventuell auch die laufenden Ausschüttungen des Portfolios für das Rebalancing: Dann entstehen keine zusätzlichen Kosten, weil ja nichts verkauft werden muss. Ebenso kann man in der Portfolioverbrauchsphase (Entsparphase) Rebalancing »kostenlos« durchführen, indem man Anlagen, deren Gewicht gestiegen ist, zuerst verkauft.

Wertpapiersparpläne/Fondssparpläne

Es liegt auf der Hand, dass die meisten Anleger eher kleine laufende Beträge investieren können, als zu einigen wenigen Zeitpunkten größere Summen anzulegen. Die Investitionsbeträge von Privatanlegern liegen oft in der Größenordnung von 100 Euro bis 1000 Euro im Monat. Für viele ETFs gibt es inzwischen Fondssparpläne. Hinsichtlich der Transaktionskosten ist hier jedoch Vorsicht angebracht: Bei kleinen monatlichen Anlagebeträgen, die in einen ETF investiert werden sollen, können diese Kosten relativ zum Anlagebetrag bisweilen prohibitiv hoch sein. Es lohnt sich daher unbedingt, genau hinzuschauen, zu vergleichen und nachzurechnen. Eine Möglichkeit, diese Kosten zu drücken, besteht darin, über einen Geldmarktfonds (die oft keine Transaktions- und Kaufkosten aufweisen) oder ein verzinsliches Guthaben-/Sparkonto zunächst einen Betrag von etwa 500–2 000 Euro anzusparen und erst dann in den gewünschten ETF umzuschichten. Diese Methode hilft auch, wenn der Ziel-ETF generell nicht sparplanfähig ist, also nur Einzelkäufe zulässt. Wie bereits im Abschnitt »Das Weltportfolio« erwähnt, ist auch der passive Investmentfonds »Arero« (WKN DWS0R4) eine kostengünstige, bequeme Sparplanalternative. Für die risikofreie Komponente des Gesamtportfolios kann man bei der Finanzagentur des Bundes konkurrenzlos günstige Sparpläne einrichten (www.finanzagentur.de).

4

Was tun im Crash?

»Aktienmärkte unterliegen einer unaufhaltsamen Tendenz der Regression zum Mittelwert. Das bedeutet, dass sie irgendwann zu ihrem ›wahren‹ Wert zurückschwingen; daher werden überteuerte Märkte schließlich einmal absacken und unterbewertete Märkte irgendwann einmal wieder zulegen.«

Burton Malkiel, Wirtschaftsprofessor, Princeton University

Die in der Überschrift formulierte Gretchenfrage stellt sich irgendwann jedem Anleger: Was tun, wenn es monatelang, vielleicht sogar jahrelang im Wertpapierportfolio nur abwärts ging und sich immer mehr Zeilen im Depotauszug rot färben? Bevor ich die verblüffend einfache Antwort auf diese Frage gebe, will ich noch einmal einige hierfür wichtige Einsichten, die dieses Buch vermitteln möchte, zusammenfassen:

Mehr als jedes andere deutschsprachige Buch über Vermögensanlagen im Allgemeinen und Aktienanlagen im Besonderen hat die Buy-and-Hold-Bibel versucht, Ihnen ein ganz konkretes Gefühl für das »ewige« Auf und Ab an den Kapitalmärkten zu vermitteln. Wir haben dazu präzise Daten über lange Zeiträume von bis zu 200 Jahren für alle wichtigen globalen Asset-Klassen sowie zahllosen Risikoberechnungen herangezogen. So gut wie alle Datenreihen in diesem Buch umfassen mindestens einen oder sogar mehrere Börsen-Crashs und unzählige, zum Teil schwerste politische Krisenphasen.[50] Das heißt, die Zahlen, die Sie hier vor sich haben, sind keine

---

50 Es sollte Anlegern Mut machen, sich zu vergegenwärtigen, dass die hier dargestellten langfristigen globalen Aktienrenditen der letzten 100 Jahre zustande kamen, während es eine im Rückblick kaum glaubliche Aneinanderreihung weltpolitischer Krisen und Naturkatastrophen gab. Es braucht aus Sicht des Autors schon eine gehörige Portion Pessimismus, um zu glauben, dass die kommenden 30 bis 50 Jahre von insgesamt noch größeren Krisen geprägt sein werden als die letzten 100 Jahre. Wer sich diesen Pessimismus zu Eigen macht, sollte vermutlich nicht in Aktien investieren.

»Schönwetterdaten« wie typischerweise im Präsentationsmaterial von Banken und Vermögensberatern, sondern beinhalten bereits alle negativen Effekte aus zahlreichen politischen Krisen und Börsenabstürzen. Sie müssten also nunmehr in der Lage sein, genauer und realistischer als jemals zuvor zu verstehen, wie groß langfristig gesehen Chance und Risiko der einzelnen Asset-Klassen sind.

Börsenabstürze, hier definiert als allgemeiner Aktienmarkteinbruch (Drawdown) um mehr als 30 Prozent innerhalb von 24 Monaten, sind »normal«. Man nennt das die »Sägeblattzahnkurve« der Aktienmärkte, anders formuliert: Es geht in den Aktienmärkten oft drei Schritte vorwärts und dann zwei (und manchmal auch mehr) Schritte zurück. Es hat immer Kursstürze gegeben, und es wird sie immer geben, weil Politiker, Zentralbanken, Geschäftsbanken und Investoren (also wir alle) Fehler machen, weil die Zukunft nun einmal nicht zuverlässig prognostizierbar ist und weil Herdenverhalten und Gruppendenken allgegenwärtig sind. Niemand, der in Aktien investiert, sollte sich jemals über einen Crash, auch wenn dieser drei Jahre andauert, wundern. Ein Börsen-Crash ist eine Art Selbstreinigungsprozess des Marktes, ein Zurück zur Normalität nach einer Blase – pessimistisches »Übers-Ziel-Hinausschießen« leider inklusive. Ein Crash kann sich über Jahre fortsetzen. Die Erholungsphase (der Zeitraum, bis der Höchststand vor Beginn des Crashs wieder erreicht ist) dauert in manchen Fällen ebenfalls mehrere Jahre. Historisch gesehen gibt es – wenn man »schleichende« Crashs mitzählt – mindestens einmal pro Dekade eine solche Entwicklung. Einen Crash anders als durch Glück korrekt vorauszusagen ist jedoch unmöglich, auch wenn die Medien (stets hinterher) einige meist notorische Untergangspropheten zu Gurus, die »rechtzeitig warnten«, erheben. Noch auf bisher jeden Crash folgte eine Erholung, und irgendwann wurde ein neues Allzeithoch erreicht, das aber für einen wirklich langfristig orientierten Anleger bedeutungslos ist.

Auf der Basis dieser langfristigen Daten sind Aktien (und darunter besonders Schwellenländeraktien, Value- und Nebenwerteaktien), trotz zeitweiliger Kursverluste von bis zu 80 Prozent, die langfristig ertragreichste Anlageform, die den besten Schutz vor dem versteckten, kriechenden Risiko der Inflation bietet.

In den Mega-Katastrophen des Ersten und Zweiten Weltkrieges (gegen die alle politischen und wirtschaftlichen Krisen, die wir in den letzten 50 Jahren erlebt haben, harmlose »Sommergewitter« waren) fuhren Aktienbesitzer und in vermutlich geringerem Maße auch Immobilienbesitzer besser als die Besitzer von Bankguthaben und Anleihen, die 1923 (deutsche Hyperinflation) und 1948 (Währungsreform) alles beziehungsweise fast alles verloren. Auch in vielen anderen Ländern waren Geldsparer in den letzten 100 Jahren von jahrzehntelangen realen Negativrenditen betroffen.

Gäbe es kein Risiko in Form drastischer Kursverluste, könnte es auch keine Asset-Klasse geben, die langfristig mehr Rendite als risikofreie kurzfristige Staatsanleihen bietet, die über Zeiträume von 20 Jahren an aufwärts meistens nur geringfügig über der Inflation rentieren und bei Berücksichtigung von Kosten und Steuern oft darunter. Risiko ist der Preis von Rendite. Rendite gibt es nicht trotz, sondern wegen des mit ihr einhergehenden Risikos. Risiko muss zwangsläufig »überraschend« auftreten. Wäre es »regelmäßig« oder anderswie zuverlässig prognostizierbar, wäre es kein Risiko. Nach drastischen Kursrückgängen bei Aktien steigt deren erwartete Rendite.

Mit risikofreien Anlagen wie Sparguthaben und kurzfristigen Staatsanleihen, Gold und vermutlich auch Wohnimmobilien kann man langfristig kein Vermögen bilden, sondern nur Vermögen konservieren (ausgenommen durch spekulatives Glück). Und selbst diese Anlageformen haben ihren Eigentümern in den letzten 100 Jahren zum Teil über mehrere Jahrzehnte hinweg negative Realrenditen (mit gravierenden kumulativen Verlusten) bereitet. Weil allerdings die Verluste dieser Asset-Klassen nur sukzessive und dann auch noch durch Inflation verschleiert auftraten, taten sie den meisten Anlegern letztlich nicht weh – so wie es auch nicht wehtut, wenn man nicht weiß, dass man bestohlen wurde. Alles in allem gilt tatsächlich das bekannte Börsen-Bonmot: Als Anleger hat man die Wahl zwischen »gut schlafen« und »gut essen«. Zum Glück gibt es nicht nur diese beiden Extrempunkte des Spektrums, aber dennoch gilt: Für jedes Quäntchen guten Schlafes muss man ein wenig gutes Essen aufgeben.

Einen Crash kann man auch als erzwungene Änderung der Asset-Allokation in Richtung »stärker konservativ« betrachten – eine Änderung, die all jenen zugute kommt, die ihre Risikotragekapazität überschätzt haben: In dem Maße, wie der Crash fortschreitet, erhöht sich das prozentuale Gewicht der risikofreien Anlage in einem Portfolio. Es ist keinerlei Zynismus mit der Feststellung verbunden, dass der Markt diesen Anlegern damit eine konservativere Portfoliostruktur »vorschlägt«, die besser zu ihrer wahren Risikotragekapazität passt. Hätten diese Anleger ihre Risikotragekapazität von Anfang an richtig eingeschätzt, müssten sie in dem Grade, wie der Aktienanteil ihres Portfolios crashbedingt an Gewicht verliert, Aktien nachkaufen (Rebalancing). Wem der Mut dazu fehlt, der hat seine Risikotragekapazität überschätzt. Das ist keine Schande, irren ist menschlich, auch wenn es bitter ist. Ein langfristig orientierter Anleger muss seine Asset-Allokation, insbesondere die relative Gewichtung zwischen risikobehaftetem und risikofreiem Portfolioteil (einschließlich einer separaten Liquiditätsreserve), so einstellen, dass jeder Crash, der nicht schlimmer ist als diejenigen in den letzten 60 Jahren, ihm zwar Unbehagen bereitet, ihn aber nicht dazu bringt, von seinem wohlüberlegten Investmentplan und seiner Asset-Allokation abzurücken.

Mit einer radikal passiven, Low-Cost-, Buy-and-Hold-Anlagestrategie wird man die Marktrendite, die in diesem Buch für alle relevanten Asset-Klassen genannt wird, erzielen – abzüglich sehr geringer Kosten. Dabei kann man das Risikoniveau (zum Beispiel im Sinne des maximalen erwarteten Drawdowns) so festlegen, dass mit großer Wahrscheinlichkeit selbst ein normaler Börsen-Crash sich im Rahmen des Geplanten und Erwarteten bewegt. Das setzt allerdings voraus, dass man drei Dinge genau kennt: seine eigene Risikotragekapazität, langfristige historische Asset-Klassen-Renditen und die in diesem und anderen Büchern dargestellten Zusammenhänge von Risiko und Rendite, insbesondere die Bedeutung der »systematischen Diversifikation« über breite Asset-Klassen hinweg.

In Markteinbruchsphasen ziehen Banken- und Fondsbranche regelmäßig den uralten, längst widerlegten Mythos aus der Mottenkiste, demzufolge ein Indexfonds-Anleger im Abschwung »hilflos« dem Index nach unten folgen müsse, während ein aktiver Manager durch gezielte Umschichtung in Cash-Anlagen die Verluste abmildern oder verhindern könne. So plausibel und verlockend dieses Argument klingt, so falsch ist es. Das Versagen der aktiven Fonds und Manager ist im Crash genauso groß wie in normalen Marktphasen – das haben Dutzende akademischer Studien zu → Market-Timing und Stock-Picking über gute und schlechte Marktphasen hinweg wie auch die bittere Erfahrung von Millionen von Fondsanlegern über Jahrzehnte hinweg bestätigt.[51]

Zu ihrem eigenen Schaden verstehen viele Anleger die → »Sunk-Cost«-Logik des Investierens nicht. Sunk costs (engl. für versunkenen Ausgaben, vergangene Kosten) sind diejenigen Kosten in der Vergangenheit, die nicht rückgängig gemacht, also wieder »hereingeholt« werden können. Beim Investieren sind dies die (Buch-)Verluste in einem Anlegerportfolio. Für in die Zukunft gerichtete Anlageentscheidungen sind diese bereits erfolgten Verluste bedeutungslos – irrelevant und zwar ohne jedes Wenn und Aber. Fragen Sie sich im Zuge eines Crashs jeden Tag, ob Sie das aktuelle Marktpreisniveau (unter der Annahme, dass sie soeben 100 000 Euro Bargeld geerbt hätten) für ein attraktives Einstiegsniveau halten. Nach einem Crash von zum Beispiel 40 Prozent ist das nicht unwahrscheinlich. Ist das der Fall, dann müssten Sie als rationaler Anleger mit ihrem bisherigen Geld, trotz des Buchverlustes von 40 Prozent, investiert bleiben.

Anleger begehen oft den Kardinalfehler, nicht ihr Gesamtportfolio zu betrachten, sondern die einzelnen Portfoliokomponenten. Der Sinn von Diversifikation besteht ja genau darin, den Umstand auszunutzen, dass sich nicht alle Anlagen immer parallel entwickeln

51 Selbst wenn es aktiven Fonds bei lang anhaltenden Abschwüngen gelingt, besser abzuschneiden als ein korrekt ausgewählter Aktienvergleichsindex, so verspielen sie diesen geringen Vorsprung mit ermüdender Regelmäßigkeit später wieder, weil sie den Tief- und Wendepunkt verpassen und zu spät wieder »einsteigen«.

und die einzelnen Hochs und Tiefs nicht zuverlässig prognostizierbar sind. Wenn man diesen Gedanken akzeptiert, ist es unsinnig, durch die Hintertür doch wieder auf die Einzelanlagen zu schielen. Korrekterweise sollte ein Haushalt bei der Betrachtung des Gesamtportfolios auch sein Humankapital und den Barwert seiner Rentenansprüche sowie Kapitallebensversicherungen berücksichtigen, wodurch die prozentualen Verluste auf Gesamtportfolioebene vermutlich weit geringer ausfallen, denn Humankapital und Rentenansprüche sind Asset-Klassen mit typischerweise niedriger Volatilität.

Merkbox

- Investieren Sie nur in Aktien, (a) wenn Sie glauben, dass die globalen wirtschaftlichen und politischen Bedingungen während Ihres Anlagehorizontes aus heutiger Sicht nicht fundamental schlechter sein werden als im Durchschnitt der letzten 100 Jahre, (b) wenn Sie von der Gültigkeit langfristiger Regression zum Mittelwert im Aktienmarkt überzeugt sind, (c) wenn Sie akzeptieren, dass auch Sie irgendwann in einen Crash hineingeraten werden, und (d) wenn Sie einen Mix aus risikobehafteter und risikofreier Anlage gewählt haben, der die Risikotragekapazität Ihres Haushaltes ehrlich reflektiert.
- Ein Aktien-Crash fügt denjenigen am meisten Schaden zu, die nach einigen Monaten oder Jahren mitten im oder am Ende des Crashs verängstigt verkaufen und damit Verluste endgültig realisieren. Diese Anleger verpassen typischerweise einen großen Teil der anschließenden Aufschwungsphase und steigen dann später zu einem teureren Niveau als demjenigen ein, auf dem sie ausgestiegen sind. Die beste Chance, die in diesem Buch dargestellten langfristigen Renditen des Aktienmarktes ungeschmälert zu realisieren, haben jene, die Aktienabschwünge stoisch aushalten und somit das Crash-Risiko bewusst in Kauf nehmen, für das der Aktienmarkt ja eine Kompensation, nämlich die hohe Langfristrendite von Aktien, bezahlt. Die beste Überlebensstrategie im Crash ist, sich die Anlagemaxime von Warren Buffett zu Eigen zu

machen: Buy and Hold – komme, was wolle. Je länger ein Anleger nach einem Crash unverändert investiert bleibt, desto höher ist seine Chance, den Verlust wieder aufzuholen und sich der langfristigen Durchschnittsrendite anzunähern. Vorzeitige Verkäufe und vor allem Panikverkäufe machen aus Papierverlusten echte Verluste.

- Unsere Empfehlung für den Crash lautet also ganz einfach: NICHTS TUN. Auf keinen Fall verkaufen und – allein wegen des Crashs – auch nicht in andere Anlagen wechseln. Machen Sie sich darauf gefasst, dass eine schwere Baisse mindestens zwei Jahre anhält, was aber noch weit entfernt von den historischen Rekordwerten ist. Denken Sie an Odysseus, der sich an den Mast fesseln ließ, um nicht den verlockenden, aber tödlichen Sirenengesängen zum Opfer zu fallen. Diese Sirenen werden auch Sie beim nächsten Crash hören: Es sind die Medien, die »Experten«, die sprichwörtlichen guten Freunde (die »etwas von Geld verstehen«) und Ihr höchsteigenes Nervenkostüm.
- Über die Zukunft weiß niemand etwas Genaues – aber zwei Dinge stehen fest: Der nächste Crash kommt bestimmt, und die meisten Anleger werden in diesem Crash Panikverkäufe vornehmen, die sie teuer zu stehen kommen. Vermeiden Sie es, Teil dieser bedauernswerten Gruppe zu sein ■

5

Resümee: Die Grundregeln cleveren Investierens

»Es kann keinen Zweifel darüber geben, dass Indexing für die meisten Gruppen von steuerpflichtigen Anlegern und unter den meisten Marktbedingungen konventionelles, aktives Investment-Management schlagen wird.«

Robert Arnott, Herausgeber des prestigeträchtigen Financial Analyst Journal

Wir sind nun am Ende unseres Ausfluges in die Welt der irrationalen und der rationalen Geldanlage angekommen. Auf diesem Ausflug hat die Buy-and-Hold-Bibel versucht, wissenschaftlich und statistisch so weit wie möglich abgesicherte Antworten auf vier fundamentale Fragen zu liefern:

1. Was sind die wirklichen absoluten und relativen Renditen, die wir langfristig von allen wichtigen Asset-Klassen erwarten können?
2. Was sind die wirklichen Risiken, die mit diesen Renditen notwendigerweise einhergehen?
3. Welche Fehler machen wir beim Anlegen typischerweise, und warum machen wir sie?
4. Wie sieht aus der Perspektive von Privatanlegern, die auf lange Sicht Vermögen bilden wollen, die ideale Anlagestrategie aus?

In diesem letzten Kapitel möchte ich die Hauptaussagen der Buy-and-Hold-Bibel zu diesen Fragen in prägnanter Form rekapitulieren.

- Die Wissenschaft hat es über und über bestätigt: Investieren auf der Basis eines langfristigen Buy-and-Hold-Ansatzes mit Minimierung von Kosten und globaler, Asset-Klassen-übergreifender Diversifikation ist die für Privatanleger erfolgreichste und zugleich einfachste Anlagestrategie.
- Anleger unterschätzen die Länge ihres Anlagehorizontes, weil sich die Finanzbranche und die Medien in ihren Aussagen und Ana-

lysen überwiegend auf kurze Zeiträume von wenigen Jahren beschränken. Das ist kein Zufall, denn diese Institutionen wollen Anleger zu hektischem »Hin und Her«, zu möglichst häufigem Kaufen und Verkaufen ihrer Investments verleiten. Dadurch erhöhen sich die Einnahmen der Finanzbranche und die Auflagen und Klickraten der Finanzmedien.

- Auf viele Leser werden die hier dargestellten langfristigen realen Renditen praktisch aller Asset-Klassen – seien es Aktien, Sparguthaben oder Wohnimmobilien – ernüchternd wirken. Der Grund dafür ist, dass uns die Finanzbranche und die Medien seit jeher Renditen versprechen, die sie selbst nicht halten können, weil die Märkte sie schlicht nicht hergeben. Ferner ist die Präsentation und Erläuterung dieser Renditen in den Medien und in der Finanzbranche für den durchschnittlichen Leser oder Anleger eher irreführend, weil zum Beispiel verzerrende Inflationseffekte nicht herausgerechnet werden oder weil selektiv von unüblich hohen Renditen auf der Basis willkürlich gewählter und kurzer Zeitfenster berichtet wird. Auch hierfür zeichnet der eingebaute Interessenkonflikt bei Banken, traditionellen Vermögensberatern und in den Medien verantwortlich.
- Obwohl die historischen realen Renditen von Aktien vermutlich niedriger sind, als mancher Leser vor der Lektüre dieses Buches annahm, sind Aktien doch die langfristig rentabelste Asset-Klasse. Das ist kein Zufall, sondern stellt die Kompensation für deren höheres Wertschwankungsrisiko gegenüber Anleihen (wie auch Sparguthaben) und Wohnimmobilien dar. (Wenn Wohnimmobilien überdies zu mehr als 50 Prozent fremdfinanziert sind oder die Zinsbindung nicht bis zur Volltilgung des Kredites reicht, sind sie etwa genauso riskant wie ein gut diversifiziertes Aktienportfolio.) Aufgrund ihrer überlegenen langfristigen Renditen bieten Aktien unter allen Asset-Klassen den besten Schutz vor dem Inflationsrisiko, einem Risiko, das die meisten Anleger unterschätzen, weil es schleichend und »versteckt« auftritt.
- Wer auf der Basis eines wirklich langfristig orientierten Buy-and-Hold-Ansatzes investiert und dabei Indexanlagen mit den niedrig

möglichsten Kosten erwirbt sowie global über breite Asset-Klassen hinweg diversifiziert, der hat aufgrund des Zinseszinseffektes gute Chancen (aber keine völlige Gewissheit), über Jahrzehnte hinweg einen nennenswerten Vermögenszuwachs zu erzielen. Wer das will, muss aber auch ein sehr beträchtliches kurz- und mittelfristiges Wertschwankungsrisiko seines Portfolios in Kauf nehmen.

- Renditen kommen von Risiko, nicht von »Gurus« oder Finanzberatern. Wer das Schwankungsrisiko von Aktien nicht tragen kann oder möchte, der sollte sich auf die Anlage in kurz- bis mittelfristigen westeuropäischen Staatsanleihen in Euro beschränken und dabei auf strikte Kostenminimierung achten, indem er unmittelbar deutsche Staatsanleihen erwirbt (idealerweise über die Finanzagentur des Bundes) oder ein preisgünstiges Staatsanleihen-ETF. Konventionelle (aktiv gemanagte) Rentenfonds dagegen haben weitaus zu hohe Kosten (der Markt für Anleihen ist noch effizienter als derjenige für Aktien); ferner spielt Diversifikation über verschiedene Emittenten hinweg bei Staatsanleihen westlicher Länder kaum eine Rolle.
- Wohnimmobilien sind langfristig und für den durchschnittlichen »Häuslebauer« nicht deshalb ein empfehlenswertes Investment, weil sie attraktive langfristige Asset-Klassen-Renditen aufweisen (das ist nicht der Fall), sondern weil die mit ihnen in der Regel verbundene Fremdfinanzierung einen Zwangssparvertrag repräsentiert, der Eigentümer zum Konsumverzicht (also zum Sparen) zwingt, was zu ihrer langfristigen Vermögensbildung beiträgt. Anleger, die denselben Konsumverzicht praktizieren und stattdessen in Asset-Klassen wie Aktien und Staatsanleihen investieren und dabei Kosten minimieren, dürften in der Mehrzahl der Fälle ein höheres Endvermögen erzielen. Das Risiko von fremdfinanzierten Immobilien wird von den meisten Eigentümern unterschätzt, überwiegend deshalb, weil sie dieses Risiko nicht täglich in den Medien beobachten können und sie den Leverage-Effekt missverstehen.
- Selbst noch rund zehn Jahre vor Eintritt in die Ruhestandsphase

bildet Humankapital (der Gegenwartswert der noch nicht erhaltenen, künftigen Arbeitseinkommen eines Haushaltes) den größten Teil des Nettogesamtvermögens (Humankapital + Finanzvermögen einschließlich Rentenansprüche und Immobilien) eines durchschnittlichen Haushalts. Aus Konsumverzicht gespeiste Sparleistungen ohne Renditeanteil sind daher wichtiger für den Endvermögenswert als Renditeanteile. Humankapital hat in den meisten Fällen eine erfreulich niedrige Volatilität (Risiko) und eine niedrige Korrelation zu Aktienrenditen. Das ist der maßgebliche Grund, warum junge Arbeitnehmer oder Haushalte in der Regel eine hohe Aktienquote vertragen. Eine hohe Aktienquote setzt allerdings auch eine hohe Risikotragekapazität voraus. Diese wird bestimmt durch (a) die individuelle Fähigkeit, (b) die Bereitschaft und (c) die Notwendigkeit, Risiko zu tragen.

- In den letzten 100 Jahren kam es zu einer Vielzahl von Aktienmarktabstürzen. Derjenige von 1929 bis 1936 war weitaus schärfer als die gegenwärtige Kapitalmarktkrise (Stand April 2009). Jedem dieser Crashs folgte ein Aufschwung, der dazu führte, dass Buy-and-Hold-Anleger ihre Papierverluste nach einigen Jahren wieder aufholten.[52] Statistische Berechnungen zeigen, dass die auf starke Abschwünge folgenden Renditen in der Mehrzahl der Fälle überdurchschnittlich hoch sind. Der Grund ist langfristige Regression zum Mittelwert.
- Auch die vermeintlich sicheren Märkte von Staatsanleihen, Gewerbeimmobilien, Wohnimmobilien und Gold können extreme und sehr lang anhaltende reale Wertminderungen erfahren. Aus historischer Sicht ist also keine Asset-Klasse völlig immun gegen das Crash-Risiko.

Berücksichtigt man all dies, kann es für rationale Privatanleger, egal ob ihr Anlageschwerpunkt in Immobilien, Aktien oder Staatsanleihen liegt, aus unserer Sicht nur eine Schlussfolgerung geben:

52 Der japanische Aktienmarkt stellt eine Ausnahme dar, aber trotz des dort seit 1989 andauernden Crashs liegen japanische Aktienrenditen sehr langfristig betrachtet auf dem gleichen Niveau wie die deutschen oder amerikanischen.

radikales Buy and Hold, dabei Kosten minimieren und global, Asset-Klassen-übergreifend diversifizieren.

Buy-and-Hold-Anleger unterscheiden realistisch zwischen den Sphären der »Macht« und der »Ohnmacht«. Sie konzentrieren sich auf das, was sie tatsächlich beeinflussen können: Das sind Kosten und in gewissen Grenzen auch Steuern, Asset-Allokation, Anlagehorizont und die Höhe ihres periodischen Sparbetrages. Sie ignorieren das, was Sie nicht beeinflussen können: Marktrenditen und deren Schwankungen von Monat zu Monat und von Jahr zu Jahr. Metaphorisch gesprochen gibt es für Buy-and-Hold-Anleger 364 Tage im Jahr keinen Handlungsbedarf. Diese Passivität mag in fast jedem wichtigen Bereich des Lebens die falsche Strategie sein, beim Investieren ist »nichts tun« jedoch goldrichtig.

Buy-and-Hold-Anleger vermeiden Aktionismus wie der Teufel das Weihwasser – ganz besonders dann, wenn ihre Bankbetreuer und die Medien sagen: »Jetzt musst du agieren«, weil die Kurse stark gestiegen oder stark eingebrochen sind. Buy-and-Hold-Anleger vermeiden tägliches Überprüfen des Finanzstatus, selbst wenn sie ein Depot mit Online-Zugriff haben. Sie sehen nur einmal im Quartal oder noch seltener hin. Sie wissen, dass laufende Wertschwankungen bedeutungslos sind und allenfalls zu gefährlichen Bauchentscheidungen verleiten. Sie vergessen ihr Portfolio über Monate hinweg, lassen mechanisch ihren Wertpapiersparplan laufen, überblättern gelassen die Finanzseiten in der Zeitung oder im Internet, lesen ein oder zwei gute Anlagebücher im Jahr und führen alle 24 Monate ein Rebalancing durch, sofern ihre Sparraten das nicht schon automatisch bewirkt haben. Das aus meiner Sicht Schönste und Angenehmste am Buy-and-Hold-Anlegen ist, dass es im Kern eine Philosophie des Nichtstuns ist, die uns Zeit lässt für die wichtigen Dinge im Leben: unsere Familie, unsere Freunde, unsere Hobbys und unseren Beruf. Wo sonst im Leben können wir durch Nichtstun sicher sein, im vorderen Fünftel oder Zehntel zu landen?

Anhang

Verschiedene Rendite- und Risikomesszahlen

»Während der Phasen, in denen Aktienmärkte sich im Aufschwung befinden, glaubt die Masse der Anleger, sie sei risikotolerant. Gehen die Kurse jedoch plötzlich stark zurück, sind sie plötzlich risikoscheu und kommen mit der Volatilität nicht mehr zurecht. Sie verkaufen und verpassen die günstigen Aus- und Einstiegszeitpunkte. Ihre Einstellung zu finanziellem Risiko ist unbeständiger als der Aktienmarkt selbst – Risikotoleranz wird zu einer flüchtigen Laune ohne jede solide Basis.«

Prof. Moshe Milevsky, York University, Toronto

Renditemesszahlen

Die Messung der Rendite eines Investments ist nicht ganz so mathematisch eindeutig, wie es sich manche Anleger vorstellen. Dieser Abschnitt bietet einen kurzen Überblick über einige gängige Renditeberechnungsmethoden und Renditekonzepte.

Nominale Rendite versus reale Rendite Die nominale Rendite ist die Rendite einschließlich Inflation, die reale Rendite diejenige abzüglich der Inflation, typischerweise auf Jahresbasis angegeben (per annum oder p. a.). Letztlich zählt für den Anleger allein die reale Rendite, denn nur sie drückt den Kaufkraftzuwachs unzweifelhaft aus. Es ist nicht übertrieben zu sagen, dass nominale Renditen im Grunde irreführend sind, denn sie lassen keine Aussage über den tatsächlichen Kaufkraft- und damit Vermögenszuwachs zu – nicht über ein Jahr und noch weniger über längere Zeiträume. Die einzige Konstellation, in der ein Blick auf die nominale Rendite nicht unmittelbar in die Irre führt, ist ein Vergleich der nominalen Renditen verschiedener Investments. Aber auch hier wären reale

Renditen aussagekräftiger, denn sie ermöglichen sowohl die relative Bewertung (den Vergleich) als auch die absolute Bewertung (die Messung des Kaufkraftzuwachses). Der korrekte mathematische Zusammenhang zwischen nominaler und realer Rendite lautet wie folgt: (1 + reale Rendite) × (1 + Inflationsrate) = (1 + nominale Rendite). Wenn es nicht auf Genauigkeit ankommt, dann kann man näherungsweise formulieren: Nominale Rendite – Inflation = reale Rendite.

Arithmetische Durchschnittsrendite Sie ist der einfache arithmetische Durchschnitt der einzelnen Jahresrenditen. Beispiel: Jahr 1 = +20 %, Jahr 2 = –10 %, Jahr 3 = +11 %. In diesem Fall beträgt die arithmetische Durchschnittsrendite 7 Prozent p. a. Die arithmetische Rendite ist kein korrekter Maßstab für den tatsächlichen Wertzuwachs eines Portfolios, sofern der Zeitraum länger ist als ein Intervall (Jahr). Dieser Wertzuwachs kann nur durch die geometrische Durchschnittsrendite oder den internen Zinsfuß (siehe unten) abgebildet werden.

Geometrische Durchschnittsrendite Für ihre Berechnung verwendet man folgende Formel: Anfangsinvestment × $(1 + r)^n$ = Endwert des Investments. Dabei ist *r* die Rendite als Dezimalzahl, *n* ist die Anzahl der Jahre. Beispiel: Der Anfangswert beträgt 100 Euro, der Endwert des Investments nach fünf Jahren 250 Euro. Durch Umstellen der obigen Formel gelangen wir in diesem Fall zu: $(250/100)^{(1/5)} - 1 = 20{,}1\,\%$. Die geometrische Durchschnittsrendite (engl. oft »compound annual growth rate« genannt) ist der gleichbleibende Jahreszinssatz, der unter Berücksichtigung des Zinseszinseffekts von der Anfangsinvestition zum Endwert der Investition führt. Dabei wird unterstellt, dass während dieses Zeitraums dem Depot (Portfolio) weder Mittel zugeflossen noch Gelder aus ihm abgeflossen sind. Die geometrische Rendite stimmt nur dann mit der arithmetischen Durchschnittsrendite überein, wenn die jährlichen Renditen nicht schwanken. Bei schwankenden (unterschiedlichen) Jahresrenditen – wie in diesem Beispiel und wie stets in der Realität – ist die geometrische Durchschnittsrendite niedriger als die arithmetische. Je stärker die Schwankungen der Jahresrendite, desto größer auch der Unterschied zwischen arithmetischer und geometrischer Rendite. Alle in diesem Buch genannten Renditen (sofern nicht anderweitig angegeben) sind geometrische Durchschnitte.

Interner Zinsfuß (IZF) Der IZF (engl.: »internal rate of return«) ist im Wesentlichen mit der geometrischen Durchschnittsrendite identisch, setzt aber im Unterschied zu ihr nicht voraus, dass dem Depot zwischen Beginn und Ende des Betrachtungszeitraums keine Mittel zu- oder aus ihm abfließen. Es ist für unsere Zwecke nicht entscheidend, die IZF-Formel im Einzelnen zu verstehen, aber ich will sie hier dennoch aufführen: $BW = CF1 \div (1 + r)^1 + CF2 \div (1 + r)^2$

+ .... + $CF_n \div (1 + r)^n$, wobei *BW* = Barwert (oder Gegenwartswert) des Investments, CF_n = Cashflow im Jahr *n* (kann negativ oder positiv sein, negativ für Depoteinzahlungen, positiv für Depotentnahmen), *r* = der interne Zinsfuß. In der Praxis wird man ein Tabellenkalkulationsprogramm (beispielsweise Microsoft Excel) oder einen finanzmathematischen Taschenrechner benutzen, um mit dieser Formel rechnen zu können. Generell kann man sagen, dass für ein Investment (Depot), in das im Zeitablauf oft oder gelegentlich Zahlungen einfließen oder aus ihm entnommen werden, nur der IZF eine korrekte Periodenrenditeermittlung darstellt. Man kann im Falle des IZF von einer Volumens- und Zeitgewichtung der Renditeberechnung sprechen.

Kumulierte Rendite Die kumulierte Rendite ist im Gegensatz zu den vorangegangenen keine Durchschnittsrendite, sondern eine »angesammelte« Rendite (kumulieren = ansammeln). Beispiel: Investment im Jahr 1 = 100 Euro, Endwert nach drei Jahren = 300 Euro; somit kumulative Rendite = 300/100 – 1 = 200 %. Die kumulative Rendite wird in Werbeanzeigen oft verwendet, ist aber fast immer nutzlos, da niemand ein Gefühl dafür besitzt, wie zum Beispiel der in einer Fondswerbeanzeige angegebene Renditewert von + 396 Prozent für den Fonds X, die Aktie Y oder das Musterdepot Z im Zeitraum von 2002 bis 2008 im Vergleich zu einem Sparbuch oder einem hochspekulativen Investment tatsächlich zu bewerten ist. Ist das nun hoch oder niedrig?

Risikomesszahlen

Volatilität Sie ist das in der Finanzökonomie am meisten verbreitete Risikomaß. Das Wort leitet sich vom lateinischen Verb »volare« (fliegen) ab und bezieht sich auf die Wertschwankungen eines Investments im Zeitablauf, genauer ausgedrückt: um die Streuung dieser Werte (oder Wertschwankungen = Renditen) um ihren arithmetischen Durchschnitt herum. Diese Wertschwankungen werden üblicherweise mit der statistischen Maßzahl der »Standardabweichung« gemessen (siehe nächstes Stichwort), gelegentlich auch mit der »Varianz«, die das Quadrat der Standardabweichung ist. Es leuchtet ein, dass Volatilität ein unangenehmes Phänomen ist, denn sie beinhaltet die Möglichkeit, zu einem bestimmten Zeitpunkt für den vorhergehenden Anlagezeitraum nur eine niedrigere als die erwartete Rendite realisieren zu können. Die Bezeichnungen »Risiko«, »Volatilität«, »Standardabweichung« und »Varianz« werden oft synonym verwendet. In diesem Buch benutze ich Volatilität und Standardabweichung gleichbedeutend.

Standardabweichung Die Standardabweichung ist eine statistische Maßzahl für die Streuung einer Gruppe von Einzelwerten um ihren arithmetischen (nicht geometrischen) Mittelwert herum. Sie ist nützlich, wenn man das Risiko der Streuung von Wertpapierrenditen im Zeitablauf verstehen will. Allein die durchschnittliche Wertpapierrendite, zum Beispiel über die letzten 20 Jahre, zu kennen, sagt ja über das Risiko, in einem bestimmten Jahr oder in mehreren Jahren unter dem Durchschnitt zu liegen, nichts aus. Aber genau darauf kommt es an. Die Standardabweichung ist ein Schwankungs- oder Streuungsmaß, das zumeist auf die sogenannte Normal- oder Gaußverteilung (die berühmte Gaußsche Glockenkurve) angewendet wird. Sehr viele natur-, wirtschafts-, sozial- und ingenieurswissenschaftliche Daten sind normalverteilt, so zum Beispiel die Anzahl von Sonnenstunden pro Jahr an einem bestimmten Messort über die letzten 100 Jahre oder die Körpergrößen von 1000 zufällig ausgewählten Bundesbürgern oder die Prozentquote defekter Glühlampen in einer Lampenproduktionsanlage über einen Monat. Hier einige Merkmale der Normalverteilung:

- Etwa 68 Prozent einer »normal« verteilten Gruppe von Werten liegen maximal eine Standardabweichung vom Durchschnitt (Mittelwert) entfernt, das heißt, etwa eine Hälfte von 32 Prozent der Werte, also rund 16 Prozent, liegt mindestens eine Standardabweichung unter dem Mittelwert, während die andere Hälfte mindestens eine Standardabweichung über dem Mittelwert liegt. Als praktischer Merksatz formuliert: Es ist zu erwarten, dass etwa 16 Prozent (also jeder sechste Wert) schlechter als das arithmetische Mittel abzüglich einer Standardabweichung sein wird. In diesem Buch wird das arithmetische Mittel aus Platzgründen nie angegeben. In diesem Fall kann man ersatzweise das geometrische Mittel verwenden, das ein etwas konservativeres Maß darstellt.
- Etwa 95 Prozent aller Werte liegen maximal zwei Standardabweichungen vom Durchschnitt entfernt (das heißt, 47,5 Prozent der Werte liegen maximal zwei Standardabweichungen unter dem Durchschnitt und 47,5 Prozent maximal zwei Standardabweichungen über dem Durchschnitt).
- Etwa 99 Prozent aller Werte liegen maximal drei Standardabweichungen vom Durchschnitt entfernt (das heißt, 49,5 Prozent liegen maximal drei Standardabweichungen unter dem Durchschnitt und 49,5 Prozent maximal drei Standardabweichungen über dem Durchschnitt).

Ein Beispiel: Der amerikanische S&P 500-Index verzeichnete von 1927 bis 2008 (82 Jahre) nominal und in US-Dollar gemessen eine durchschnittliche arithmetische Rendite von 11,6 Prozent p. a. (geometrische Rendite 9,5 Prozent p. a.). Die Standardabweichung dieser Werte betrug etwa 21 Prozent. Das heißt, dass 68 Prozent aller Jahresrenditen im Bereich zwischen 32,6 Prozent (11,6 % + 21 % = 32,6 %) und –10,4 Prozent (11,6 % – 23 % = –9,4 %) lagen. 95 Prozent aller Werte lagen im Bereich zwischen 57,6 Prozent (11,6 % + 42 % = 53,6 %)

und –30,4 Prozent (11,6 % – 42 % = –30,4 %) – immer vorausgesetzt, dass die Daten »normalverteilt« sind. Die monatlichen Renditen eines bestimmten Aktienindex, zum Beispiel des DAX oder des MSCI World über einen längeren Zeitraum, sind annähernd (aber nur annähernd – und diese Einschränkung ist wichtig) normalverteilt. Nur annähernd deshalb, weil es in diesen Renditedaten mehr Extremwerte (extrem niedrige und extrem hohe Renditen) gibt, als man bei einer perfekten Normalverteilung eigentlich erwarten dürfte. Diese Abweichung ist aus Sicht der meisten, aber nicht aller Ökonomen ihrer Höhe nach gerade noch tolerierbar. Das wiederum hat den Vorteil, dass man diese Daten relativ leicht statistisch beschreiben und auswerten kann. (Fast alles, was in der wissenschaftlichen Literatur und der Finanzbranche über Wertpapierrenditen gesagt wird, basiert auf der Grundannahme normalverteilter Renditen.)

Weist eine Aktie oder ein Investmentfonds eine hohe Volatilität, also Standardabweichung auf, ist sie/er auch großen Wertschwankungen unterworfen. In einem Bullenmarkt steigt dieser Fonds tendenziell stärker an als der Gesamtmarkt, und in einem Bärenmarkt wird er deutlicher einbrechen. Umgekehrt bedeutet eine niedrige Volatilität, dass nur geringe Wertschwankungen im Zeitablauf zu erwarten sind. Festverzinsliche Wertpapiere, Rentenfonds und Geldmarktfonds sind normalerweise weniger volatil als Aktienfonds. (Das heißt nicht, dass eine Bundesanleihe in einem einzelnen Monat nicht auch eine stärkere Wertschwankung haben kann als die Siemens-Aktie – aber es ist zu erwarten, dass es nicht oft vorkommen wird. Tendenziell kann man sagen, dass, je breiter ein Investmentfonds diversifiziert ist (je mehr verschiedene Einzeltitel er enthält), desto niedriger auch seine Standardabweichung ausfällt. Eine einzelne Aktie ist stets volatiler als ein Korb von Aktien, der diese einzelne Aktie enthält; ein breiter Investmentfonds (und Indexfonds sind die breitesten innerhalb ihrer Asset-Klasse) ist weniger volatil als eine Handvoll Aktien in einem typischen Anlegerportfolio; und mehrere Investmentfonds zusammen sind, wenn sie unterschiedliche Asset-Klassen repräsentieren, weniger volatil als ein einzelner Investmentfonds. Genauso wie Renditen ändern sich auch Standardabweichungen im Zeitablauf, aber Standardabweichungen schwanken weniger als die Renditen selbst. Andererseits gilt leider auch, dass sie in Börsenabschwungphasen meist vorübergehend zunehmen, was natürlich nicht erfreulich ist.

Es liegt auf der Hand, dass für Anlageentscheidungen vor allem die künftige Volatilität einer Kapitalanlage interessant ist. Da zuverlässige Prognosen der künftigen Volatilitäten und Renditen kaum möglich sind, behilft man sich, indem man die Volatilität anhand vergangener Wertschwankungen misst und diesen Wert (in der Regel) unverändert für die Zukunft annimmt. Hier besteht ein Dilemma, das jedoch kein Mensch und keine Maschine je wird lösen können. Alle unsere Informationen – auch unser sogenanntes »Bauchgefühl« – gründen auf Daten der Vergangenheit. Wenn wir diese Daten für in die Zukunft gerichtete Risikoschätzungen verwenden, unterstellen wir unausgesprochen, dass in der Zukunft in dieser Hinsicht ähnliche oder gleiche Gesetzmäßigkeiten gelten. Diese Annahme ist oft genug als das kleinste mögliche Übel zu betrachten, denn bessere Alternativen sind schwer zu finden.

Maximaler Drawdown Der maximale Drawdown ist der maximale kumulative Verlust, der sich irgendwann in der Betrachtungsperiode ergeben hat. In diesem Buch wird der maximale Drawdown aus Gründen der Einfachheit zumeist auf der Basis von Jahresdaten errechnet. Würde man ihn auf der Basis von Tages- oder Monatsdaten errechnen, fiele er in fast allen Fällen ein paar Prozentpunkte höher (extremer) aus. Der maximale Drawdown beantwortet die intuitive Frage: Wie schlimm kann ein Rückschlag bei dieser Asset-Klasse maximal ausfallen, wenn man langfristige historische Renditen zugrunde legt? (Was nicht ausschließt, dass es in Zukunft nicht noch schlimmer kommen könnte.) Der maximale Drawdown ist eine Risikokennzahl, die für Privatanleger anschaulicher und daher nützlicher ist als die Standardabweichung.

Anteil der negativen Jahresrenditen Er ist definiert als Anteil der negativen (nominalen) Jahresrenditen an allen Jahresrenditen in einer Betrachtungsperiode und beantwortet die intuitive Frage: Wie häufig muss ich mit einem nominalen Jahresverlust rechnen, wenn ich 20 Jahre oder mehr investiert bleibe?

Referenzrahmenrisiko Der wohl einflussreichste Ökonom des 20. Jahrhunderts, John Maynard Keynes, sagte einmal: »Die Erfahrung bestätigt, dass es für die Reputation eines Mannes besser ist, gemeinsam mit allen anderen zu scheitern, als alleine Erfolg zu haben.« Keynes hatte Recht: Wir alle sind notorische Konformisten. Wenn unsere Erfolge und Misserfolge nicht parallel zu unserer unmittelbaren Referenzwelt verlaufen, sind wir höchst beunruhigt, selbst wenn wir im Durchschnitt »vorne liegen«. Auch die moderne psychologische Finanzforschung (Behavioral Finance) bestätigt, dass es uns bei der psychischen Verarbeitung von Verlusten in erster Linie darum geht, wie wir im Verhältnis zu einer für uns relevanten Vergleichsgruppe (zum Beispiel deutsche Privatanleger oder Freunde/Kollegen im Unterschied etwa zu britischen Anlegern) abgeschnitten haben, und kaum darum, wie diese Verluste absolut oder relativ zu einem globalen Maßstab einzustufen sind. Tabelle 35 illustriert dieses Phänomen. Die Möglichkeit der vorübergehenden Unterperformance gegenüber einer für uns subjektiv relevanten →»Benchmark« wird als Referenzrahmenrisiko (»frame of reference risk«) oder als »Tracking-Error-Risiko« bezeichnet, von dem sich viele Anleger in die Irre führen lassen (→Tracking-Error).

Tabelle 35: Illustration des Referenzrahmenrisikos

Nominale geometrische Rendite p. a.	DAX	Weltportfolio*	Differenz
Gesamtzeitraum 1975–2008 (34 Jahre)	8,6 %	12,4 %	+3,8 %
1975–1979 (5 Jahre)	7,1 %	19,5 %	+12,5 %
1980–1984 (5 Jahre)	14,6 %	27,7 %	+13,1 %
1985–1989 (5 Jahre)	17,2 %	14,2 %	–3,1 %
1990–1994 (5 Jahre)	3,3 %	8,3 %	+5,0 %
1995–1999 (5 Jahre)	27,0 %	17,2 %	–9,8 %
2000–2004 (5 Jahre)	–9,3 %	2,1 %	+11,4 %
2005–2008 (4 Jahre)	3,1 %	–2,4 %	–5,6 %
Standardabweichung der Jahresrenditen	27 %	22 %	–
Maximaler Drawdown	–58 %	–43 %	–

* Zusammensetzung siehe Abschnitt »Das Weltportfolio«, Seite 154.
Alle Angaben ohne Kosten und Steuern.

Das Weltportfolio ist besser diversifiziert als der DAX und weist daher ein niedrigeres Risiko auf, dennoch ist seine Rendite über den Gesamtzeitraum deutlich höher. Ungeachtet dessen hätten viele deutsche Anleger in dieser Situation dem Weltportfolio kritisch gegenübergestanden, weil es mehrere Fünf-Jahres-Zeiträume gab, in denen das Weltportfolio vom DAX geschlagen wurde; dasselbe galt in zwölf von 34 einzelnen Jahren. Der DAX ist jedoch für deutsche Aktienanleger die mit Abstand wichtigste Bezugsgröße. Schlechter als der DAX zu liegen, zumal über fünf Jahre hinweg, verkraften sehr viele Anleger nicht, selbst wenn sie auf zehn Jahre gesehen besser dastehen. Das ist zwar irrational, aber dennoch ein Faktum – und eines, das schon Keynes vor 75 Jahren bewusst war.

Tritt nun ein solcher mehrjähriger Rückstand eines international diversifizierten Portfolios gegenüber dem DAX auf, verabschieden sich viele Eigentümer eines solchen Portfolios ungeduldig und verängstigt von der in Wirklichkeit überlegenen Strategie, realisieren kaum noch rückgängig zu machende Verluste, verursachen hohe Transaktionskosten und besiegeln eine langfristige Unterrendite. Und das, obwohl von vornherein (!) klar war: Ein international diversifiziertes Aktienportfolio mit Value-, Small-Cap- und Schwellenländeranteil wird trotz höherer Gesamtrendite und trotz niedrigeren Risikos ein schlecht diversifiziertes Portfolio wie den DAX langfristig wohl in rund zwei Fünftel aller Einzeljahre unterperformen.

Der Grund für das häufige Kapitulieren der Anleger vor diesem Phänomen liegt in der zu starken emotionalen Orientierung an der eigenen Umwelt (»frame of reference«). In dieser Umwelt (Freunde, Kollegen, Medien) investieren die meisten von uns bewusst oder unterbewusst nur oder vorwiegend in deutsche Standardwerte, auch wenn das aus rationaler Sicht ein Fehler ist. Einer der wesentlichen Gründe: Es kommt uns unterbewusst nicht darauf an, die bestmögliche Risiko-Rendite-Kombination zu erreichen, sondern auf die geringstmögliche Abweichung auf Jahresbasis zu unserem ganz persönlichen Referenzrahmen – und dieser ist für die meisten Anleger in Deutschland der DAX.

»Renditereihenfolgerisiko« Bei der Errechnung des →Vervielfachungsfaktors (Endwertes) eines einmaligen Investments, genauso wie bei der geometrischen Rendite, spielt die Reihenfolge der einzelnen Jahresrenditen keine Rolle. Das heißt, man kann die positiven und negativen Jahresrenditen, zum Beispiel innerhalb eines 20-Jahres-Zeitfensters, beliebig gegeneinander vertauschen – es ergibt sich stets derselbe Investmentendwert (es gilt das »Vertauschungsgesetz«, das wir im Mathematikunterricht kennen gelernt haben). Es besteht hier somit kein »Renditereihenfolgerisiko«. Allerdings ist ein einmaliges Investment, das über 20 Jahre oder auch nur fünf Jahre keinerlei Mittelzu- oder -abflüsse verzeichnet, eine herzlich unrealistische Angelegenheit. In der Praxis werden so gut wie alle Portfolios im Zeitablauf durch zusätzliches Sparen oder aber durch Entsparen, also Mittelverbrauch (besonders in der Ruhestandsphase eines Haushaltes) gekennzeichnet sein. Bei einem solchen Portfolio, das Mittelzu- oder -abflüsse verzeichnet, hat die spezifische Reihenfolge der einzelnen Jahresrenditen jedoch einen eminenten Einfluss auf den Portfolioendwert. Am stärksten macht sich dieser Einfluss bei einem Portfolio, das nur noch Abflüsse verzeichnet (und sich somit in der Verbrauchsphase befindet), bemerkbar. Das Vertauschungsgesetz gilt hier nicht.

Das lässt sich anhand eines kleinen Gedankenexperiments illustrieren. Tabelle 36 zeigt in Spalte B die Jahresrenditen des MSCI-Europa-Aktienindex (in Euro) in den 15 Jahren von 1988 bis 2002. Ein Einmalinvestment hätte in diesen 15 Jahren eine nominale geometrische Rendite von 7,8 Prozent p. a. erzielt. In Spalte C habe ich diese Jahresrenditen willkürlich »ungünstig« vertauscht, das heißt schwerpunktmäßig die negativen Renditen in die ersten Jahre verschoben (wobei ich bewusst nicht den denkbar schlechtesten Fall konstruiert habe).

In Spalte D taten geschah das Gegenteil; dort habe ich tendenziell die hohen Renditen in den Anfangsjahren konzentriert und die negativen in den Schlussjahren. Die Spalten E bis G zeigen die Entwicklung von drei Portfolios, die auf die Renditereihenfolgen in den Spalten B, C und D gründen. Dabei wurde ein Anfangsinvestment von 250 000 Euro und danach eine jährliche Entnahme von 25 000 Euro (also 10 Prozent des Anfangswertes) unterstellt (alle Eurobeträge in den Spalten E bis G sind gerundet). Das Originalrenditenportfolio (Spalte E) steht nach 15 Jahren (2002) bei einem Endwert von 221 000 Euro, also sehr nahe am Anfangswert, was erfreulich erscheint, wenn man bedenkt, dass die geometrische Rendite mit 7,8 Prozent p. a. unterhalb der anfänglichen Entnahmerate von 10 Prozent lag (Spalte E). In der »Pechvogelspalte« F hat das Renditereihenfolgerisiko schlimm zugeschlagen. Schon in Jahr 7 (1994) ist das Portfolio vollständig aufgebraucht. In der »Glückspilzspalte« G ist das Portfolio trotz der relativ hohen Entnahmerate sogar noch auf erstaunliche 404 000 Euro gewachsen, weil die hohen Jahresrenditen überwiegend am Anfang der Periode auftraten.

Tabelle 36: Illustration des Renditereihenfolgerisikos

A	B	C	D	E	F	G
	Originalrendite (MSCI Europe)	Jahresrenditen ungünstig vertauscht	Jahresrenditen günstig vertauscht	Originalverlauf gemäß Spalte B	Verlauf gemäß Spalte C	Verlauf gemäß Spalte D
Start	–	–	–	€ 250 000	€ 250 000	€ 250 000
1988	38,6 %	–31,7 %	45,2 %	€ 322 000	€ 146 000	€ 338 000
1989	12,2 %	–11,7 %	38,6 %	€ 336 000	€ 104 000	€ 444 000
1990	–26,1 %	–6,9 %	32,2 %	€ 223 000	€ 72 000	€ 562 000
1991	20,5 %	–5,7 %	–5,7 %	€ 244 000	€ 43 000	€ 505 000
1992	1,5 %	12,2 %	20,5 %	€ 223 000	€ 23 000	€ 583 000
1993	32,2 %	32,2 %	16,8 %	€ 270 000	€ 5 000	€ 656 000
1994	–5,7 %	45,2 %	–6,9 %	€ 230 000	0	€ 586 000
1995	12,2 %	38,6 %	34,1 %	€ 233 000	0	€ 761 000
1996	23,5 %	16,8 %	–11,7 %	€ 263 000	0	€ 647 000
1997	34,1 %	–26,1 %	23,5 %	€ 328 000	0	€ 774 000
1998	16,8 %	34,1 %	12,2 %	€ 358 000	0	€ 843 000
1999	45,2 %	1,5 %	–26,1 %	€ 495 000	0	€ 598 000
2000	–6,9 %	23,5 %	1,5 %	€ 436 000	0	€ 582 000
2001	–11,7 %	20,5 %	12,2 %	€ 360 000	0	€ 628 000
2002	–31,7 %	12,2 %	–31,7 %	€ 221 000	0	€ 404 000

Die konkrete Reihenfolge von Jahresrenditen (genau genommen sogar Monatsrenditen) spielt eine große Rolle für den Portfolioendwert und die korrekt gemessene Anlegerrendite im Sinne eines internen Zinsfußes und des Vermögensendwertes, sofern das Portfolio im Laufe der Zeit Mittelzu- oder -abflüsse erfährt. Dieses Risiko wird von Bankbetreuern und konventionellen Vermögensberatern regelmäßig übersehen und nur selten in ihrer Beratungspraxis erwähnt. Wer eine »sichere«, das heißt »nachhaltige« Entnahmerate plant (sei es mit oder ohne Verbrauch des Kapitals), muss dieses Risiko berucksichtigen. Je höher der Anteil kurz- und mittelfristiger Staatsanleihen im Portfolio ist, desto näher kann eine nachhaltige Entnahmerate an der erwarteten Rendite des Portfolios liegen.

***

Nach diesem Exkurs in die Messung von Rendite und Risiko mögen zum Schluss noch ein paar eher philosophische Bemerkungen über das Thema Risiko hilfreich sein. »Risiko ist die Möglichkeit, dass Sie an einem bestimmten Zeitpunkt weniger Geldmittel zur Verfügung haben, als Sie es bei Ihrer ursprünglichen Investitionsentscheidung erwarteten«: So oder so ähnlich lautet das verbreitete Verständnis von Finanzrisiko. Dieses Konzept ist zwar für den Anfang illustrativ, aber ganz offensichtlich viel zu vereinfachend und auch nicht wirklich hilfreich. Wie wir in diesem Buch gesehen haben, hat Risiko viele Gesichter: Je nach Situation, Zeitpunkt und Investor variieren die Definition und das subjektive Empfinden von Risiko. Ein und derselbe Anleger hat – wie die Wissenschaft seit langem weiß – im Zeitablauf veränderliche Vorstellungen von Risiko. Daher ist es für rationale Anleger vorteilhaft, finanzielles Risiko in vielen konzeptionellen Facetten zu verstehen. Dazu mögen unsere Ausführungen weiter oben zu einigen Risikomessmethoden beigetragen haben, die ich hier durch einige kurze, konzeptionelle Überlegungen ergänzen möchte:

- Risiko ist ein »probabilistisches« Konzept (Probabilistik ist die Wissenschaft von den Wahrscheinlichkeiten). Bei Risiko geht es also um Wahrscheinlichkeiten, um Unsicherheit. In der Welt des Investierens kann man die Wahrscheinlichkeit vieler wünschenswerter und nicht wünschenswerter Ereignisse auf der Basis (unvollkommener) Vergangenheitsdaten näherungsweise schätzen, bei vielen ebenso wichtigen Größen ist nicht einmal das möglich (denken Sie etwa an den 11. September 2001). Der ehemalige amerikanische Verteidigungsminister Rumsfeld drückte diesen Sachverhalt treffend wie folgt aus: »There are known unknowables und unknown unknowables.« Das bringt es auf den Punkt. Einfache, endgültige Gewissheiten, wie es einem naiven, mechanistischen Verständnis der Dinge entspricht, gibt es beim Geldanlegen selten.

- Wer nicht mit Unsicherheit umgehen kann oder will, der sollte so wenig Risiko wie möglich eingehen. Das zieht aber auch eine Reduktion der Chancen nach sich. Es gilt das eherne Gesetz: *Rendite und Risiko sind untrennbar miteinander verbunden*. Anders formuliert: Wo eine besonders attraktive Chance winkt, obwohl das Risiko klein erscheint, ist sehr große Vorsicht angebracht. Dieses Buch sollte Ihnen dabei helfen, solche Missverhältnisse leichter zu erkennen.
- Risiko (und Ertrag) kann man nur auf der Ebene des Gesamtportfolios eines Haushaltes sinnvoll beurteilen, und dazu gehört die Betrachtung wirklich *aller* Vermögensteile des Haushaltes, einschließlich Immobilien, Kapitallebensversicherungen, Rentenansprüche und Humankapital. Wer seine Analyse nur auf einzelne Investments beschränkt, kann nicht zu sinnvollen Schlussfolgerungen kommen.
- Strategie versus Ergebnis: Eine Investmentstrategie allein von ihrem Ergebnis her (ob erfreulich oder unerfreulich) zu beurteilen, ist ein Fehler. Analoges gilt für so gut wie jeden wichtigen Bereich unserer Existenz. So banal diese Einsicht ist, so oft wird sie von Anlegern missachtet und so häufig ist sie der Grund für Investmentfehler. Vereinfacht gesagt, kann jede Handlungsstrategie entweder zu ihrem gewünschten Ergebnis führen oder eben nicht. Doch kann man allein aus der Tatsache, dass das Wunschergebnis eintraf, auf die Richtigkeit der Strategie schließen? Nein. Kann man aus der Tatsache, dass es nicht eintraf, auf die Falschheit der Strategie schließen? Ebenfalls nein. Warum? Außerhalb der Welt der »Mechanik« (zum Beispiel der Ingenieursdisziplinen) spielen stets Faktoren eine Rolle, die nicht vollkommen vom Akteur kontrollierbar sind – mit anderen Worten: der Zufall. Ob es uns passt oder nicht, der Zufall hat einen Einfluss auf das Ergebnis. Bereits ein minimaler Einfluss kann den geplanten, deterministischen Ursache-Wirkungs-Zusammenhang aufheben. Deswegen ist es gut möglich, dass die brillanteste Investmentstrategie in manchen Jahren enttäuschende Ergebnisse zeitigt, genauso wie die dümmste Strategie gelegentlich zum Erfolg führt. Der amerikanische Volksmund sagt dazu: »Auch eine kaputte Uhr stimmt zweimal am Tag.«
- Weil weder unsere rein emotionale Risikoeinstellung noch unsere wirtschaftlichen und anderen Lebensverhältnisse über die Jahre unverändert bleiben, hilft es nicht, sich nur einmal über das Thema Risiko Gedanken zu machen und es dann ad acta zu legen. Das vorausschauende Nachdenken über Risiko sollte man als kreative Chance begreifen, nicht als eine Panikreaktion, wenn die Dinge (wieder einmal) schiefgegangen sind.
- Der amerikanische Investmentmanager und Buchautor Rick Ferri sagte einmal: »Wenn Sie Ihr Investmentrisiko reduzieren wollen, dann schauen Sie

nicht mehr so oft hin.« Bei allem Sarkasmus steckt in dieser Aussage ein ordentliches Quäntchen Vernunft: Sie erweisen sich einen Bärendienst, wenn Sie Ihren Portfoliostand oder Depotauszug tagtäglich betrachten. Einmal im Quartal oder alle sechs Monate genügt. Andererseits sollten Sie sich niemals einreden (wie es leider viele Immobilienbesitzer tun), dass ein lediglich unsichtbares Risiko nicht existiert.

- Einen bestimmten Geldbetrag zu verlieren, schmerzt viel mehr, als es Vergnügen bereitet, den gleichen Geldbetrag zu gewinnen. Dies ist kein Sprüchlein aus der Sonntagspredigt eines börsenfeindlichen Pfarrers, sondern ein hartes, quantifizierbares Forschungsergebnis der Finanzökonomie. Weil das so ist, sind Sie im Zweifel gut beraten, eher der konservativen, vorsichtigen Seite zuzuneigen.
- Idealerweise ist jeder sein eigener »Risikomanager«. Niemand kennt Ihr Denken und Fühlen und Ihre Verhältnisse besser als Sie, und kaum jemandem können Sie mehr vertrauen als sich selbst. Es wäre schade, die Rolle des Risikomanagers vollständig an andere zu delegieren, auch nicht an den Ehepartner oder einen Finanzberater und schon gar nicht an einen Bankbetreuer oder Vermögensberater, der von Produktprovisionen lebt.

Literaturverzeichnis

Sach- und Fachbücher

Die mit einem Smiley (☺) gekennzeichneten Bücher in deutscher und englischer Sprache halte ich aus Privatanlegersicht für besonders empfehlenswert (leider sind nicht alle davon in deutscher Sprache erhältlich).

☺ Bareis, Werner/Nauhauser, Niels: *Lexikon der Finanzirrtümer. Teure Fehler und wie man sie vermeidet*. Berlin 2008.

☺ Bernstein, Peter L.: *Wider die Götter. Die Geschichte von Risiko und Riskmanagement von der Antike bis heute*. München 1997.

☺ Bernstein, William J.: *Die intelligente Asset Allocation. Wie man profitable und abgesicherte Portfolios erstellt*. München 2006.

☺ Bernstein, William J.: *Die Geburt des Wohlstandes. Wie der Wohlstand der modernen Welt entstand*. München 2005.

☺ Bernstein, William J.: *The Four Pillars of Investing. Lessons for Building a Winning Portfolio*. New York 2002.

☺ Bogle, John: *Keine Investment-Zauberformel. Börsengewinne mit gesundem Menschenverstand.* Kulmbach 2007.

Buffett, Warren: *Essays von Warren Buffett. Das Buch für Investoren und Unternehmer.* München 2006.

☺ Chancellor, Edward: *Devil Take the Hindmost: A History of Financial Speculation.* New York 2000. Titel der vergriffenen deutschen Ausgabe: *Bullen gegen Bären. Die Geschichte der Finanzspekulation.* Frankfurt 2004.

☺ Clason, George S.: *Der reichste Mann von Babylon. Die Erfolgsgeheimnisse der Antike.* Zürich 1998.

☺ Edleson, Michael E.: *Value Averaging. The Safe and Easy Strategy for Higher Investment Returns.* Hoboken 2006.

Dimson, Elroy/Marsh, Paul/Staunton, Mike: *The Triumph of the Optimists. 101 Years of Global Investment Returns.* Princeton 2002.

Dimson, Elroy/Marsh, Paul/Staunton, Mike: *Global Investment Returns Yearbook 2008.* London 2008.

☺ Ellis, Charles D.: *Winning the Loser's Game. Timeless Strategies for Successful Investing.* 3. Aufl. New York 1998.

☺ Ferri, Richard A.: *All About Asset Allocation. The Easy Way to Get Started.* New York 2005.

☺ Ferri, Richard A.: *The ETF Book. All You Need to Know About Exchange-Traded Funds.* Hoboken 2008.

Friedman, Benjamin M.: *The Moral Consequences of Economic Growth.* New York 2006.

Gibson, Roger: *Asset-Allocation. Balancing Financial Risk.* 4. Aufl. New York 2008.

☺ Graham, Benjamin: *Intelligent Investieren. Der Bestseller über die richtige Anlagestrategie.* München 2005.

Greer, Robert J. (Hg.): *The Handbook of Inflation Hedging Investments. Enhance Performance and Protect Your Portfolio from Inflation Risk.* New York 2006.

☺ Klein, Stefan: *Alles Zufall. Die Kraft, die unser Leben bestimmt.* Reinbek bei Hamburg 2005.

Kommer, Gerd: *Souverän Investieren mit Indexfonds, Indexzertifikaten und ETFs. Wie Privatanleger das Spiel gegen die Finanzbranche gewinnen.* 2. Auflage. Frankfurt/New York 2007.

☺ Luther, Thomas: *Zinsanlagen. Anleihen, Sparbriefe & Co.* Berlin 2008.

Maddison, Angus: *The World Economy. Volume 1: A Millennial Perspective. Volume 2: Historical Statistics.* Paris 2006.

☺ Malkiel, Burton G.: *Börsenerfolg ist kein Zufall. Die besten Investmentstrategien für das neue Jahrtausend.* München 2000.

☺ Milevsky, Moshe A.: *Are you a Stock or a you a Bond? Create your own Pension Plan for a Secure Financial Future.* Upper Saddle River 2008.

☺ Ross, Ron: *The Unbeatable Market. Taking the Indexing Path to Financial Peace of Mind.* Eureka 2003.

☺ Seewaldt, Wolfram: *Anleihen in der Beratungspraxis. Grundlagen und aktuelle Entwicklungen.* 2. neu bearb. Aufl. Stuttgart 2008.

☺ Sherden, William A.: *The Fortune Sellers. The Big Business of Buying and Selling Predictions.* New edition. Hoboken 2000.

☺ Siegel, Jeremy J.: *Stocks for the Long Run.* 4th edition. New York 2007. Die vorherige Auflage ist 2006 ins Deutsche übersetzt worden: *Langfristig investieren. Wie Sie mit Aktien auf lange Sicht richtig Geld verdienen.* München 2006.

☺ Siegel, Jeremy J.: *Überlegen investieren. Warum sich die traditionellen Anlagestrategien eben doch auszahlen.* München 2008.

☺ Swedroe, Larry E.: *The Only Guide to a Winning Investment Strategy You'll Ever Need. The Way Smart Money Invests Today.* New York 2005.

☺ Swedroe, Larry E./Hempen, Joseph H.: *The Only Guide to a Winning Bond Strategy You'll Ever Need. The Way Smart Money Preserves Wealth Today.* New York 2006.

☺ Swedroe, Larry/Kizer, Jared: *The Only Guide to Alternative Investments You'll Ever Need. The Good, the Flawed, the Bad, and the Ugly.* New York 2008.

☺ Swensen, David F.: *Erfolgreich investieren. Strategien für Privatanleger.* Hamburg 2006.

☺ Taleb, Nassim Nicholas: *Narren des Zufalls. Die verborgene Rolle des Glücks an den Finanzmärkten und im Rest des Lebens.* 2. überarb. Aufl. Weinheim 2005.

Tetlock, Philip E.: *Expert Political Judgment: How Good Is It? How Can We Know?* Princeton 2006.

☺ Weber, Martin: *Genial einfach investieren. Mehr müssen Sie nicht wissen – das aber unbedingt!* Frankfurt/New York 2007.

Woods, Thomas E. Jr.: *Meltdown: A Free-Market Look at Why the Stock Market Collapsed, the Economy Tanked, and Government Bailouts Will Make Things Worse.* Washington D. C. 2009.

☺ Zweig, Jason: *Gier. Neuroökonomie: Wie wir ticken, wenn es ums Geld geht.* München 2007.

Aufsätze und wissenschaftliche Bücher

Ackermann, Carl/McEnally, R./Ravenscraft, D.: »The Performance of Hedge Funds: Risk, Return and Incentives«. In: *Journal of Finance*, June 1999.

Arnold, Tom/Earl, John H./North, David S.: »Are Cover Stories Effective Contrarian Indicators?« In: *Financial Analysts Journal* 63 (2), 2007.

Arnott, R. D./Berkin, A. L./Ye, J.: »How well have taxable investors been served in the 1980s and 1990s?« In: *Journal of Portfolio Management* 26 (4), Summer 2000.

Arnott, R. D./West, J.: »2008: The Worst Year Ever For Active Management?« Download von www.indexuniverse.com, 23.3.2009.

Barras, Laurent/Scaillet, Olivier/Wermers, Russ: »False Discoveries in Mutual Fund Performance: Measuring Luck in Estimated Alphas«. 1. September 2008. Download von http://papers.ssrn.com.

Barrett, Amy L./Brodeski, Brent R.: »Survivor Bias and Improper Measurement. How the Mutual Fund Industry Inflates Actively Managed Fund Performance«. March 2006. Download von www.savantcapital.com.

Bennyhoff, Donald G.: »Time Diversification and Horizon-Based Asset Allocations«. *Vanguard Investment Counseling & Research (2008)*. Download von www.vanguard.com.

Black, Fischer: »Implications of the Random Walk Hypothesis for Portfolio Management«. In: *Financial Analysts Journal*, March–April 1971.

Bofinger, P./Schmidt, R.: »Should one rely on professional exchange rate forecasts?« *Würzburg Economic Papers No. 38*, Würzburg 2003.

Brinson, Gary P./Hood, Randolph/Beebower, Gilbert L.: »Determinants of Portfolio Performance«. In: *Financial Analysts Journal*, July/August 1986.

Brown, Stephen J./Götzmann, William N./Ibbotson, Roger G.: »Offshore Hedge Funds: Survival and Performance, 1989–95«. In: *Journal of Business*, January 1999.

Brown, Stephen J./Götzmann, William N.: »Performance Persistence«. In: *Journal of Finance* 50 (2), June 1995.

Carhart, Mark M.: »On Persistence in Mutual Fund Performance«. In: *Journal of Finance*, March 1997.

Chen, Peng/Ibbotson, Roger G./Milevsky, Moshe A./Zhu, Kevin X.: »Human Capital, Asset Allocation, and Life Insurance«. *Financial Analysts Journal* 62 (1), 2006.

Clark, Truman A.: »Does Foreign-Exchange Hedging Reduce Risk in Global Portfolios?«. February 2000. Download von www.dfaus.com (Dimensional Fund Advisors).

Coaker, William J. II: »The Volatility of Correlation: Important Implications for the Asset Allocation Decision«. In: *FPA Journal* 02/2006.

Davis, James L.: »Is there Mean Reversion in the Value Premium«. August 2008. Download von www.dfaus.com (Dimensional Fund Advisors).

Dichev, Ilia D.: »What Are Stock Investors' Actual Historical Returns? Evidence from Dollar-Weighted Returns«. In: *American Economic Review* 97 (1), 2007, S. 386–401.

Eichholtz, Piet M. A./Geltner, David M.: »Four Centuries of Location Value: Implications for Real Estate Capital Gain in Central Places«. March 2002. Download von http://web.mit.edu/cre/research/papers/wp86eichholtz.pdf.

Erb, Claude B./Harvey, Campbell R.: »The Tactical and Strategic Value of Commodity Futures«. In: *Financial Analysts Journal*, March/April 2006.

Fama, Eugene F./French, Kenneth R.: »The Cross-Section of Expected Stock Returns«. In: *Journal of Finance*, June 1992.

Fama, Eugene F.: »Market Efficiency, Long-term Returns and Behavioral Finance«. In: *The Journal of Financial Economics* 49, 1998.

Fama, Eugene F.: »Random Walks in Stock Market Prices«. In: *Financial Analysts Journal*, Sept./Oct. 1965, neu abgedruckt im Heft Jan./Feb. 1995.

Friesen, Geoffrey C./Sapp, Travis: »Mutual Fund Flows and Investor Returns: An Empirical Examination of Fund Investor Timing Ability«. 2007. In: *Journal of Banking and Finance, Forthcoming.* Download von http://papers.ssrn.com.

Götzmann, William N./Ibbotson, Roger: »Do Winners Repeat?«. In: *The Journal of Portfolio Management*, Winter 1994.

Gorton, Gary B./Rouwenhorst, K. Geert: » Facts and Fantasies about Commodity Futures«. In: *Financial Analysts Journal*, March/April 2006.

Gregoriou, Greg: »Hedge Fund Survival Lifetimes«. In: *Journal of Asset Management*, December 2002.

Hickson, Charles R./Ye, Qing/Turner, John D.: »The Asset Pricing Anomalies in 19th Century Britain«. 2009. Download von http://papers.ssrn.com.

Ibbotson, Roger G./Kaplan, Paul D.: »Does Asset Allocation Policy Explain 40, 90, or 100 % of Performance?«. In: *Financial Analysts Journal*, Jan./Feb. 2000.

Jagannathan, Ravi/Kocherlakota, Narayana R.: »Why Should Older People Invest Less in Stocks Than Younger People?« In: *Federal Reserve Bank of Minneapolis Quarterly Review* 20 (3), Summer 1996.

Jacobs, Heiko/Müller, Sebastian/Weber, Martin: »Wie diversifiziere ich richtig? – Eine Diskussion alternativer Asset-Allocation-Ansätze zur Konstruktion eines »Weltportfolios«. 2008. Download von http://bank.bwl.uni-mannheim.de.

Jensen, Michell C.: »Problems in Selection of Security Portfolios: The Performance of Mutual Funds in the Period 1945–1964«. In: *Journal of Finance* 23 (2), 1968.

Kahn, Ronald N./Rudd, Andrew: »Does Historical Performance Predict Future Performance?«. In: *Financial Analysts Journal*, Nov./Dec. 1995.

Kat, Harry/Amin, Gaurav S.: »Hedge Fund Performance 1990 – 2000. Do the ›Money Machines‹ Really Add Value?«. Working Paper, 15 May 2001, University of Reading. Download von www.ismacentre.rdg.ac.uk.

Kat, Harry/Amin, Gaurav S.: »Welcome to the Dark Side: Hedge Fund Attrition and Survivorship Bias Over the Period 1994–2001«. Working Paper, University of Reading, ISMA Centre, December 2001.

Langer, T./Weber, M.: Band 13, Behavioral Finance Bände: Der Cost-Average-Effekt. Mehr Rendite mit System? Download von http://www.behavioral-finance.de/60-0-Band-13-Der-Cost-Average-Effekt-Mehr-Rendite-mit-System-.html.

Lee, Dwight/Verbrugge, James A.: »The Efficient Market Thrives on Criticism«. In: *Journal of Applied Corporate Finance* 9, Spring 1996, S. 35–40.

Malkiel, Burton: »Returns from Investing in Equity Mutual Funds 1971 to 1991«. In: *Journal of Finance* 50 (2), June 1995.

Malkiel, Burton/Saha, Atanu: »Hedge Funds: Risk and Return«. Working Paper, 1. December 2004. In: *Financial Analysts Journal*, Nov./Dec. 2005.

Odean, Terrance/Barber, Brad: »Trading is Hazardous to Your Wealth: The Common Stock Investment Performance of Individual Investors«. In: *Journal of Finance* 55 (2), April 2000 [a].

Odean, Terrance/Barber, Brad: »Too Many Cooks Spoil the Profits: The Performance of Investment Clubs«. In: *Financial Analysts Journal*, Jan./Feb. 2000 [b].

Odean, Terrance/Barber, Brad: »The Internet and the Investor«. In: *The Journal of Economic Perspectives*, Winter 2001.

Samuelson, Paul: »The Long Term Case for Equity«. In: *The Journal of Portfolio Management*, Fall 1994, S.15–24.

Schneider, Lukas: *Performance Consistency of UK Unit Trusts*. London 2007. Unveröffentlichtes Manuskript.

Sharpe, William: »The Arithmetic of Active Management«. In: *Financial Analysts Journal* 47 (1), 1991.

Sluis, Pieter Jelle van derPosthuma, Nolke: »A Reality Check on Hedge Fund Returns«. Download von http://papers.ssrn.com.

Thorley, Steven: »The Inefficient Markets Argument for Passive Investing«. Download von www.indexfunds.com, 8.11.1999.

Zhang, Lu: »The Value Premium«. University of Rochester Simon School of Business, Working Paper No. FR 02–19, November 2002. Download von http://papers.ssrn.com.

Websites

Dieser Abschnitt listet einige Websites auf, die für passive Anleger interessant sein könnten. Es versteht sich, dass sich Online-Auftritte ständig verändern und dass ich keine Gewähr für die Inhalte und die Aktualität dieser unabhängigen Seiten übernehmen kann.

Allgemeine Websites

www.bafin.de Bundesanstalt für Finanzdienstleistungsaufsicht. Bietet unter anderem eine aktuelle Aufstellung aller in Deutschland zugelassenen ausländischen Investmentfonds.

www.bankenverband.de Bundesverband deutscher Banken e.V., Berlin. Die Website bietet eine Reihe nützlicher Broschüren zu Geldanlage und Altersvorsorge.

www.behavioral-finance.de Website der Behavioral-Finance-Forscher der Universität Mannheim um Professor Martin Weber.

www.bvi.de Bundesverband Investment und Asset Management e.V. Gratisinformationen zum Thema Investmentfonds (einschließlich ETFs).

www.coffeehouseinvestor.com Website von Bill Shultheis, Autor des in den USA populären Buches *The Coffeehouse Investor*, eines einfach gehaltenen, aber sehr empfehlenswerten Buches zu Indexing.

www.dai.de Deutsches Aktieninstitut, Frankfurt/Main, eine Interessenvereinigung der börsennotierten Aktiengesellschaften in Deutschland zur Förderung des Aktienbesitzes.

www.deutsche-finanzagentur.de Website der Finanzagentur der Bundesrepublik Deutschland (ehemals Bundesschuldenverwaltung und Bundeswertpapierverwaltung). Informiert über die sehr günstigen Konditionen und Merkmale der wichtigsten festverzinslichen Bundeswertpapiere; ferner darüber, wie man dort ein kostenloses Depot zur Verwaltung von Bundeswertpapieren einrichtet oder Sparpläne anlegt. Auch der Online-Kauf von Bundeswertpapieren ist möglich. Für jeden Anleger hochinteressant.

www.dfauk.com Dimensional Fund Advisors (USA) ist in meinen Augen, neben Vanguard (USA), vielleicht der beste Indexfonds-Anbieter der Welt. DFA nennt die eigenen Fonds »Asset-Klassen-Fonds«, weil sie sich in gewissen Punkten von klassischen Indexfonds oder ETFs unterscheiden. Leider sind die DFA-Fonds in Deutschland für Privatanleger bisher noch nicht zugelassen (in manchen europäischen Ländern wie etwa Großbritannien ist das schon der Fall). Grundsätzlich kann man in DFA-Fonds (in den Ländern, wo sie registriert sind) nicht direkt, sondern nur über einen von DFA akkreditierten Honorarberater investieren.

www.dia-vorsorge.de Deutsches Institut für Altersvorsorge, Köln. Enthält nützliche Veröffentlichungen zum Thema gesetzliche Rentenversicherung und zur Altersvorsorge allgemein.

www.diehards.org Das beste Internet-Diskussionsforum zum Thema Indexing und passives Investieren für Privatanleger. Leider nur in englischer Sprache.

www.efficientfrontier.com Website der amerikanischen Beratungsfirma von William Bernstein, dessen Investmentbücher zu den allerbesten ihrer Gattung gehören.

www.e-m-h.org Website zur Efficient-Market-Hypothese.

www.exchange.de Website der Frankfurter Wertpapierbörse und ihrer Kooperationspartner.

www.ifa.com Website des amerikanischen Vermögensberaters Index Fund Advisors Inc.

www.jasonzweig.com Amerikanischer Finanzjournalist, der sich wohltuend von seinen uninformierten, oberflächlichen Kollegen abhebt. Die Website enthält eine Menge interessanter Artikel zu den Themen passives Investieren, Altersvorsorge, Asset-Allokation und Kostenminimierung.

http://johncbogle.com/wordpress Website von Vanguard-Gründer John Bogle mit brillanten Aufsätzen zu vielen Aspekten der Wertpapieranlage.

www.portfoliotheorie.com Deutsche Website zum Thema Moderne Portfoliotheorie und passives Investieren.

www.retireearlyhomepage.com Website mit Finanzthemen für Personen vor und im Ruhestand.

www.smarterinvestieren.de Deutsche Website zum Thema Indexing.

www.swisspartners-wm.com Schweizer Anbieter eines auf dem Weltportfolio-Konzept basierenden Investment- und Versicherungsproduktes für vermögende Anleger.

www.vanguard.com Website der amerikanischen Fondsgesellschaft Vanguard, die weltweit die meisten und größten Index-Publikumsfonds anbietet. Neben Dimensional Fund Advisors (DFA) ist Vanguard vielleicht die weltweit beste Fondsgesellschaft für Privatanleger. Exzellente Investment-Artikel zum Herunterladen.

www.verbund-deutscher-honorarberater.de Der VDH fördert den Gedanken der interessenskonfliktfreien Honorarberatung in Deutschland, siehe → Honorarberatung.

Websites von in Deutschland zugelassenen Indexfonds-/ ETF-Produktanbietern (Stand 04/2009)

www.abnamromarketaccess.de (ABN Amro Bank, Niederlande)
www.arero.de (Prof. Weber GmbH; Martin Weber ist BWL-Professor an der Universität Mannheim)
www.axa-im.de (Axa-Versicherungskonzern / BNP Paribas Bank)
www.comstage.de (Commerzbank)
www.dbxtrackers.de (Deutsche Bank)
www.etflab.de (Deka/Sparkassengruppe).
www.etfsecurities.com (ETF Securities Ltd, Schweiz)
http://etf.ubs.com/splash.asp (UBS Bank, Schweiz)
www.invescopowershares.net (Invesco Asset Management)
http://en.ishares.com (Barclays Bank, Großbritannien)
www.lyxoretf.de (Société Générale, Frankreich)
www.quirinbank.de (quirin bank, Berlin)

Websites, die summarische ETF-Listen enthalten

www.exchangetradedfunds.de / www.deutsche-boerse.de/xtf
www.t-online.de/etf
www.smarter-investieren.de

Das etwa zweimonatlich erscheinende und generell lesenswerte Magazin *ETF – Intelligent Investieren* enthält ebenfalls eine umfangreiche ETF-Auflistung.

Anmerkungen zu den verwendeten Renditedaten

Zwar habe ich mich nach Kräften bemüht, Übertragungsfehler und Rechenfehler in den hier präsentierten Daten zu vermeiden, doch liegt es auf der Hand, dass bei einem Buch mit dieser Datenfülle Zahlenfehler nicht auszuschließen sind. Das gilt umso mehr, als die Daten in diesem Buch weder von einem wissenschaftlichen Institut noch einem gewerblichen Finanzunternehmen, sondern vom Autor allein zusammengestellt wurden. Auf den Haftungsausschluss am Anfang des Buches wird noch einmal hingewiesen. Der guten Ordnung halber möchte ich an dieser Stelle noch einmal wiederholen, dass historische Renditen keinen direkten Rückschluss auf zukünftige Renditen zulassen.

Ich würde mich freuen, wenn Leser mich auf tatsächliche oder mögliche Fehler und Irrtümer hinweisen, sodass ich diese in einer zukünftigen Auflage korrigieren kann. Bitte schicken Sie mir in diesem Fall eine E-Mail (gerd_kommer@hotmail.com).

In den hier dargestellten Daten sind nirgendwo Steuern berücksichtigt: weder Quellensteuern (Withholding Taxes), die in vielen Ländern auf Dividenden und Zinsen erhoben werden, noch Einkommenssteuern (oder Abgeltungssteuer) auf Anlegerebene. Ich verweise hierzu auf die Ausführungen in *Souverän Investieren* (2007), S. 287.

Ein Hinweis bezüglich der Renditen in der Währung Euro: Für die Zeit vor der Einführung der Gemeinschaftswährung am 1. 1. 1999 wurden ein Wechselkursverhältnis von 1,95583 DM zu 1 Euro angenommen (offizieller DM/Euro-Wechselkurs bei der Einführung des Euro).

Tabelle 37: Datenquellen

Institution / Person	Website oder Buch
BHP Billiton	www.bhpbilliton.com
BulwienGesa	www.bulwiengesa.de
Commodity Research Bureau	www.crbtrader.com
Deutsche Bundesbank	www.bundesbank.de
Dimensional Fund Advisors	www.dfauk.com
Dimson/Marsh/Staunton	Siehe Literaturverzeichnis
European Public Real Estate Association (EPRA)	www.epra.com
French, Kenneth	http://mba.tuck.dartmouth.edu/pages/faculty/ken.french/ (CRSP-Datenbank der Chicago University)
FTSE EPRA/NAREIT	www.ftse.com (Global Real Estate Index Series)
Global Financial Data	www.globalfinancialdata.com

Financial Times	www.ft.com
Finfacts Ireland	www.finfacts.ie
Hedge Fund Research, Inc.	www.hedgefundresearch.com
International Monetary Fund	www.imf.org
IPD Investment Property Databank	www.ipd.com
A. Maddison	Siehe Literaturverzeichnis
MSCI Barra	www.mscibarra.com
National Association of Real Estate Investment Trusts (USA)	www.reit.com
Nationwide	www.nationwide.co.uk (Nationwide ist eine britische Bausparkasse)
OECD	www.oecd.org
Shiller, Robert	http://www.econ.yale.edu/~shiller/ (Shiller ist Professor an der Yale University.)
Siegel, Jeremy	Siehe Literaturverzeichnis
Standard and Poor's	www.standardandpoors.com
Statistisches Bundesamt der Bundesrepublik Deutschland	www.destatis.de
The Vanguard Group	www.vanguard.com

Glossar

Viele der in diesem Buch verwendeten Fachbegriffe werden im laufenden Text erläutert. Sollten Sie einen bestimmten Begriff nachstehend nicht finden, empfehlen wir, die entsprechende Textstelle mithilfe des Registerverweises aufzusuchen.

Aktionärsrendite Die Rendite (üblicherweise jährlich gemessen), die *alle* Ertragsbestandteile eines Wertpapiers enthält – in erster Linie Dividenden und Kurssteigerungen.

Aktives und passives Investieren Aktives Anlagemanagement ist der Versuch, auf der Basis einer bestimmten Anlagestrategie eine →Überrendite (Outperformance) zu erzielen, also eine höhere Rendite als der Durchschnitt der übrigen Marktteilnehmer, gemessen an einem Referenzindex. Anders formuliert (siehe auch →Market-Timing und Stock-Picking): Es ist der Versuch eines einzelnen Investors oder Fondsmanagers, Wertpapiere oder ganze Marktsegmente zu identifizieren, die die restlichen Marktteilnehmer (vermeintlich) vorübergehend über- oder unterbewertet haben. Sobald der restliche Markt seinen »Irrtum« erkennt und korrigiert, kann der Investor/Fondsmanager – so die Vorstellung – einen Gewinn realisieren. Aktives Anlegen ist stets spekulatives Anlegen, da der Anleger bewusst von einer neutralen (marktidentischen) Gewichtung seiner einzelnen Anlagepositionen zugunsten einer Über- oder Untergewichtung bestimmter Assets oder Asset-Klassen abweicht, also auf mögliche Diversifikation verzichtet. Dem steht »passives« Portfoliomanagement (Indexing) gegenüber – eine Buy-and-Hold-Strategie, bei der ein Investor alle Wertpapiere hält, die zu einer bestimmten Asset-Klasse oder einem Markt in Form eines Indexfonds oder →ETF gehören. Aktives Trading (laufendes Kaufen und Verkaufen) findet nicht statt. Im Unterschied zu aktivem Portfoliomanagement verfolgt passives Management nicht das Ziel, eine Überrendite zu erzielen, und ist damit weniger riskant. Auch die einmaligen und laufenden Kosten sind beim passiven Investieren geringer.

Arbitrage Beruht auf dem sogenannten »Gesetz des Preisausgleichs« (engl. *law of one price*), einem zentralen Grundpfeiler der Wirtschaftswissenschaft. Das Gesetz besagt, dass zwei identische Güter den gleichen Marktpreis besitzen müssen. Wäre dies nicht der Fall, könnte jemand diese Ungleichheit ausbeuten, indem er gleichzeitig das billigere Gut einkauft und es teurer verkauft (Arbitrage ist definitionsgemäß immer risikofrei). Dies würde sich so lange fortsetzen, bis aufgrund eines Nachfragedrucks für Gut A und eines Angebotüberhangs für Gut B sich die Preise angeglichen hätten. In Bezug auf Wertpapiere bedeutet das Gesetz, dass zwei Finanz-Assets mit gleichem Risikograd auch den gleichen erwarteten Ertrag haben müssen, andernfalls würde es sich lohnen, das Finanz-Asset A mit dem niedrigeren Preis (und deswegen höherer erwarteter Rendite) zu kaufen und simultan zu einem höheren Preis (niedrigere Rendite) zu verkaufen. Sofern identische Güter in zwei real existierenden Märkten tatsächlich unterschiedliche Preise haben, ist dieser Zustand entweder nur temporär (bis er wegarbitriert ist), oder die Transaktionskosten für Kauf und Verkauf in den unterschiedlichen Märkten sind genauso hoch oder höher als die Preisunterschiede und verhindern so den Preisausgleich.

Asset-Klasse Anlageklasse; »Asset« ist der englische Begriff für Vermögenswert. Eine Asset-Klasse ist eine Gruppe von Assets mit ähnlicher oder identischer Risiko-Rendite-Kombination. Beispiele für (Haupt-)Asset-Klassen sind Cash/Barvermögen (Sparbücher, Termingelder, Geldmarktfonds bis zwölf Monate Laufzeit), festverzinsliche Wertpapiere/Anleihen (ab zwölf Monaten Laufzeit), Aktien, Immobilien oder Rohstoffe. Diese Haupt-Asset-Klassen lassen sich wiederum unterteilen; die Haupt-Asset-Klasse Aktien etwa in Standardwerte, mittelgroße Werte (Mid Caps) und Nebenwerte. Diese Unterklassen können wiederum in nationale und internationale Titel und diese wiederum in bestimmte Branchen untergliedert werden. Wie in den meisten Klassifikationssystemen können auch Asset-Klassen – je nach Zielsetzung – in unterschiedlicher Weise gebildet werden und sich je nach Segmentierung auch überlappen.

Asset-Allokation Asset-Klassen-Aufteilung; der Begriff bezeichnet die Aufteilung eines Portfolios (die Summe aller Investments eines Haushalts oder Anlegers) auf einzelne breite → Asset-Klassen (Anlageklassen). Die Bedeutung der Asset-Allokation beruht auf der Tatsache, dass der langfristige Ertrag eines Portfolios zu einem außerordentlich hohen Prozentsatz von der Auswahl und Gewichtung der Asset-Klassen bestimmt wird (mehrere Studien beziffern diesen Einfluss auf über 90 Prozent) und eben nicht von der Auswahl einzelner Wertpapiere innerhalb der Asset-Klassen oder von dem Ein- und Ausstiegszeitpunkt in bestimmte Märkte oder Asset-Klassen (Market-Timing) – also »aktiven Anlagestrategien«, wie sie von der Finanzbranche propagiert werden, um hohe Provisions- und Verwaltungserträge zu erzielen. Asset-Allokation zielt letztlich darauf, die maximale Rendite für ein gegebenes Risikoniveau oder das minimale Risiko für ein gegebenes Renditeniveau zu erzielen.

Baisse, Bärenmarkt Engl. *bear market*, ein Börsenabschwung; Gegenteil von Bullenmarkt. Baisse = franz. für (sinngemäß) Börsenabschwung. Eine allgemein akzeptierte Definition dafür, wann ein herkömmlicher Kursrückgang zur Baisse wird, gibt es nicht.

Barwert, Gegenwartswert Der heutige Wert einer erst in der Zukunft zu empfangenden Zahlung (oder eines Zahlungsstroms), »abgezinst« auf die Gegenwart. Ein Beispiel: Eine in einem Jahr zu erwartende Zahlung von 1 050 Euro hat bei einer Abzinsungsrate (Diskontierungsrate) von 5 Prozent einen Barwert von 1 000 Euro, denn wenn man 1 000 Euro mit 5 Prozent Jahresrendite für ein Jahr anlegt, erzielt man 1 050 Euro. Deshalb haben beide Werte – 1 000 Euro jetzt oder 1 050 Euro in zwölf Monaten – bei dieser Abzinsungsrate denselben Barwert (BW). Mit Barwerten kann man Zahlungen, die zu unterschiedlichen Zeitpunkten anfallen, vergleichbar machen. Die Formel für die Berechnung des Barwertes einer einmaligen zukünftigen Zahlung »Z« lautet wie folgt: $BW = Z \div (1 + r)^n$, wobei r die Abzinsungsrate ist und n die Anzahl der Perioden (hier 1). Die Formel für eine Serie zukünftiger Zahlungen ist ähnlich, aber ein klein wenig komplizierter. Die Wahl der jeweils angemessenen Abzinsungsrate hängt davon ab, wie »sicher« oder wahrscheinlich die zukünftige Zahlung ist. Wenn sie vollkommen sicher (risikofrei) ist, so ist der Zinssatz für risikofreie Staatsanleihen mit entsprechender Laufzeit angemessen; wenn sie weniger sicher ist, muss ein höherer Zinssatz gewählt werden (wodurch sich ein niedrigerer Barwert ergibt). Mit einem Tabellenkalkulationsprogramm wie Microsoft Excel kann man Barwerte recht einfach berechnen.

Benchmark Der englische Begriff Benchmark steht sinngemäß für »Vergleichsgröße«. Gemeint ist ein Wertpapierindex, der zum Leistungsvergleich für einen aktiven Investmentfonds, ein Zertifikat oder das Portfolio eines aktiven Anlegers dient. Ziel eines aktiv gemanagten Fonds muss es notwendigerweise sein, eine bessere Rendite (Performance) als der Vergleichsindex zu erzielen. In vielen Werbeanzeigen für aktiv gemanagte Investmentfonds oder Zertifikate wird bewusst eine falsche Benchmark gewählt, die das jeweilige Produkt in einem günstigeren Licht erscheinen lässt. Auch die Medien wählen in ihrer Berichterstattung eine Benchmark statt auf der Basis sachlicher Richtigkeit oft anhand ihrer Bekanntheit aus und produzieren daher »Äpfel-Birnen-Vergleiche«.

Blend-Aktien Engl. *blend* (Mischung); gelegentlich werden synonym die Begriffe »Core« oder »Market« verwendet. Der Begriff bezeichnet den mittleren Bereich zwischen Value- und Growth-Aktien, also Aktien, die sich weder der einen noch der anderen Kategorie eindeutig zuordnen lassen.

Blue Chips Englische Bezeichnung für Standardwerte oder Large-Caps, also Aktien etablierter Großunternehmen mit hoher Marktkapitalisierung; in Deutschland zum Beispiel die im DAX gelisteten Unternehmen. Davon abzugrenzen sind Mid Caps (Aktien mittelgroßer Unternehmen) und Nebenwerte (Small Caps), Aktien kleiner Unternehmen.

Bruttoinlandsprodukt (BIP) Engl. *gross domestic product (GDP)*; bezeichnet salopp ausgedrückt das Einkommen – Löhne, Gehälter, Unternehmensgewinne und Kapitaleinkommen (ohne Doppelzählungen) – einer ganzen Volkswirtschaft innerhalb einer Zeitperiode. Das Pro-Kopf-BIP misst das volkwirtschaftliche Einkommen geteilt durch die Bevölkerungszahl. Es wird oft fälschlich als Maß für volkswirtschaftlichen »Wohlstand« verwendet; fälschlich deshalb, weil Einkommen und Wohlstand (Reichtum) nicht identisch sind.

Dachfonds Ein Investmentfonds, der die Mittel der Anleger in anderen Investmentfonds anlegt, also →Fonds-Picking betreibt. Aktive Dachfonds sind generell abzulehnen, weil sie besonders hohe (größtenteils versteckte) Kosten aufweisen, nämlich Kosten auf der Ebene des einzelnen Fonds und auf der Ebene des Dachfonds.

Data-Mining Dt.: »Datenschürfen«; die sich in der Wissenschaft (Medizin, Ökologie, Soziologie, Wirtschaftswissenschaft) immer stärker ausbreitende Unsitte, mit computergestützten Korrelationsanalysen nach Parallelentwicklungen von Datenreihen zu suchen, zwischen denen dann ohne sachlogischen Beweis ein ursächlicher Zusammenhang postuliert wird. Tatsächlich können in historischen Datenbeständen stets mühelos »Muster«, Korrelationen und →Marktanomalien gefunden werden, ganz besonders, wenn man den Datenbestand willkürlich eingrenzt. Ob diese Muster auch in der Zukunft für die gleiche Datenreihe weiter gelten werden, ist allerdings eine ganz andere Frage.

Dividendenrendite Engl. *dividend yield*; das Verhältnis aus Dividendenauszahlung pro Aktie und Aktienpreis. Sie liegt bei Großunternehmen durchschnittlich bei etwa 2 bis 3 Prozent p.a. Bis in die 50er Jahre hinein war die Dividendenrendite deutlich höher. Value-Aktien haben üblicherweise eine höhere Dividendenrendite als Growth-Aktien.

Effizienter Markt Etwas verkürzt definiert ist ein effizienter Markt ein Markt, in dem es unter Berücksichtigung von Transaktionskosten und Risiko nicht möglich ist, »systematisch« (dauerhaft und wiederholt) eine →Überrendite gegenüber der entsprechenden Marktrendite zu erzielen, ausgenommen durch Zufall. Dies ist im Wesentlichen auf →Informationseffizienz zurückzuführen, das heißt, im aktuellen Marktpreis des entsprechenden Wertpapiers sind alle öffentlich verfügbaren Informationen mit großer Wahrscheinlichkeit bereits enthalten. Auf der Basis solcher Informationen (einschließlich Spekulationen) sind dann keine systematischen Überrenditen möglich.

Emerging Markets Dt.: Schwellenländermärkte; die Kapitalmärkte mittelmäßig entwickelter Volkswirtschaften (vor allem in Osteuropa, Lateinamerika sowie Ost- und Südostasien), üblicherweise gemessen am Bruttoinlandsprodukt pro Kopf (bis ca. 10 000 US-Dollar pro Jahr). In dieser Hinsicht stehen Schwellenländer also zwischen wirtschaftlich hoch entwickelten Industrieländern und gering entwickelten Dritte-Welt-Ländern. Schwellenländeraktien haben langfristig höhere Renditen als Industrieländer, weisen aber auch stärkere Wertschwankungen auf. Es gibt etwa 30 Schwellenländeraktienmärkte.

Equity-Premium Die Differenz zwischen der langfristigen geometrischen Durchschnittsrendite von Aktien und »risikofreien« Anlagen (zum Beispiel kurz laufenden Staatsschuldverschreibungen). Das Equity-Premium ist also eine Risikokompensation, sprich die Belohnung dafür, dass ein Aktionär durch Bereitstellung von Eigenkapital an ein durchschnittliches Großunternehmen ein Verlustrisiko eingeht, das er bei einer risikofreien Anlage nicht zu tragen hätte. Das Equity-Premium liegt im langfristigen historischen Durchschnitt real bei etwa 3 bis 5 Prozent.

Erwartete Rendite, erwartetes Risiko Engl. *expected return, expected risk*; die von einer Asset-Klasse im langfristigen Durchschnitt erwartete (nominale oder reale) Rendite und die erwartete Standardabweichung. Definitionsgemäß liegen rund die Hälfte aller konkreten Renditen für ein bestimmtes Zeitintervall über diesem Wert, die andere Hälfte unter diesem Wert. Zumeist wird die erwartete Rendite auf der Basis sehr langfristiger historischer Zahlen (30 Jahre und mehr) ermittelt. Nach starken Kursrückgängen steigt tendenziell die erwartete Rendite, nach starken Kursanstiegen sinkt sie.

ETF *Exchange traded fund*, dt.: börsengehandelter Fonds. ETFs sind rechtlich gesehen normale offene Investmentfonds, die denselben Regularien unterliegen wie nicht börsengehandelte (traditionelle) Investmentfonds. Insbesondere sind Investmentfonds und ETFs »Sondervermögen«, das heißt, der Konkurs der Fondsgesellschaft bedeutet keinen Verlust für das Sondervermögen, weil dieses und das Vermögen der Fondsgesellschaft strikt getrennt sind. Einer der aus Anlegersicht wichtigen Unterschiede zwischen einem konventionellen Investmentfonds und einem ETF besteht darin, dass ETFs von vornherein dafür konzipiert wurden, über eine Börse gekauft und verkauft zu werden, während konventionelle Fonds normalerweise direkt bei der Fondsgesellschaft erworben und an diese wieder zurückverkauft werden. Das hat gewisse Vorteile, die sich insbesondere in sehr niedrigen Kosten ausdrücken. Fast alle ETFs sind passive Investmentfonds, also Indexfonds (→ Aktives und passives Investieren). ETFs weisen im Vergleich zu konventionellen (aktiven) Investmentfonds weitaus niedrigere Kaufkosten und laufende Kosten auf.

Festverzinsliche Wertpapiere Engl. *bond*; Schuldverschreibungen mit einem feststehenden gleichbleibenden Verzinsungssatz (Nominalverzinsung). Der Anleger gewährt dem Emittenten quasi ein Darlehen in Höhe des Nennwertes; im Gegenzug hat er Anspruch auf eine nominale Verzinsung sowie auf Rückzahlung zu 100 Prozent zum Laufzeitende.

Fonds-Picking und Manager-Picking Formen des aktiven Investierens. Alle aktiven Anlagestrategien sind letztlich entweder Stock-Picking oder Market-Timing oder eine Mischung beider Varianten. Fonds- oder Manager-Picking heißt, einen Fonds oder Investment-Manager auswählen, der seinerseits Stock-Picking oder Market-Timing betreibt. Die Grundprobleme des aktiven Anlegens werden durch Fonds- und Manager-Picking nicht behoben, sondern nur verlagert. Außerdem entstehen bei → Dachfonds, deren Hauptaufgabe es ist, Fonds-Picking zu betreiben, besonders hohe (»doppelte«) Kosten. Ferner beinhaltet Fonds-Picking das zusätzliche Risiko, einen Fonds oder Manager auszuwählen, der irgendwann nicht mehr in die Asset-Klassen investiert, in die der Anleger eigentlich investiert sein möchte (→ Style-Drift).

Geld-Brief-Spanne Engl. *bid/ask-spread* oder *bid/offer spread*; die Differenz zwischen dem Kaufpreis (Geldkurs, Bid) und dem Verkaufspreis (Briefkurs, Ask, Offer) für Wertpapiere oder Devisen. Der sogenannte Marktkurs liegt für gewöhnlich etwa in der Mitte dieser beiden Preise. Das heißt, man muss ungefähr die Hälfte der Spanne bei Kauf des Wertpapiers und die andere Hälfte beim Verkauf bezahlen (sofern sich die Spanne in der Zwischenzeit nicht geändert hat). Die Spanne ist umso enger, je »liquider« das Wertpapier ist, also je mehr Stücke umlaufen und je intensiver der laufende Handel in dem Papier ist. Die Geld-Brief-Spanne ist nicht wertpapierspezifisch, es gibt sie unter anderen Bezeichnungen (»Ankaufspreis«, »Verkaufspreis«) in praktisch jedem Markt, etwa im Gebrauchtwagenmarkt: Ein privater Verkäufer wird einen Wagen normalerweise nur zu einem niedrigeren Preis als dem ursprünglichen Kaufpreis verkaufen können. Der Spanne repräsentiert unter anderem die Händlermarge.

Geldmarkt Engl. *money market*. Geldmarktanlagen sind kurzfristige, risikoarme Geldanlagen (sofern nicht in Fremdwährung), wie Termin- oder Festgelder, Geldmarktfonds, Sparbücher oder Konten mit variabler Guthabenverzinsung, Staatsanleihen der Bundesrepublik Deutschland oder der westeuropäischen Staaten (sofern Sie ein »AAA-Rating« besitzen) bis etwa 18 Monate Restlaufzeit.

Geldmarktfonds Ein risikoarmer Investmentfonds, der in Anlagen des → Geldmarktes investiert (sollte keinen Ausgabeaufschlag und nur sehr niedrige laufende Kosten aufweisen).

Growth-Aktien Dt.: »Wachstumsaktien«; siehe Erläuterung in Abschnitt 2.6, Seite 62.

Hausse, Bullenmarkt Engl. *bull market*; ein Börsenaufschwung; Gegenteil von Bärenmarkt. Hausse = franz. für (sinngemäß) Börsenaufschwung. Eine allgemein akzeptierte Definition dafür, wann ein herkömmlicher Kursaufschwung zur Hausse wird, gibt es nicht.

Honorarberater Engl. *fee-only advisor*; ein Finanz- oder Vermögensberater, dessen Vergütung in keiner Hinsicht von Produktkommissionen oder einem Produktanbieter abhängt. In Deutschland sind 99 Prozent aller sogenannten »freien« oder »unabhängigen« Vermögensberater keine Honorarberater, weil sie über Produktprovisionen, Rückvergütungen (»Kickbacks«) und Bestandsvergütungen bezahlt werden. Das gilt uneingeschränkt auch für die Kunden-»Berater« bei Banken. Dadurch entsteht ein kaum zu unterschätzender Interessenkonflikt, der eine Beratung, die ausschließlich im Interesse des Klienten stehen sollte, strukturell unmöglich macht. Ein Honorarberater hingegen wird – wie ein Architekt, Rechtsanwalt, Steuerberater oder Privatkassenarzt – allein vom Klienten bezahlt. Leider erkennen nur wenige Anleger, dass allein ein Honorarberater ein wirklicher Berater sein kann und dass Anleger in versteckter oder indirekter Form bei den kommissionsgetriebenen »Beratern« (eigentlich Verkäufern) von Banken und traditionellen Vermögensberatungsfirmen mit großer Wahrscheinlichkeit langfristig höhere Kosten und niedrigere Nettorenditen erzielen werden als bei guten Honorarberatern.

Index Statistische Maßzahl für die kollektive Wertentwicklung einer Gruppe von Aktien, festverzinslichen Wertpapieren oder anderer Asset-Typen mit einigen gemeinsamen objektiven Eigenschaften. Der Deutsche Aktienindex (DAX) etwa repräsentiert die Wertentwicklung der nach der Marktkapitalisierung 30 größten deutschen Aktiengesellschaften. Indizes dienen unter anderem als Vergleichsmaßstab (→ Benchmark) für die Wertentwicklung aktiv gemanagter Investmentfonds. Neben bekannten und repräsentativen Aktienindizes wie dem DAX, dem amerikanischen Dow-Jones-Index für 30 Industriewerte, dem Nikkei-225-Index für japanische Titel oder den diversen Morgan-Stanley-Capital-International- (MSCI-)Indizes gibt es auch weniger bekannte Indizes wie den amerikanischen Russell 2000, der 2000 amerikanische Nebenwerte umfasst. Hinzu kommen Rentenindizes wie der deutsche REX. Weltweit existieren mehrere Tausend verschiedene Wertpapierindizes. Auf einer anderen Ebene unterscheidet man Performance-Indizes und Preisindizes. Ein Performance-Index (manchmal auch als »Total-Return-Index« bezeichnet) ist ein Index, dessen Entwicklung sowohl die Kursgewinne der im Index enthaltenen Wertpapiere als auch die unterjährig ausgezahlten Dividenden und andere Ausschüttungen reflektiert. Hierbei wird rechnerisch angenommen, dass diese Ausschüttungen sofort wieder in die Aktien des Index reinvestiert werden. Ein Preisindex (auch Kursindex genannt) ist ein Wertpapierindex, der kurssenkende Ausschüttungen im Gegensatz zu einem Performance-Index nicht berücksichtigt. Insofern stellt ein Preisindex keinen objektiven Maßstab für die Rendite des gemessenen Wertpapiermarktes dar.

Indexfonds Offene »passive« Investmentfonds oder ETFs, die der Anlagestrategie des Index-Investing folgen, das heißt in ihrer Zusammenstellung einen bestimmten Renten- oder Aktienindex (zum Beispiel DAX, S&P 500 oder MSCI World) möglichst exakt nachbilden. Eine aktive Anlagestrategie mit dem Ziel, die Marktrendite zu übertreffen, wird nicht verfolgt. Der Fonds investiert die Fondsgelder in die dem Index zugrunde liegenden Wertpapiere im gleichen Verhältnis wie der Index (in spezifischen Fällen sind Ausnahmen hiervon möglich).

Indexing in ineffizienten Märkten Immer wieder wird behauptet, Indexing (passives Investieren) funktioniere nur in effizienten Aktien- oder Rentenmärkten. Abgesehen davon, dass Indexing auch in Nebenwertemärkten, Schwellenländermärkten und Marktabschwungsphasen im Durchschnitt besser abschneidet als aktives Investieren, ist diese Aussage auch aus anderen Gründen fragwürdig. Selbst wenn man annimmt, bestimmte Märkte seien generell ineffizient, folgt daraus nicht, dass aktives Investieren gegenüber passivem Investieren zu präferieren ist. Der Finanzmarktforscher Stephen Thorley hat 1999 in einem Aufsatz hierzu ein interessantes Argument formuliert: Auch in einem ineffizienten Markt muss die eine Hälfte der Anleger unter der Marktrendite liegen, die andere Hälfte darüber. Wenn Investieren auf Können beruht (wie es aktive Anleger behaupten), finden sich jene Anleger mit unterdurchschnittlichem Können überdurchschnittlich oft in der Verliererhälfte. Diese Anleger könnten ihr Investmentergebnis definitionsgemäß durch passives Investieren verbessern – die Marktrendite wäre ihnen damit ja garantiert. Daher hören sie auf, aktiv zu investieren, und wechseln ins passive Lager über. Das durchschnittliche Niveau an Fähigkeiten innerhalb der verbleibenden Gruppe der aktiven Anleger muss damit zwangsläufig steigen, nachdem nun die besonders »unfähigen« aktiven Anleger verschwunden sind. Diese Gesetzmäßigkeit wirkt fortwährend, also nicht nur »eine Runde« lang. Im Ergebnis wird es dann immer schwieriger für einen Anleger in der aktiven Gruppe, dauerhaft in der oberen Renditehälfte (also über dem Markt) zu verbleiben. Je mehr aktive Anleger aufgeben, weil sie Renditen unter dem Markt erzielen, desto schwieriger wird es für die übrigen aktiven Anleger, den Markt zu schlagen, denn die »inkompetenten« Gegenspieler werden immer rarer.

Informationseffizienz Auf den Kapitalmärkten suchen ständig Millionen Experten und Insider nach Informationen, die zur Gewinnerzielung verwertet werden können. Wenn derartige Informationen existieren, ist daher die Wahrscheinlichkeit ihrer Entdeckung hoch. Danach durchdringen die Informationen den Markt in rasender Geschwindigkeit, zumeist dadurch, dass aufgrund dieser Informationen gehandelt wird, nicht notwendigerweise durch ihre formale Publikation. Das Internet und bestimmte gesetzliche Vorschriften erhöhen die Informationseffizienz immer weiter. In einem informationseffizienten Markt sind alle öffentlichen und vermutlich auch die meisten Insider-Informationen bereits in den Kursen enthalten, also nicht mehr verwertbar.

Institutionelle Investoren Banken, Versicherungen, Investmentfonds, Pensionskassen, Sozialversicherungsträger, Großunternehmen und andere Kapitalsammelstellen werden als institutionelle Investoren bezeichnet. Ihnen ist gemeinsam, dass sie ständig große Volumina von Geldern in praktisch allen Segmenten des Kapitalmarktes anlegen. Institutionelle Investoren gelten als die »professionellsten« Anleger am Kapitalmarkt.

Kapitalmarkt Im weiteren Sinne der gesamte Markt für Wertpapiere; im engeren Sinne der Markt für Anleihen mit einer Laufzeit von über 18 Monaten.

Kontrahentenrisiko Allgemein das Risiko des Ausfalls einer Vertragspartei, der der Vertrag eine finanzielle Verpflichtung auferlegt; mit anderen Worten, das Bonitätsrisiko der Gegenpartei.

Korrelation, Korrelationskoeffizient Eine Kennzahl aus der Statistik, die den Grad der Parallelität der Entwicklung zweier Größen (Zahlenreihen) misst, zum Beispiel der Kursveränderungen zweier Wertpapiere oder Asset-Klassen im Zeitablauf. Die Korrelation wird gemessen in Form des Korrelationskoeffizienten, der zwischen +1,0 und –1,0 liegen kann. +1 steht für vollständige Korrelation (exakte Parallelentwicklung), 0 steht für vollständig unabhängige Entwicklung und –1 steht für exakt gegenläufige Entwicklung. Je niedriger die Korrelation zwischen zwei Finanz-Assets, desto besser eignen sie sich zur Diversifizierung in einem gemeinsamen Portfolio. Genauso wie Renditen schwanken auch Korrelationen im Zeitablauf, allerdings weniger heftig.

Kurs-Buchwert-Verhältnis Das Verhältnis des Aktienkurses zum in der Bilanz ausgewiesenen buchmäßigen Eigenkapital pro Aktie. Die Kennzahl kann auch für einen ganzen Markt (Index) errechnet werden.

Kurs-Gewinn-Verhältnis Das Verhältnis des Aktienkurses zum jährlichen Gewinn der Aktiengesellschaft. Die Kennzahl kann auch für einen ganzen Markt (Index) errechnet werden.

Large Caps Standardwerteaktien; siehe Erläuterung in Abschnitt 2.6, Seite 62.

Leverage-Effekt Dt. (sinngemäß) Fremdfinanzierungseffekt oder auch (wörtlich) Hebeleffekt. Gemeint ist im Zusammenhang mit Kapitalanlagen, dass diese teilweise über einen Kredit (statt vollständig aus Eigenmitteln) finanziert werden. Dadurch steigt die Rendite des eigenen Kapitals (Eigenkapitalrendite im Unterschied zur Gesamtkapitalrendite), vorausgesetzt, die Rendite der so finanzierten Kapitalanlage ist höher als der Kreditzinssatz. Durch Leveraging wird der Risikograd eines Investments deutlich erhöht. Jede Immobilienfinanzierung über Kredit ist eine Finanzierung mit Leverage. Privaten Anlegern ist von diesem Vorgehen (ausgenommen zur Immobilienfinanzierung) fast immer abzuraten.

Market Impact Costs Dt.: »Markteinwirkungskosten«. Entscheidet sich ein Fonds bei einem gegebenen Marktpreis und einem gegebenen Volumen an umlaufenden Aktien, eine vergleichsweise große Menge (in der Regel mehr als 1 bis 2 Prozent) des Volumens einer bestimmten Aktie zu verkaufen, führt das häufig dazu, dass der Fonds nicht zum augenblicklichen Marktpreis verkaufen kann, sondern nur zu einem niedrigeren Preis, da das zusätzliche Angebot den Markt (den derzeitigen Gleichgewichtspreis) zu stark beeinflusst. Der umgekehrte Effekt kann bei einem Kauf auftreten. Market Impact Costs verschlechtern insbesondere die Performance großer Investmentfonds. In engen, illiquiden Märkten (bestimmte Emerging-Markets, bestimmte Branchen oder Nebenwerte) können sogar schon Trades mit geringfügigem Volumen von Market Impact Costs betroffen sein. Deshalb ist der »Marktpreis« nicht immer der tatsächliche erzielbare Preis.

Marktanomalie Wirtschaftswissenschaftler bezeichnen Wertpapiere, deren Rendite-Risiko-Kombination sich nicht mit den gängigen wissenschaftlichen Modellen erklären lässt, als Anomalien. Eine Anomalie ist also zum Beispiel ein Wertpapier, das angesichts seines Risikos einen überdurchschnittlichen Ertrag bietet. Aktive Anleger glauben notwendigerweise, immer wieder Anomalien finden und ausbeuten zu können. Passive Anleger sind der Meinung, dass nach korrekter Berücksichtigung von Transaktionskosten, Steuern und Risiko das erfolgreiche Ausbeuten von Marktanomalien Glücksache sei, der Versuch sich also nicht lohne, weil er ebenso gut auch in einer Unterrendite gegenüber dem Markt münden könne.

Market-Timing und Stock-Picking Bei aktivem Investieren will der Anleger oder Fondsmanager einzelne Wertpapiere oder ganze Asset-Klassen finden, die vom Markt gegenüber ihrem »fairen« (»angemessenen« oder »korrekten«) Preis falsch bewertet werden, also entweder zu billig oder zu teuer sind. Unabhängig davon, wie eine aktive Anlagestrategie heißen mag (je nach Zählweise gibt es bis zu 50 oder mehr), ist sie stets entweder eine Form von Stock-Picking, eine Form von Market-Timing oder eine Mischung aus beiden. Im Falle zu billiger, unterbewerteter Aktien oder Asset-Klassen wird der aktive Anleger diese Aktie oder Asset-Klasse kaufen. Danach hält er das Papier oder die Asset-Klasse so lange, bis der Markt den Bewertungsirrtum erkannt hat und den Preis durch verstärkte Nachfrage auf sein faires Niveau hinaufkorrigiert. An diesem Punkt verkauft der Anleger das Wertpapier oder die Asset-Klasse wieder. (Im Falle von anfänglich überbewerteten Wertpapieren oder Asset-Klassen funktioniert der Mechanismus umgekehrt. Die Frage, wie ein Anleger die Unter- oder Überbewertung eines Wertpapiers erkennt, zielt auf die spezielle aktive Anlagestrategie ab, die er verfolgt. Die beiden bekanntesten Methoden sind die sogenannte fundamentale Analyse und die technische Analyse. Jede aktive Anlagestrategie setzt zwingend den Glauben voraus, dass der aktive Anleger in mehr als der Hälfte der Falle schlauer ist als der restliche Markt (also Informationen besitzt, die der restliche Markt noch nicht hat). Aus der Sicht der Wissenschaft erwirtschaftet die Mehrzahl der aktiven Anleger eine Unterrendite, also Verluste relativ zur Marktrendite, insbesondere wenn man Kosten, Steuern und Risiko berücksichtigt. Siehe auch → Fonds-Picking.

Marktkapitalisierung Die Marktkapitalisierung eines börsennotierten Unternehmens errechnet sich durch die Formel: Aktienkurs × Anzahl der umlaufenden Aktien (gleichbedeutend mit dem Unternehmenswert nach Abzug der Schulden oder des Marktwerts des Eigenkapitals (im Unterschied zum buchmäßigen Eigenkapitel eines Unternehmens, das in der Bilanz steht). Die Marktkapitalisierung kann nicht nur für ein einzelnes Unternehmen, sondern auch für alle Unternehmen eines Landes oder einer Region errechnet werden.

Nebenwerteaktien, Small Caps Siehe Erläuterung in Abschnitt 2.6, Seite 62.

Outperformance Siehe → Überrendite.

Passives Investieren Siehe → Aktives und passives Investieren.

Per annum (p. a.) Lateinisch für »pro Jahr«, »jährlich«.

Performance In diesem Buch verstehen wir unter Performance letztlich dasselbe wie unter dem Begriff »Rendite«. Gelegentlich wird der Begriff auch enger als risikoadjustierte (risikogewichtete) Rendite verstanden.

Performance-Chasing Dt.: »Renditejagen«. Hat sich ein Fonds (oder eine Aktie) in einem Jahr besonders gut entwickelt, erfährt dieser Fonds erfahrungsgemäß im Folgejahr einen stark steigenden Mittelzufluss. Dieses Anlegerverhalten nennt man »prozyklisches« Investieren. Umgekehrt verläuft es nach einem schlechten Fondsjahr: Für gewöhnlich ziehen die Anleger Geld aus dem entsprechenden Fonds ab. Prozyklisches Investieren oder Performance-Chasing ist ebenso auf der Ebene einzelner Fonds wie auf derjenigen des gesamten Aktienmarktes zu beobachten. Ein Beispiel: In den 37 Quartalen (etwa 9 Jahre) von Januar 1998 bis ins März 2007 betrug der durchschnittliche Nettomittelzufluss in amerikanische »Growth-Aktienfonds« (zu dieser Kategorie gehört die Mehrzahl aller Aktienfonds) rund 14 Mrd. US-Dollar pro Quartal. Im ersten Quartal 2000 jedoch explodierte der Mittelzufluss förmlich auf 140 Mrd. US-Dollar. Warum? Nun, der Markt war in den 24 Monaten davor um kumulativ fast 40 Prozent angestiegen. Doch das dicke Ende kam sogleich: Über die nächsten zwölf Quartale brach der US-Aktienmarkt um mehr als 40 Prozent ein. Da bei Aktien sowohl auf der Markt- als auch auf der Fondsebene bis zu einem gewissen Grad →Regression zum Mittelwert auftritt, liegt die Wahrscheinlichkeit von Kursverlusten nach vorhergehenden starken Kursgewinnen höher als im langfristigen Durchschnitt. Performance-Chaser investieren also genau »falsch herum«, weil sie historischen Renditen hinterherrennen oder vor ihnen weglaufen – aus Gier und Naivität, wenn sie gut waren, und aus Panik, wenn sie schlecht waren. Im Ökonomen-Jargon nennt man das »Recency-Bias« (sinngemäß »Kurzfristdenken«). Besser und klüger wäre dagegen, gerade dann verstärkt in den Aktienmarkt oder einen bestimmten Fonds zu investieren, wenn der Markt (oder der Fonds) soeben stark abgewertet hat, und dann verringert oder gar nicht zu investieren, nachdem er stark aufgewertet hat (antizyklisches Investieren). Dieses Verhalten, zu dem den meisten Anlegern der Mut oder die Einsicht fehlt, würde langfristig die Cashflow-gewichtete, tatsächliche Rendite eines Fondsanlegers über die veröffentlichte Rendite des entsprechenden Fonds heben.

Portfolio Im engeren Sinne die Summe aller Vermögensanlagen einschließlich Kapitallebensversicherungen (also die Assets) eines Anlegers, unabhängig davon, auf wie viel Banken und Wertpapierdepots sie verteilt sind. Im weiteren Sinne schließt ein Anlegerportfolio auch dessen Humankapital, seine Ansprüche an die gesetzliche Rentenversicherung und etwaiges Immobilieneigentum mit ein. Bei Investmentfonds versteht man unter Portfolio die Summe der Wertpapiere, die der Fonds zu einem gegebenen Zeitpunkt hält.

Regression zum Mittelwert Engl. *regression to the mean, reversion to the mean.* Ab Zeiträumen von etwa fünf bis zehn Jahren lässt sich bei Aktienrenditen das Phänomen der Regression zum Mittelwert (RZM) beobachten. RZM bewirkt, dass die Renditen von Gruppen von Aktien (also für Aktien als Asset-Klasse, aber nicht notwendigerweise für einzelne Aktien) sehr langfristig betrachtet um den arithmetischen Mittelwert der Asset-Klasse herum pendeln. Über- oder Unterrenditen haben in diesem Sinne meistens nur vorübergehenden Charakter. RZM ist auch dafür verantwortlich, dass es bei Investmentfonds praktisch keine Performance-Konstanz gibt. Sie lässt sich um so eher nachweisen, je größer der analysierte Aktienkorb ist. Auf der Ebene von Einzelaktien ist das Phänomen wesentlich schwächer oder nicht existent.

Risikofreie (risikolose) Anlage, risikofreier Zins Der risikofreie Zinssatz ist allgemein ausgedrückt jene Rendite, die das niedrigstmögliche Ausfallrisiko (Bonitätsrisiko), aber durchaus ein Marktrisiko (zum Beispiel das allgemeine Zinsänderungsrisiko) beinhaltet. In der realen Welt gibt es nur Näherungsgrößen für diesen Zinssatz. Die in Deutschland zumeist verwendete Näherungsgröße ist der Zinssatz für kurzfristige Verbindlichkeiten des Staates (bis zu zwölf Monaten). Ersatzweise kann man auch den Festgeldzinssatz großer Banken mit einwandfreier Bonität für zum Beispiel dreimonatige Laufzeiten verwenden.

Risikotoleranz Jeder Anleger hat eine spezifische Risikotoleranz (Risikotragekapazität), die sich aus dem Zusammenwirken dreier Faktoren ergibt: (a) der Bereitschaft, (b) der individuellen Fähigkeit und (c) der Notwendigkeit, Risiko zu tragen. Eine Person mit hoher Risikotoleranz ist in der Lage, einen nach Höhe und Dauer bestimmten Wertverlust ihres Portfolios emotional und finanziell leichter zu ertragen als eine Person mit niedriger Risikotoleranz. Siehe auch Abschnitt »Grundprinzipien der Asset-Allokation«, Seite 148.

Rohstoff-Futures Dieser Begriff ist weniger kompliziert, als er klingt. Rohstoff-Futures sind Warenterminkontrakte, also Termingeschäfte; bei diesen fallen Geschäftsabschlussdatum, an dem der Preis und alle anderen Bedingungen des Geschäftes festgelegt werden, sowie Liefer- und Bezahldatum des Kaufgegenstandes zeitlich auseinander. Termingeschäfte gab es in der Landwirtschaft schon 100 Jahre vor Kolumbus' Entdeckungsreisen. Ein Futures-Total-Return-Index (TR) reflektiert die Erträge aus (a) den zugrunde liegenden Kassapreisveränderungen (Spot-Market-Preisveränderungen) des Rohstoffes im Zeitablauf, (b) dem sogenannten »Roll-Return«, der sich aus dem möglichen Unterschied zwischen Kassapreis (Spot-Market-Preis) am Einlösetermin des Futures-Kontrakts und dem Futures-Preis ergibt, sowie (c) den Zinseinnahmen, die aus dem hinterlegten Kapital (Besicherung des Kontrakts) für die Kaufsumme erwirtschaftet werden (dieses Kapital wird bei einem rollierenden Futures-Kontrakt ja normalerweise nie eingesetzt). Wichtig: Die sogenannte »Excess-Return«-Variante (ER) eines Futures-Index enthält letztere Renditekomponente nicht und besitzt daher stets eine niedrigere Rendite als die TR-Variante des relevanten Index. Rohstoff-Futures sind Direktanlagen in Rohstoffen klar vorzuziehen.

Sachwert Aktien, Aktienfondsanteile, Immobilien und Rohstoffe sind Sachwerte, die normalerweise durch unerwartete Geldentwertung langfristig nicht an Wert einbüßen (ihr Wert steigt langfristig etwa parallel zur Inflation oder stärker als die Inflation), während festverzinsliche Wertpapiere und Rentenfondsanteile, Sparguthaben, Festgelder und Bargeld durch Inflation an Wert verlieren.

Schwellenländer Siehe → Emerging-Markets.

Small Caps Small Capitalization Stocks, Nebenwerte; siehe Erläuterung in Abschnitt 2.6, Seite 62.

Standardwerteaktie Engl. *Large Caps* oder *Blue Chips*; Aktien von Großunternehmen gemessen an ihrer Marktkapitalisierung. Es gibt keine universell akzeptierte Grenze zwischen Large Caps sowie Aktien mittelgroßer Unternehmen (Mid Caps) und kleiner Unternehmen (Nebenwerte, Small Caps).

Stock-Picking Siehe → Market-Timing und Stock-Picking.

Stop-Loss-Order Auch als Stop-Loss-Limit bezeichnet; eine »bedingte« Verkaufsorder im Wertpapierhandel, die automatisch ausgeführt wird, wenn das entsprechende Wertpapier eine Kursuntergrenze erreicht. Es ist eines der vielen Ammenmärchen des aktiven Investierens, dass mit Stop-Loss-Orders (nennenswerte) Verluste vermieden werden können und daher der Anleger insgesamt ja nur »gewinnen könne«. Strategien, die sich auf Stop-Loss-Orders stützen, funktionieren langfristig deshalb selten, weil sie in der Regel enorme Transaktionskosten verursachen, die die vorherigen Kursgewinne mehr als ausgleichen.

Style-Drift Dt. sinngemäß: Verschiebung des Investmentstils. Die Abweichung eines Investmentfonds von seiner früher proklamierten Anlagestrategie, deretwegen man den Investmentfonds ursprünglich auswählte. Das Risiko des Style-Drifts gibt es nur bei aktiven Investmentfonds, nicht jedoch bei Indexfonds und ETFs.

Substanzwertaktien Siehe → Value-Aktien.

Sunk-Costs »Versunkene«, nicht mehr beeinflussbare Kosten. Beispiel: Das Aktienportfolio von Anleger Paul hat in den letzten neun Monaten einen 50-prozentigen Verlust erlitten. Jetzt ist er stark verängstigt. Seinem Freund Max sagt er beim Kegeln, angesichts der negativen Marktprognose eines bekannten Wirtschaftsprofessors befürchte er weitere Aktienmarktverluste, und um seinen persönlichen Schaden zu begrenzen, erwäge er, in den sauren Apfel zu beißen und seine Buchverluste durch Verkauf nun zu realisieren. Am nächsten Tag (die Kurse blieben über Nacht unverändert) erwähnt Paul seinem Freund Max gegenüber in der Sauna, dass ihm seine bisherigen Verluste zwar ungeheuer wehtäten, er das jetzige Preisniveau aber recht attraktiv finde und »einsteigen« würde, wenn er nicht schon investiert wäre. Mancher Leser wird sich nun denken, dass die beiden Aussagen von Paul nicht so ganz zusammenpassen. Dieser Eindruck stimmt, auch wenn sich viele Privatanleger während eines Crashs ähnlich widersprüchlich äußern. Wie ist Pauls Verhalten aus ökonomischer Sicht zu beurteilen? Es ist verständlich und aufgrund seiner Widersprüchlichkeit dennoch irrational: Aus der Sicht eines aktiven Anlegers (im Unterschied zu einem passiven Buy-and-Hold-Anleger) ist ein Aktienverkauf dann angeraten, wenn der Anleger das jetzige Preisniveau als zu hoch einschätzt. Denkt der Anleger hingegen, es handele sich um ein gutes, weil preisgünstiges Einstiegsniveau, dann wäre es richtig, nun einzusteigen oder investiert zu bleiben, sofern man schon investiert ist. (Hinzu kommt noch, dass die Kursgewinne bis zum Wiedererreichen des Einstiegspreises unter der deutschen Abgeltungssteuer steuerfrei wären.) Die Kursentwicklung der Vergangenheit und die Frage, ob man bislang mit einem Investment Geld verloren hat oder nicht, ist hingegen für eine in die Zukunft gerichtete Investmententscheidung vollkommen unerheblich. Die historischen Verluste sind im Ökonomen-Jargon »Sunk-Costs«, an denen man nichts mehr ändern kann. Paul muss sich also zuerst darüber klar werden, welche Auffassung er wirklich vertritt, und dann entsprechend handeln.

Survivorship-Bias Dt. (sinngemäß) »Ungleichgewicht zugunsten der Überlebenden«. Fondsgesellschaften liquidieren erfolglose aktiv gemanagte Fonds nach einer bestimmten Zeit. Dies führt dazu, dass die kollektive Performance der Gruppe der aktiv gemanagten Fonds in der Statistik besser ausgewiesen wird als tatsächlich gerechtfertigt, da die »Pleitefonds« laufend aus der Statistik herausfallen (in manchen Jahren und Fondskategorien werden mehr als 5 Prozent aller Fonds aufgelöst). Die schlechten Ergebnisse der Pleitefonds fließen dann nicht mehr in die Renditeberechnung des entsprechenden Fondssegments mit ein. Der Survivorship-Bias, der in vielen wissenschaftlichen Studien untersucht und quantifiziert wurde, verbessert die ausgewiesene durchschnittliche Jahresrendite aller aktiv gemanagten Fonds in der Statistik um 1 bis 2 Prozentpunkte (bei Hedge-Fonds sogar um mehr als 3 Prozentpunkte), je nach Fondssegment und betrachteter Zeitperiode. Die tatsächliche Durchschnittsrendite der aktiven Fonds ist somit niedriger als diejenige, die in den Medien genannt wird.

Swap-ETF Ein →ETF, bei dem bis zu maximal 10 Prozent des Vermögens nicht in die den zugrundeliegenden Index bildenden Wertpapiere investiert wird, sondern in einen Swap-Vertrag (ein Derivat) mit einer anderen Partei. Dies ermöglicht es, die Kosten des ETFs etwas zu senken, führt aber ein (relativ geringes) →Kontrahentenrisiko ein, das bei einem traditionellen ETF, der den Index genau abbildet, nicht besteht.

Thesaurierender Fonds Fonds, der die laufenden Erträge (zum Beispiel Dividenden oder Zinsen) seiner Wertpapiere nicht ausschüttet, sondern sofort wieder intern investiert. (Die Besteuerung dieser Erträge ist unabhängig davon, ob sie ausgeschüttet werden oder nicht.) Das Gegenteil ist ein ausschüttender Fonds. Thesaurierende Fonds haben den Vorteil, dass keine Wiederanlagekosten entstehen. Steuerlich gibt es keinen Unterschied zu ausschüttenden Fonds.

Total Expense Ratio (TER) Dt.: Gesamtkostenquote (eines Fonds). Umfasst alle laufenden Kosten eines Fonds (mit Ausnahme der Wertpapierhandelskosten und der Kaufkosten), die letztlich die veröffentlichte Nettorendite bestimmen, zum Beispiel die Verwaltungsgebühr, die Kosten für Fondsmanagement und -research sowie die Depotbankgebühr. Diese Kosten werden ins Verhältnis zum Fondsvolumen an einem bestimmten Stichtag gesetzt. Das TER ist die aussagekräftigste Kostengröße für die Beurteilung eines Fonds, aber auch das TER beinhaltet nicht alle Kosten.

Trading Das tendenziell kurzfristig orientierte Kaufen und Verkaufen von Wertpapieren (oder Fondsanteilen) mit dem Ziel der Realisierung von Kursgewinnen. Unzählige Studien haben gezeigt, dass bei objektiver Messung lediglich eine fast vernachlässigenswert kleine Minderheit von Privatanlegern hierbei Überrenditen erzielt.

Transaktionskosten Sämtliche Kosten, die mit dem Kaufen, Halten und Verkaufen von Wertpapieren einhergehen (Geld-Brief-Spanne, Courtagen, Spesen, Provisionen, Ausgabeaufschläge, Verwaltungsgebühren, Research-Kosten). Gelegentlich werden auch Steuern unter diesem Begriff berücksichtigt.

Überrendite, Outperformance Um Missverständnisse zu vermeiden, muss man »Überrendite« und »Rendite« auseinanderhalten. Überrenditen sind Renditen, die über der Performance des entsprechenden Marktsegmentes (der Asset-Klasse) liegen, wenn man das Risiko und die Transaktionskosten des Wertpapierhandels berücksichtigt. Beispiel: Deutsche Standardwerte-Aktien (Blue -Chips) erbrachten in den 37 Jahren von 1970 bis 2006 8,6 Prozent Rendite p. a. (real 5,3 Prozent). Erzielte ein Anleger in diesem Marktsegment und diesem Zeitraum ein Ergebnis über 8,6 Prozent, liegt eine Überrendite vor. Man kann auch für einzelne Jahre von einer Überrendite sprechen. Hätte beispielsweise ein global anlegender Nebenwertefonds im Jahr 2002 einen geringeren Verlust als –20 Prozent (die Marktrendite in Euro in diesem besonders schlechten Jahr) erzielt, hätte man von einer Überrendite sprechen können. Je länger man das Betrachtungsintervall wählt, desto seltener tritt Outperformance auf.

Value-Aktien Dt.: Substanzwertaktien; siehe Erläuterung in Abschnitt 2.6, Seite 62.

Vervielfachungsfaktor Eine in diesem Buch verwendete Renditekennzahl, die die *reale* Vervielfachung (also die Vervielfachung nach Berücksichtigung von Inflation) eines Einmalinvestments von einem 1 Euro über einen bestimmten Zeitraum angibt. Ein Beispiel: Wir nehmen eine reale (geometrische) Rendite von 4,5 Prozent p. a. an. Legt man diese Rendite zugrunde, dann ergibt sich über einen Zeitraum von zum Beispiel 40 Jahren ein Vervielfachungsfaktor von 5,8x. Dieser besagt, dass ein Investment von 1 Euro sich über 40 Jahre hinweg knapp versechsfacht hätte. Bei der Interpretation der Zahl ist zu beachten: Eine »Vervielfachung« von zum Beispiel 5,8x ist gleichbedeutend mit einer *Zunahme* (Wachstum) von 480 Prozent. Die Rechenformel für den

Vervielfachungsfaktor (bezogen auf dieses Beispiel) lautet: $(1+ 4{,}5\,\%)^{40} = 5{,}8$ (gleichbedeutend mit $1{,}045^{40} = 5{,}8$).

Wachstumsaktien Siehe → Growth-Aktien.

Zinsänderungsrisiko Viele Anleger wundern sich, warum es zwischen dem Zinsniveau und dem Kurs (Marktpreis) einer Anleihe eine gegenläufige (inverse) Beziehung gibt: Wenn die Zinsen steigen, sinkt der Kurs (Preis) einer Anleihe, und umgekehrt. Beispiel: Am 1. Januar 2010 emittiert die Bundesrepublik Deutschland eine Bundesanleihe mit einer Laufzeit von zwei Jahren zu einem Kurs von 100 Euro. Die Zinsen werden einmal jährlich am 31. Dezember gezahlt. Das vom Markt vorgegebene Zinsniveau für eine (Rest-)Laufzeit von zwei Jahren beträgt zum Emissionszeitpunkt 5,0 Prozent p. a., was dem »Coupon« der besagten Anleihe entspricht. Der Coupon ist der nominale Zinssatz, den der Anleiheemittent zugesagt hat. Sechs Monate später (die Anleihe hat jetzt eine Restlaufzeit von 18 Monaten) liegt das Zinsniveau für Laufzeiten von 18 Monaten bei 7,0 Prozent p. a. Der Anleger will die Anleihe zu diesem Zeitpunkt verkaufen (die Gründe für den Verkauf interessieren uns hier nicht). Jeder potenzielle Käufer wird in diesem Moment erwarten, dass die besagte Anleihe eine Rendite von 7,0 Prozent p. a. bietet, denn das ist ja das Marktniveau. Da aber der Coupon – also die für den 31. Dezember 2010 und 2011 zugesagten Zinszahlungen – mit 5 Euro (5 Prozent von 100 Euro) unveränderlich ist, muss der Anleihekurs (Verkaufspreis der Anleihe) soweit sinken, bis der Käufer – trotz des relativ niedrigen Coupons von 5,0 Prozent – eine effektive Rendite von 7,0 Prozent p. a. für die verbleibenden 18 Monate erwirtschaftet. Das gelingt ihm, indem er die beiden 5-Euro-Zinszahlungen sowie einen gewissen Kursgewinn vereinnahmt (die Anleihe wird stets zum Kurs von 100 Euro zurückgezahlt). In diesem Beispiel würde der neue Marktkurs 93,15 Euro betragen (gegenüber einem Emissions- und Rückzahlungskurs von 100 Euro). Weil der Coupon konventioneller Anleihen unveränderlich ist, ist der Marktkurs derjenige Stellhebel, mit dem sichergestellt wird, dass eine Anleihe stets die marktgängige Rendite für ihre Restlaufzeit liefert. Umgekehrt gilt: Sinken die Marktzinsen für eine gegebene Restlaufzeit, muss der Kurs einer konventionellen Anleihe steigen (wobei wir alle anderen preisbeeinflussenden Faktoren als konstant annehmen).

Danksagung

Ich möchte einer Reihe von Personen danken, die mich bei diesem Buchprojekt unterstützt haben. Peter Binz (Binz Honorarberatung, München) gab in zahllosen Gesprächen und E-Mails wertvolle Denkanstöße und Korrekturen aus der Praxis eines Honorarberaters. Lukas Schneider (Dimensional Fund Advisors, London) lieferte viele Hinweise zum statistischen Zahlenmaterial und zur Argumentation. Christiane Meyer und Maren Wetcke vom Campus Verlag betreuten das Buchprojekt sehr kompetent und proaktiv. Mein Lektor Jan W. Haas, Berlin, trug enorm zu einem lesbaren Text und roten Faden bei. Heidi Grav half mir beim Dokumentieren geeigneter Zitate. Bezüglich der historischen Daten geht mein Dank insbesondere an MSCI Barra, Dimensional Fund Advisors, Professor Ken French (USA) und Professor Elroy Dimson (London), die mir großzügig entsprechende Nutzungsgenehmigungen erteilt haben.

Verbleibende Fehler gehen allein zu meinen Lasten.

Register